LA POLICE
DÉVOILÉE.

III.

SAINT-DENIS.

IMPRIMERIE DE CONSTANT-CHANTPIE,
Rue de Paris, n° 18.

LA POLICE

DÉVOILÉE,

DEPUIS LA RESTAURATION,

ET NOTAMMENT

SOUS MESSIEURS

FRANCHET ET DELAVAU,

PAR M. FROMENT,

EX-CHEF DE BRIGADE DU CABINET PARTICULIER DU PRÉFET.

TOME TROISIÈME.

Paris.

LEMONNIER, ÉDITEUR,

RUE DE LA BIBLIOTHÈQUE, N° 17, PRÈS LA RUE SAINT-HONORÉ.

LEVAVASSEUR, LIBRAIRE, PALAIS-ROYAL.

GARNIER, LIBRAIRE, RUE DE VALOIS, N° 1, PALAIS-ROYAL.

1829.

LA POLICE

SOUS MESSIEURS

FRANCHET ET DELAVAU.

LA BOURSE.

Les chances et les jeux de la Bourse n'étaient pas sans attraits pour la police; elle suivait en cela l'exemple de ses chefs suprêmes, qui faisaient la hausse ou la baisse, selon que cela convenait à leurs intérêts ou à leurs projets.

On fabriquait des lettres qui arrivaient de Londres, de Vienne, de Berlin, de Saint-Pétersbourg; elles annonçaient ou la paix ou la guerre.

Une autre fois Madrid et Naples étaient à la veille des plus grands malheurs; la guerre civile allait s'allumer; il y avait déjà eu des mouvemens séditieux.

Alors les fonds baissaient. Les peureux, les trembleurs assiégeaient toutes les issues de la Bourse, cherchaient à savoir ce qui se passait; des agens envoyés *ad hoc* lâchaient confidentiellement quelques mots, et, de peur de tout perdre, les *gobes-mouches* vendaient à vil prix. Les fabricans de nouvelles achetaient, et cinquante individus s'enrichissaient aux dépens de dix mille malheureux qui voyaient s'évanouir leurs rêves de bonheur et passer en d'autres mains le fruit de leurs travaux et de leurs économies.

Le désespoir s'emparait d'eux. Ils cherchaient dans la Seine la fin de leurs tourmens, et la *Morgue* offrait chaque jour, à l'œil effrayé des habitans de Paris, les victimes nombreuses de ces perfides machinations et de ce honteux agiotage.

On voit que le monopole ministériel pesait même sur l'existence des Français, et que leur vie était le prix de ses spéculations homicides.

Le ministère travaillait en grand à la bourse, et la police, qui était son auxiliaire fidèle, tournait également à son profit les chances que le premier faisait naître.

L'inspecteur général Foudras envoyait chaque jour à la bourse un agent nommé Rousseau, qui le mettait au courant de ce qui s'y passait, et il avait en outre des acheteurs ou des vendeurs à son compte, qui ne donnaient rien au hasard : ils savaient d'avance ce qui devait arriver. Il n'était donc pas difficile de multiplier ses fonds, sans qu'on pût accuser ni soupçonner personne. Il n'est donc pas étonnant que l'on fît des fortunes colossales, lorsqu'on pouvait détourner à son profit le cours du Pactole.

Quoique l'inspecteur-général Foudras témoignât une grande confiance à son agent Rousseau, il ne le faisait pas moins surveiller par un autre agent nommé Grand, qui lui remettait des rapports et ne perdait pas de vue tous les agens de change et les coulissiers. Rien n'était caché à la police.

Les agens de change et les courtiers qui ont fait faillite en s'abandonnant à de fausses spéculations, doivent un peu en savoir gré à la police. C'est ainsi qu'elle agissait lorsque la bourse se tenait au Palais-Royal.

Elle ne changea pas de tactique lorsqu'elle passa dans son nouveau local, rue Notre-Dame-des-Victoires : on y voit encore des agens publics et secrets de toutes les polices.

M. de Villèle avait pour agent un nommé Bourdé qui s'y rendait chaque jour, et qui correspondait directement avec un des chefs de division du ministère. Les plus petits détails étaient transmis avec une scrupuleuse exactitude; il ne se tenait pas le moindre propos dans les groupes, qui ne fût rapporté au ministre; il dressait ses plans d'après cela et faisait pencher la balance selon son bon plaisir. Les courriers particuliers partaient ensuite dans toutes les directions, afin de favoriser les élus et les amis.

L'inspecteur-général des prisons, Bonneau, avait aussi son agent à la Bourse; c'était un ex-commissaire de police, dont nous avons déjà parlé. Il aidait son patron à faire fructifier les appointemens considérables dont on payait son zèle philantropique et le bonheur dont jouissaient les prisonniers.

M. Delavau envoyait également des agens à la Bourse ; l'officier de paix Dugué était chargé de cette attribution. Il y était accrédité d'une manière ostensible et tout le monde le connaissait. On n'a jamais entendu dire que le préfet se soit occupé de ce genre de spéculation pour son compte particulier. Il s'en faisait peut-être un cas de conscience.

M. Duplessis, le secrétaire intime, ne paraissait pas aussi scrupuleux, si l'on pouvait en juger d'après les apparences. Il envoyait chaque jour à la bourse l'agent Vauversin, pour surveiller, observer les coulisses et connaître le cours.

Nous serions tentés de croire que M. Duplessis fit quelques essais dans ce genre, afin de pouvoir en parler avec connaissance de cause, car un certain jour, Vauversin fut toucher 10,000 francs chez un agent de change pour le compte du secrétaire intime de M. Delavau : c'était peut-être pour en faire l'aumône aux prisonniers, à l'exemple de certain *pauvre homme*, nous aimerions à le croire.

Pour M. de Pins, il ne pouvait *jouer* à la bourse, ses moyens et ses finances ne lui permettaient pas ce délassement ; il paya seulement 10 à 12,000 francs de dettes, en économisant sur ses appointemens. Une fois libéré, il eût peut-être spéculé sur les fonds publics; mais comme il n'est plus employé, nous ne cherchons point à savoir à quoi il passe son temps.

La Bourse était donc une mine féconde que la police surveillait et exploitait à son profit, et dont les non-valeurs lui étaient inconnues. Puissent les renseignemens que nous donnons ici, devenir une leçon utile pour tous ceux qui sont ou qui seraient tentés de faire des marchés à la Bourse; qu'ils sachent qu'il est des gens qui dirigent à leur gré la roue de la fortune.

CONSPIRATION DES PATRIOTES DE 1816.

Pleignier, Tolleron, Carbonneau et autres.

La restauration fut non-seulement le plus grand bienfait pour la France, mais encore pour l'Europe entière. Elle fit succéder la paix aux horreurs de la guerre, et si la victoire nous combla de ses faveurs, les lauriers qui en furent le prix devinrent trop chers, puisqu'il fallut les acheter par la perte de tant de braves.

Tous ces maux étaient réparés; on oubliait le passé à l'ombre des lis, pour ne s'occuper que du plus heureux avenir, lorsque des hommes que le gouvernement avait investis de sa confiance pour le faire chérir et révérer, employèrent les moyens les plus propres pour inspirer un sentiment contraire.

Ils semblaient vouloir effacer le souvenir d'un régime de sang et de terreur, et ne cherchaient à régner que par la crainte; ils semaient la défiance et la discorde parmi ceux qu'ils auraient dû rallier autour du trône, et créaient des dangers factices et imaginaires pour prouver leur zèle, leur dévouement et leur pénétration.

Telles furent les causes et la source de la conspiration des patriotes de 1816.

La police joua le principal rôle dans cette affreuse machination, et les agens provocateurs firent leurs premières armes à cette époque d'une manière tout-à-fait ostensible, car ils n'avaient fait que préluder en 1814 avec assez de timidité. Ils n'étaient pas assez sûrs de leurs rôles.

Après s'en être bien pénétrés, ils se mirent en scène et cherchèrent quelques-uns de ces hommes obscurs qui, follement épris de la gloire de la France, qu'ils étaient incapables de connaître et d'apprécier, se laisseraient séduire par des propositions astucieuses et s'érigeraient en réformateurs, pour changer la face du gouvernement.

Où rencontrer ces conspirateurs, ces victimes que la police devait sacrifier à son infâme désir de paraître utile et nécessaire, et dont elle voulait voir couler le sang pour cimenter son affreux pouvoir ? Emule et rivale de Roberspierre, elle élevait son trône sur des cadavres.

Un agent de la police, nommé Scheltein, parcourait les cabarets de la capitale, ce rendez-vous de tous les désœuvrés qui, échauffés par le vin, tiennent des propos dont ils ignorent la portée ; et c'est là que Pleignier, guidé par sa mauvaise étoile, s'offrit aux regards et à la perfidie de l'agent provocateur.

Il adressa la parole au malheureux Pleignier.

Quelques mots sur les affaires du temps échappèrent à Scheltein, et Pleignier, sans instruction, mais guidé par une espèce d'enthousiasme et des lectures mal conçues, répondit à cet appel en émettant des vœux et des désirs qui tendaient à seconder les intentions et les projets de celui qui méditait sa ruine.

Il n'en fallut pas davantage pour que l'agent provocateur jetât de l'huile sur le brâsier.

Pleignier était dans le besoin ; bon père et bon époux, il gémissait de voir les objets de ses plus plus chères affections à la veille d'être frappés par la misère. On lui fit entrevoir qu'un changement de gouvernement pourrait lui être avantageux, et qu'avec les moyens qu'il paraissait avoir il lui était permis d'espérer de sortir de l'état d'abjection dans lequel il se trouvait.

L'amour-propre s'empara de lui, et lui ferma les yeux sur l'abîme dans lequel il allait s'engloutir.

L'agent de la police le voyant dans des dispositions convenables, lui fit des demi-confidences qui laissaient encore quelque chose à désirer. Pleignier devint plus pressant. Enfin, Scheltein finit par lui dire qu'il existait réellement un projet de changer la face du gouvernement, pour en donner un plus conforme à la manière de voir et de penser des Français, qu'on semblait vouloir ramener à l'ancien régime. Ce n'était point la république, ni rien qui ressemblât au directoire; le consulat et l'empire avaient laissé beaucoup de choses à désirer; il fallait donc une liberté sage, éclairée, qui fît revivre ce patriotisme pur qui embellit l'aurore de la révolution, et qui ne fût souillé par aucun des excès que l'on pouvait reprocher à ceux qui avaient gouverné et dont le despotisme royal n'était pas exempt.

C'était donc à des hommes tels que lui et à ses amis qu'il appartenait de changer les destinées de la France et de les consolider à jamais.

Pleignier approuvait ce plan sans songer aux suites et aux conséquences.

L'agent provocateur annonçait que déjà un grand nombre d'individus s'étaient enrôlés sous cette bannière du patriotisme; mais qu'il n'était pas assez considérable; qu'il fallait se recruter et adopter un signe de ralliement, afin de pouvoir se reconnaître, et que si lui, Pleignier, avait des amis sur lesquels il pût compter, il devait les engager à prendre parti dans cette association.

Pleignier promit de s'en occuper, et il avança même qu'il était lié avec des hommes qui partageraient sans doute son opinion et qui suivraient son exemple.

L'agent promit de le revoir et de lui communiquer une proclamation qui lui ferait connaître les intentions de tous ceux qui voulaient coopérer au grand œuvre de la régénération de la France.

Pleignier, d'un caractère faible, adopta toutes ces idées.

Il en fit part à Tolleron, graveur, à Carbonneau, écrivain public, et à Charles, imprimeur. Ils étaient tous ses amis, et sans être des hommes à craindre, ni très-dangereux, ils regrettaient Bonaparte.

Ils n'approuvèrent pas entièrement tout ce que leur dit Pleignier, et voulurent aussi avoir un entretien avec l'individu qui lui avait fait ces étranges propositions.

Le lendemain ils se trouvèrent au même endroit, et ils y rencontrèrent cet homme dont Pleignier leur avait vanté les talens et les moyens.

Il leur donna connaissance de cette proclamation dont il avait été question la veille; elle annonçait, que des hommes qui se montreraient lorsque les circonstances paraîtraient l'exiger, veillaient au salut des amis de la patrie ; que c'était en vain qu'on chercherait à les découvrir et à les atteindre, ils avaient trouvé les moyens de se soustraire à toutes les tyrannies, et que lorsqu'il en serait temps ils donneraient le signal pour rendre la France au bonheur après lequel elle aspirait depuis long-temps, et dont elle jouirait sans retour.

Pleignier et ses amis furent éblouis du style de cette proclamation et de ses promesses.

Il fallait un graveur pour fabriquer les cartes, Tolleron s'en chargea. Carbonneau dut copier la proclamation et les lettres qu'on devait adresser aux membres de l'association, et Charles promit de fournir une presse d'imprimerie et des caractères qu'on déposerait chez Pleignier dans une des fosses de sa tannerie. Il exerçait cette profession.

L'agent provocateur parvint tellement à séduire ces malheureux, qu'ils promirent de faire tout ce que l'on voudrait. Ils étaient dans la misère, et sans réfléchir, ni rien examiner, ils voyaient dans tout cela l'ancre de leur salut.

Cependant, livrés à eux-mêmes, ils pensèrent avoir agi avec un peu trop de légèreté, et ils convinrent entre eux de parler des propositions qu'on leur avait faites à un homme qui avait leur confiance et qui était chargé de fonctions publiques, en ajoutant qu'ils avaient de la répugnance à se mettre ainsi à la discrétion d'un individu qu'ils ne connaissaient pas.

Ce personnage en parla ensuite au ministre de la police, qui feignit de ne pas connaître des projets qu'il avait ourdis et qu'il dirigeait lui-même, et il le chargea d'engager Pleignier et ses amis à suivre cette affaire, à continuer à faire partie de cette association, pour connaître tous les conspirateurs, leurs projets, et de l'en instruire très-exactement; qu'ils rendraient un service essentiel, dont ils seraient généreusement récompensés.

Celui auquel ils avaient accordé leur confiance

et dont ils avaient réclamé les avis et les conseils, leur rendit compte de son entretien avec le ministre.

Alors ils ne craignirent plus de suivre aveuglément la route qui leur était tracée, et ils s'abandonnèrent sans réserve à l'impulsion qu'on leur donnait.

Tolleron prit son burin et grava les cartes.

Carbonneau copia la proclamation et les lettres de la société.

Charles fit gémir la presse, et tout fut en activité.

On distribua des *cartes*. La société se réunit à jours et heures fixes dans des cabarets.

L'agent provocateur Scheltein y fit admettre un de ses *amis intimes*. Il est facile de penser quel était cet ami, et, pour lever tous les doutes, nous ajouterons que c'était un autre agent de police nommé Astyer. Il l'annonça comme doué d'une rare prudence et des plus grands talens, et cet individu parla de la conspiration en homme instruit des plus petits détails. Chacun en fut émerveillé; mais ce qui inspira bien plus de confiance à tous les membres de la société, c'est qu'il admit au nombre de ses membres tous ceux qui en témoignaient le désir. Il payait les dépenses, dirigeait la gravure des cartes, l'impression des proclamations, et le Pactole coulait de ses mains dans celles des frères.

Pleignier dit avoir eu une audience du ministre de la police, chez lequel on l'avait introduit. Il lui avait tout révélé et donné les plus grands détails sur les séances qui avaient eu lieu; il avait même ajouté le signalement de celui qui répandait l'argent avec tant de désintéressement et de libéralité, mais il ignorait son nom.

Le ministre, mieux instruit, le connaissait parfaitement; il n'agissait que d'après ses ordres; il était son agent, et fournissait les mêmes renseignemens à S. Exc. Il engagea cependant Pleignier à continuer de jouer son rôle, et il le paya généreusement.

Pleignier recrutait aussi la société. Des hommes et des femmes y étaient admis. Les frères Ozéré, la femme Picard, épouse d'un bottier, rue Neuve-des-Petits-Champs, près le ministère des finances, et un nommé Devin, officier en retraite, en devinrent membres.

L'agent du ministère faisait chaque jour de nouvelles confidences dans les réunions; enfin, un soir, dans un de ces épanchemens, il annonça que le plan de la conspiration était définitivement arrêté, qu'il n'y aurait plus qu'à s'occuper des moyens d'exécution. On devait attaquer le château des Tuileries, et y pénétrer par un aqueduc dont il indiqua la position.

Il désirait trouver quelqu'un qui pût lui copier le croquis du plan qu'il avait levé; un de ses collègues, autre agent de police, lui rendit ce service. Cet odieux complice est toujours resté inconnu. Lorsque ce travail préparatoire fut terminé, Devin, l'officier en retraite, se chargea de le mettre au net.

L'agent provocateur n'avait plus rien à désirer. Il avait pour complices et pour fauteurs, dans cette coupable entreprise, un nombre suffisant d'individus pour qu'on pût dénoncer une conspiration ; alors il arrangea tout de manière à les accuser et les livrer entre les mains de ses indignes patrons.

Les réunions avaient toujours lieu dans des cabarets, chez des marchands de vin.

Depuis quelque temps, les chefs de la société en avaient adopté un placé près le Palais de Justice, au *Sacrifice d'Abraham*.

Les réunions étaient toujours très-nombreuses. Si le ministère de la police y jouait le premier rôle, grâce à ses agens, la préfecture y envoyait aussi les siens. Ils se prêtaient un mutuel appui.

Ils se relevaient les uns et les autres. On voyait très-fréquemment dans ce cabaret, un Polonais, nommé Reillsky ; il paraissait y être à poste fixe. Il était aussi membre de la société, et l'un des plus chauds partisans de la conspiration. Ce Polonais conduisait quelquefois des conjurés dans la rue Sainte-Anne, près de l'arcade, chez un marchand de vin, où il attira d'abord Ozeré, écrivain dans la cour de la

Sainte-Chapelle, et comme il était dans la misère, on lui remit de l'argent, en y ajoutant quelques confidences qui lui méritèrent un brevet de conspirateur et quelques années de prison.

Les principaux rassemblemens se tenaient toujours au *Sacrifice d'Abraham,* et la police ayant sous sa main les coupables qu'elle avait faits, les laissait se compromettre à leur aise, afin d'avoir plus de moyens apparens de punir et de provoquer au nom de la loi le châtiment des conspirateurs.

Pleignier, qui croyait n'avoir rien à redouter, puisqu'il avait vu le ministre et qu'il n'agissait qu'en vertu des ordres qu'il avait reçus *verbalement,* rendait toujours compte à S. Exc. de ce qui se passait, des discours, des desseins et des propositions de celui qui payait et donnait l'impulsion à tout.

Pleignier, qui recevait de l'argent pour le prix des services qu'il rendait au gouvernement, inspirait la confiance dont il était pénétré à Tolleron, Carbonneau, Charles, et autres avec lesquels il était lié plus intimement, et, sans leur donner la clé de sa conduite, il leur en disait assez pour qu'ils n'eussent pas la moindre inquiétude. Ils faisaient un beau songe dont le réveil devait être affreux.

Lorsque l'agent provocateur Scheltein eut

rendu compte de la situation des affaires, et que la culpabilité et la complicité des sociétaires parut suffisamment établie, alors la police jugea qu'il était temps de s'emparer de tous les conspirateurs.

Scheltein reçut l'ordre de s'arranger de manière à ce que les principaux membres de la société pussent être arrêtés en flagrant délit, c'est-à-dire porteurs de pièces de conviction.

Il leur indiqua donc la marche à suivre pour éviter d'être découverts en écartant tous les soupçons, et il fut convenu que l'on transporterait, dans un lieu qu'il désignait, les objets qui pourraient servir à prouver la conspiration.

Devin se munit du plan qu'il avait mis au net.

Tolleron de la planche gravée qui avait servi pour fabriquer les cartes.

Charles et Carbonneau des caractères en paquet pour imprimer les lettres et la proclamation.

Quant à Pleignier, il avait chez lui des cartes et des proclamations cachées dans sa tannerie. Il n'en fallait pas davantage.

Les choses étant ainsi réglées, ils se mirent en route. L'embuscade était dressée ; les agens de police les attendaient ; et ils furent tous arrêtés en même temps et conduits à la préfecture de police.

Ces malheureux furent très-étonnés de se voir

incarcérés et mis au secret le plus rigoureux.

Le préfet de police, qui les tenait sous sa verge de fer, donna les ordres les plus précis pour que leur détention fût ignorée de leurs familles et de leurs amis.

Ils languirent ainsi plusieurs mois dans les fers, furent interrogés sans qu'on eut égard aux motifs qui les avaient fait agir et qui pouvaient leur être favorables.

Comme ils étaient dans la plus profonde ignorance de tout ce que l'on voulait faire contre eux, ils pensaient qu'ils n'étaient arrêtés que pour assurer par leur témoignage la culpabilité de celui qui s'était montré seul l'instigateur du complot, et qui l'avait alimenté et fortifié de ses conseils et de son argent. Ils espéraient qu'en divulguant la vérité, ils seraient reconnus innocens, et Pleignier, qui avait vu le ministre et lui avait donné connaissance de tout, se croyait à l'abri des poursuites et des accusations.

Mais que devinrent-ils lorsqu'ils se virent transférés dans la prison de la Force, et que, subissant des interrogatoires devant le juge d'instruction, ils furent instruits que celui qui s'était montré à eux comme le chef, l'instigateur de la conspiration dont ils étaient devenus les complices sans s'en douter, n'était autre chose qu'un agent de police, le fourbe Scheltein!.....

Ils furent saisis d'horreur et d'indignation, et

accusèrent le ministre et le préfet de police de la plus criminelle et la plus astucieuse conduite.

Ils voulurent se justifier; mais comment y parvenir? leur témoignage ne suffisait pas. Ils ne purent prouver matériellement ce qu'ils avançaient, aucun ordre écrit n'était entre leurs mains; et ce fut en vain qu'ils invoquèrent la vérité pour qu'elle se fît entendre par la bouche du ministre et du préfet, ils furent sourds à leurs voix, à leurs réclamations, et le silence de la mort entourait déjà ces infortunés.

Pleignier comptait encore sur l'équité du monarque, si le ministre voulait la méconnaître. Tolleron et Carbonneau attendaient tout de Pleignier. C'était à lui à parler et à divulguer la conduite de ceux qu'il avait vus, et dont il avait reçu les ordres et les instructions.

Pendant qu'ils s'agitaient ainsi et qu'ils étaient en proie aux plus cruelles inquiétudes, l'instruction se poursuivait. Elle se termina; ils furent mis en jugement, et ils comparurent devant la Cour d'assises.

Il existait des preuves contre eux; il fallait les détruire, et par quel moyen? Tolleron et Carbonneau, sur le banc des accusés, pressaient Pleignier de divulguer la vérité. Celui-ci, qui paraissait avoir perdu la tête et qui était en outre accablé par la douleur, s'écriait qu'il ne pouvait parler qu'au roi.

Devin, l'officier en retraite, demandait que l'agent de police Scheltein qui avait tout provoqué, qui les avait trahis et trompés, fût conduit devant la Cour pour reconnaître leur innocence, et qu'il fût prouvé que lui seul était coupable.

M. le président de la Cour donna ordre de le chercher, mais on ne le trouva point. Devin annonça avec force qu'il avait changé de nom et qu'il s'appelait Duval. Il demanda qu'on lui permît d'aller le chercher, avec des gendarmes qui l'accompagneraient.

Les formes judiciaires s'y opposaient; on ne put faire droit à sa réclamation.

Les preuves accablaient les prévenus; elles étaient là, sous les yeux du jury; des dénégations ne pouvaient les détruire, et, d'après la déclaration, la Cour d'assises rendit un arrêt qui condamnait à mort Pleignier, Carbonneau et Tolleron. Les autres coaccusés le furent à des peines plus ou moins fortes, et la femme Picard à la déportation.

Les condamnés à mort se pourvurent en cassation. Pleignier persistait toujours à vouloir parler au roi; comme cela était impossible, il déposa entre les mains de deux officiers de gendarmerie le détail des faits qui le concernaient. Ces militaires les remirent aux juges, qui les communiquèrent à M. le chancelier, qui en donna lui-même connaissance au ministre de la police; mais tout cela tomba dans le néant.

Pleignier et ses coaccusés subirent leur jugement. La Cour, nous le répétons, avait prononcé sur des preuves. Les instigateurs, les provocateurs se taisaient; rien ne les accusait implicitement, ni d'une manière patente, ils triomphaient. L'opinion publique pouvait seule les juger, les condamner et les frapper d'anathême.

L'officier de gendarmerie qui avait remis aux juges le mémoire de Pleignier, fut persécuté ensuite par le préfet de police, pour ne lui avoir pas déposé ces pièces entre les mains.

Il le fit mettre aux arrêts, et même conduire à Bicêtre; mais comme cet acte arbitraire eût pu le compromettre, on le fit mettre en liberté. Il finit par perdre son emploi.

Il n'en est pas moins vrai que cette provocation, ourdie et conduite par l'agent de la police Scheltein, coûta la vie à trois malheureux pères de famille. Cet agent provocateur a quitté la France sous le nom de Duval, et s'est réfugié dans les pays étrangers, où il vit tranquille du fruit de son infamie.

La police craignait les révélations de quelques personnes; elle a trouvé le moyen de leur imposer silence. Les condamnés à la détention ont obtenu des adoucissemens à leurs peines et même des secours. La femme Picard, au lieu d'être déportée, fut détenue pendant quelque temps dans la maison de santé Richebraque, et finit par recouvrer sa liberté. Elle est retirée avec son mari dans le département de la Sarthe, où il avait acquis une propriété.

Cette conspiration des patriotes de 1816 jeta sur la police une grande défaveur, et les provocations auxquelles elle s'est livrée par la suite ont encore augmenté son discrédit dans l'opinion publique; si les suites n'en ont pas été aussi funestes, elles ont cependant porté le deuil et la crainte dans la société. Rien ne pouvait réhabiliter la police aux yeux de la France. Sa chûte a été un bienfait que l'on apprécie de plus en plus chaque jour.

M. LE PRINCE DE TALLEYRAND.

M. Bastard d'Estang.

La police attachait une très-grande importance à savoir ce qui se passait dans la chambre des pairs, principalement lorsqu'il devait y avoir quelques discussions importantes.

Comme les séances n'étaient pas publiques, c'était un désappointement auquel il était difficile de remédier.

Quelques agens avaient cherché à se lier avec les employés et les garçons des divers bureaux; mais ils s'y étaient mal pris. Ils avaient commencé par faire des questions indiscrètes. Ils s'étaient laissé deviner; on les avait donc éconduits.

Le préfet tenait beaucoup à pénétrer dans le palais. On en parla à un agent secret, nommé Butel, et il parvint à arriver jusqu'au bureau de M. Cauchy, où les employés des divers journaux allaient copier le bulletin des séances. Il se présenta comme étant attaché au *Précurseur*, journal de Lyon que l'on rédigeait à Paris, et dont le propriétaire, le sieur Frachet, logeait place du Palais Bourbon. Dès qu'il fut connu sous ce rapport il ne porta aucun ombrage, et comme il avait des communications journalières avec les employés des autres journaux, la préfecture y trouva encore un autre avantage, elle connaissait à l'avance les divers articles qui devaient paraître dans les feuilles publiques, car tous ces coureurs de nouvelles étaient naturellement grands parleurs.

Un homme âgé, qui venait pour *le Constitutionnel*, ne tarissait pas, et il n'était pas nécessaire de le questionner pour savoir ce qui se disait ou se faisait rue Thibautodé, où était alors établi *le Constitutionnel*.

La police était très-satisfaite d'avoir trouvé ce moyen de satisfaire sa curiosité.

L'agent, sans y mettre d'affectation, faisait en sorte de se trouver dans les escaliers à la fin des séances, lorsque les pairs sortaient de la chambre. Il recueillait toujours quelques mots des conversations particulières, et, comme il en connaissait un grand nombre, il pouvait les désigner.

Un jour qu'on avait discuté sur la loi des élections, il entendit le prince de Talleyrand qui disait en descendant les dégrés : « Ils auront beau
» faire ; ils seront obligés d'en passer par là. »

Ensuite, s'adressant à M. Bastard d'Estang, avant que de monter en voiture, il dit encore :
« M. le comte, vous vous souviendrez que je vous
» attends demain. »

L'agent s'empressa de faire un rapport de tout ce qu'il avait entendu, et quoique ces phrases fussent assez décousues et insignifiantes, le préfet de police en fut tellement satisfait, en raison du caractère et de l'influence de celui qui avait parlé, qu'il en tira des conséquences très-importantes, et le lendemain l'agent reçut une gratification de cinquante francs.

On lui donna, en outre, l'ordre de faire en sorte de découvrir quel était le motif de la conférence que MM. de Talleyrand et Bastard d'Estang devaient avoir ensemble.

L'agent se rendit chez M. Bastard d'Estang; il sut qu'il avait un rapport à faire à la chambre, et qu'il avait l'intention de le communiquer au prince de Talleyrand pour avoir son avis.

La police éprouva encore une grande joie en apprenant tout cela, et des agens furent chargés de surveiller M. Bastard d'Estang, pour connaître les personnes qui se présentaient chez lui et avec lesquelles il avait des liaisons intimes.

Les hommes d'un certain parti avaient vu avec peine, à l'époque de l'assassinat de S. A. R. le duc de Berri, que M. Bastard d'Estang, dans l'instruction du procès de Louvel, avait apporté autant de sagesse que de prudence, en prouvant que Louvel était un assassin isolé, quoique quelques gens voulussent que la grande partie de la nation française fût complice de ce crime.

La police regardait donc ce noble pair comme partisan des idées libérales : c'était une autre erreur non moins fausse et aussi coupable, car quel était l'homme du parti libéral qui eût pu s'associer à Louvel!

Au reste, le temps a fait justice de toutes ces inculpations, et on a fini par les mépriser ainsi que leurs auteurs.

Les deux nobles pairs, dont nous venons de parler, furent très-long-temps surveillés par la police; elle se lassa enfin, et les agens reçurent l'ordre de se retirer.

Plusieurs autres membres de la chambre des pairs avaient aussi des agens qui s'étaient rendus les commensaux de leurs hôtels et visitaient chaque jour les loges de leurs portiers ou de leurs concierges. Les liaisons s'établissaient le matin, grâce *au vin blanc*.

C'est un avis que nous donnons en passant, afin qu'on se mette en garde contre tous ces visiteurs, qui se présentent sous mille prétextes différens et changent de costume suivant le rôle qu'ils veulent jouer.

LE COLONEL SAUSSAY,

Le Bazard.

Le colonel Saussay avait été dénoncé à la police, comme un très-chaud partisan du libéralisme, et il fut mis en surveillance d'une manière spéciale.

L'inspecteur-général Foudras avait recommandé qu'on ne le perdît pas de vue, avec d'autant plus de raison que l'on regardait le Bazar, qu'il avait établi rue Cadet, comme devant servir de lieu de rassemblement à ceux qui voulaient renverser le gouvernement existant.

C'était à l'époque où le nommé Nantil avait voulu organiser une conspiration militaire.

Le colonel Saussay passait pour un homme entreprenant. Il était donc essentiel de connaître ses démarches, et cela était d'autant plus facile que le Bazar étant public on pouvait y entrer à chaque instant.

Un agent secret, nommé Luitte, fut chargé par M. Foudras de savoir et de découvrir tout ce qui était relatif aux projets du colonel Saussay.

En conséquence, il se présenta au Bazar pour

y placer des marchandises. Il avait entre les mains des notes et des factures. Un des commis, auquel il s'adressa, lui fit parcourir l'établissement, lui montra dans les salles les emplacemens les plus convenables ; il lui communiqua le tarif établi par l'administration pour les droits de loyer, de vente et de commission qu'il réglerait avec les chefs.

L'agent demanda quels étaient ces administrateurs ; le commis annonça le colonel Saussay comme étant le chef.

Il demanda à lui parler. Il lui fut répondu qu'il était absent pour quelques jours, et qu'il s'était rendu à Vitry-le-Français pour une partie de chasse, mais qu'on l'attendait au premier moment.

Il s'informa de l'endroit où il demeurait, et le commis lui montra la maison en face le Bazar.

Alors l'agent dit qu'il attendrait le retour du colonel et qu'il reviendrait le lendemain.

Il rendit compte à la préfecture de tout ce qu'il avait appris, et il reçut l'ordre de continuer sa surveillance, afin d'être instruit à point nommé de l'arrivée du colonel.

Le lendemain il retourna au Bazar ; il vit le commis qui lui annonça que le colonel était arrivé, et il le lui montra qui se promenait dans les salles d'exposition.

L'agent s'approcha de lui et lui parla de l'intention où il était de placer des marchandises dans le Bazar. Le colonel lui fit toutes ses offres de service, et ils se séparèrent ensuite, après être convenus du lieu où il ferait placer ses caisses et ses ballots dans le Bazar.

L'agent retourna à la préfecture, et prit même un cabriolet pour arriver plus promptement; il annonça à M. Foudras l'arrivée du colonel Saussay, en lui donnant tous les détails de l'entretien qu'ils avaient eu ensemble.

Le jour même un mandat d'arrêt et de perquisition fut décerné contre le colonel Saussay.

Un commissaire de police, un officier de paix et des agens se présentèrent le lendemain au point du jour à son domicile. Il chercha à s'esquiver par une porte dérobée, mais ce fut inutilement. On le conduisit à la préfecture de police; il y fut interrogé, et quelques jours après il fut mis en liberté. On ne trouva rien contre lui qui pût le compromettre.

Cependant on continua à le surveiller, ainsi que le Bazar; on reconnut ensuite que les dénonciations faites contre le colonel étaient dénuées de fondement, et que jamais il n'avait été question de faire servir le Bazar à des rassemblemens.

Cet établissement ne put se soutenir et finit par être fermé.

Le colonel Saussay ayant eu l'intention de se rendre en Espagne, voulut faire usage d'un passeport qui avait été altéré et falsifié ; il fut arrêté et condamné pour ce fait à deux années de détention.

Il paraît que ces persécutions influèrent sur ses qualités intellectuelles. On dit, dans le temps, qu'il avait donné des signes d'aliénation mentale pendant qu'il était détenu à Sainte-Pélagie. Il a été mis en liberté, et depuis nous pensons que la police ne s'est plus occupée de lui.

GENESTEY, AGENT DE POLICE.

Nous avons promis, page 4 du tome Ier de la *Police dévoilée*, de consacrer un article au nommé Genestey, agent de la police, et nous allons tenir parole.

Cet individu a joué un grand rôle parmi les chevaliers d'industrie dont fourmille la capitale. Il a été successivement au faîte de la fortune ou au comble de la misère. Il en faisait trop pour être regardé comme le prototype de la probité, mais pas assez pour que la loi pût le frapper d'une peine infamante.

Il se rendait seulement passible de la contrainte par corps, et ses créanciers y regardaient à deux fois avant que de le cloîtrer à Sainte-Pélagie, parce qu'ils craignaient d'être obligés de le loger et l'héberger, sans avoir la certitude de le voir payer au moins sa pension.

Genestey qui connaissait sa position, avait donc ses coudées franches et se conduisait en conséquence.

On pourrait composer un dictionnaire biographique de toutes les dupes qu'il a faites dans la capitale.

Il avait obtenu le grade de lieutenant dans la

gendarmerie et les décorations des ordres royaux de Saint-Louis et de la Légion-d'Honneur, et c'est à l'ombre de ces titres qu'il exploitait la confiance publique.

Il avait associé à son sort une femme nommée Annette, qui figura quelque temps dans la troupe des écuyers Franconi, et se montrait dans Paris sous les habits du sexe masculin.

Genestey servit la police à diverses reprises, et son titre d'agent était un moyen de plus qu'il avait à sa disposition pour parvenir à ses fins.

Il était lié d'intérêt avec tous ces prétendus agens d'affaires qui circulent dans Paris; avec ces courtiers qui ont des parties de marchandises à vendre, qu'ils livrent à des jeunes gens sans expérience, dont les parens ont de la fortune, et qui achètent pour 20,000 francs, en souscrivant des billets payables à leur majorité, ce qu'ils vendent pour 3000 francs à un *compère*, complice du vendeur.

Genestey faisait bon nombre de ces transactions. Il louait un appartement somptueux, afin d'éblouir ceux qu'il voulait duper, et lorsqu'il les avait pris dans ses filets, il disparaissait.

Il colporta pendant quelque temps un projet de bail de la ferme des jeux, qu'il disait lui avoir été promis par le ministre. Il leurra quelques personnes de cette espérance, et obtint par anticipation diverses sommes qu'il dissipa en profusions, et dont il n'a jamais tenu compte.

Genestey avait une audace et une adresse peu communes. Il avait été signalé au ministre de la police Decazes, comme un chevalier d'industrie, et l'officier de paix Joly, attaché au ministère, le connaissait également.

Malgré tout cela, Genestey n'hésita pas à acheter deux chevaux que le ministre faisait vendre. Il souscrivit un billet qui ne fut pas payé à son échéance. M. Decazes le fit venir devant lui, et il se tira d'affaire en observant à S. Exc., qu'étant dans l'impossibilité d'acquitter cette somme, il était inutile de faire des frais.

Il se mêlait aussi de procurer de l'argent à ceux qui en avaient besoin. Sous le prétexte que des capitalistes qu'il connaissait l'avaient chargé de placer des fonds, il exigeait un droit de commission assez considérable; souvent même il lui est arrivé d'oublier de rendre compte de la somme totale. C'est ainsi qu'il en agit avec le sieur Duhautoir, qui lui avait confié pour 30,000 fr. d'acceptations, afin de les escompter. Il les remit à un sieur J.... D.... R...., qui était convenu de les prendre pour 6,000 francs, parce que le sieur Duhautoir pourrait fort bien ne pas être en mesure de payer aux échéances, et qu'on espérait l'être avec le temps, en raison de ses droits sur la succession du sieur Ruzé, qui était alors en litige.

Le sieur Duhautoir, informé de ces transactions par un autre courtier marron, nommé Piconnet, et sachant, en outre, que Genestey avait reçu un à-compte de 1200 fr. en argent, porta plainte à la police. Genestey fut arrêté et contraint de remettre les valeurs, ainsi que l'escompteur, qui, redoutant pour son compte les observations de la police, fut obligé de son côté d'accepter un billet de Genestey, qui avait déjà dépensé 600 fr. sur la somme qu'il avait reçue.

On ferait un volume de tous les moyens que cet individu a employés pour se procurer de l'argent. Traduit plusieurs fois en police correctionnelle, il a su échapper aux condamnations, parce que toutes ses dettes ont été regardées comme étant du ressort du tribunal de commerce.

Ce Genestey a figuré dans la surveillance ordonnée par la police, et exercée sur le prince de Talleyrand lorsqu'il fut question de s'emparer des lettres déposées dans la boîte placée à la porte de son hôtel.

On voit que Genestey jouira d'une espèce de célébrité dans les fastes de la police. Il a souvent été compromis ; mais les sollicitations d'une famille respectable, à laquelle il tenait, l'ont fréquemment arraché aux poursuites dont il fut l'objet. Il avait plusieurs logemens dans Paris; il louait souvent des maisons à la campagne, en ajoutant à son nom les titres de comte et de marquis; et il trouvait, en outre, dans la capitale, des gens complaisans qui répondaient pour lui et attestaient sa solvabilité en recevant 25 ou 30 pour 100 des affaires qu'il faisait, et ce, pour reconnaître leur obligeance. Tel était l'homme que la police employait, et qui fut sous M. Delavau un des agens de M. de Pins, chef du cabinet particulier.

Depuis la restauration de la police, nous n'avons plus entendu parler de l'agent Genestey. Il paraît qu'il n'est plus en fonctions; mais nous avons dû remplir les engagemens que nous avions pris avec nos lecteurs.

MILLARD.

Le nommé Millard, qui a pris dans certaines circonstances le titre de colonel, joua un grand rôle à diverses époques. Cet individu, espèce de *cerveau brûlé*, se faisait remarquer par ses opinions exagérées.

On lui faisait peut-être l'honneur de le croire plus dangereux qu'il ne l'était effectivement.

Nous l'avons toujours vu dans un état voisin de la misère, et c'était à tort qu'on lui supposait de l'influence et capable de se mettre à la tête d'un parti.

Il n'avait aucun talent ; son existence pouvait être comparée au vagabondage. Il fit partie de ces Français qui se réfugièrent au Champ-d'Asile : cette colonie mourut presque en naissant. Millard, accompagné d'un nommé Hartmann, après la défection des habitans du Texas, se rendit à Philadelphie ; ils y virent Joseph Bonaparte, qui leur fournit les moyens de passer en France.

Arrivés à Paris, ils se présentèrent sous les auspices du malheur, parlèrent des maux, des fatigues qu'ils avaient éprouvés et inspirèrent de l'intérêt.

On les engagea à publier le récit de ce qui leur était arrivé au Texas; ils s'adressèrent à un nommé Béguin, commissionnaire en librairie, qui ayant recueilli quelques notes informes écrites d'après le rapport de Millard et Hartmann, les remit à quelqu'un qui voulut bien les mettre en ordre, et rédigea une brochure qui fut imprimée chez Hardy, rue Dauphine.

Béguin devint l'éditeur de cet ouvrage; Millard et Hartmann le colportèrent et en tirèrent un parti assez avantageux, en raison de l'intérêt qu'ils inspiraient comme réfugiés du Texas.

Millard se trouva par hasard en relation avec un nommé Chignard, agent de police, et comme il parlait sans réflexion et très-inconsidérément, il tint quelques propos qui furent interprétés par Chignard, de manière à ce que Millard pouvait être soupçonné d'avoir les plus mauvaises intentions et de vouloir même se porter aux plus noirs attentats.

Chignard eut soin d'en rendre compte à l'inspecteur-général Foudras.

Un autre agent de police, qui se présentait sous le nom de Duverneuil,[*] fut également initié dans ces confidences. Ils semblèrent partager les opi-

---

[*] Duverneuil était Vauversin, ex-capitaine; il avait changé de nom pour mieux tromper Millard. Leur conférence eut lieu dans un café, rue Jacob, en face celle Saint-Benoît.

nions de Millard; ils échauffèrent son imagination, l'encouragèrent par leurs observations. Il n'en fallait pas plus pour ajouter encore à l'exaspération naturelle d'un homme qui, sans éducation, ni sans principes, était presque toujours hors des limites du sens commun. Chignard et Duverneuil n'avaient d'autre intention que de tirer parti de tout ce qu'ils entendaient; et il résulta de leurs rapports que Millard avait dit être lié intimement avec une blanchisseuse qui logeait rue de l'Arbre-Sec, et que, dans cette maison, il y avait des drapeaux aux trois couleurs et autres signes de ralliement séditieux.

Ils ajoutaient encore que Millard connaissait un pharmacien nommé Gairal, qui avait découvert une poudre tellement pernicieuse, qu'il suffisait de la répandre dans un appartement pour que tous ceux qui en respireraient l'odeur fussent asphixiés.

Millard, d'après les rapports des deux agens, avait donc eu l'intention de faire usage de cette poudre pour attenter aux jours des membres de la famille royale.

Il avait, en conséquence, acheté un habit de cour dans le passage Montesquieu, afin de s'introduire dans la chapelle du château des Tuileries lorsque S. M. serait à la messe, et d'y répandre ensuite sa poudre empoisonnée; mais il réfléchit que les portes étant fermées, il serait lui-même la victime de sa criminelle entreprise. Il avait renoncé à ce projet.

Il avait encore proposé, toujours d'après le rapport de l'agent Chignard, de faire connaître un certain nombre d'individus qui voulaient attenter aux jours de la famille royale, et qui étaient liés par un serment dont il remit la formule.

Chignard adressa le tout à l'inspecteur-général Foudras, qui voyant dans Millard, sinon un criminel, au moins un homme dangereux, le fit arrêter. Il fut mis en jugement et condamné à dix ans de bannissement.

Il quitta donc Paris et fut conduit jusqu'à la frontière. On lui fournit tout ce qui lui était nécessaire, et il se rendit en Bavière.

Il trouva moyen d'approcher du prince Eugène Beauharnais, qui lui donna quelques secours, et il partit pour l'Angleterre.

Arrivé à Londres, Millard ne renonça point à ses anciennes habitudes. Il se conduisit si mal, que les réfugiés français le repoussèrent et sollicitèrent auprès du gouvernement anglais l'ordre de son expulsion.

Il se réfugia en Belgique.

Quant à l'agent Chignard et à son collègue Duverneuil-Vauversin, tout en admettant que Millard eût tenu des propos répréhensibles, on ne peut s'empêcher de reconnaître qu'ils ajoutèrent un peu de provocation aux reproches que l'on pouvait faire à Millard. On n'a plus entendu parler de ce dernier.

Les circonstances avaient pu le porter à parler inconsidérément; mais les antécédens de Chignard, dont nous avons eu l'occasion de parler plusieurs fois dans cet ouvrage, ont prouvé qu'il aimait à exagérer le mal. Aussi, dans un voyage qu'il fit en Angleterre, en 1825, sa réputation l'avait précédé, et personne ne voulut le voir; son titre d'agent de police lui ferma toutes les portes, et les détails qui le concernent, et qui sont consignés dans cet ouvrage, ne lui aideront pas à les lui faire ouvrir.

CONSPIRATION DE LA ROCHELLE.

La conspiration, dite de La Rochelle, fit une grande sensation en France. On développa un grand appareil pour arrêter, juger et condamner les coupables.

Les accusés Bories, Goubin, Raoux et Pommier, sergens au 45° régiment, furent conduits à Paris et renfermés d'abord à Sainte-Pélagie.

On les avait placés au quatrième étage de cette prison dans de petites chambres séparées, dont les croisées avaient été grillées avec soin et garnies de plâtre sur les côtés, de manière à ce qu'ils ne pussent rien voir au-dehors, ni être aperçus.

Ces quatre chambres étaient situées sur le même carré, et on les ouvrait toujours séparément, en sorte que les détenus ne pouvaient se douter qu'ils étaient aussi près les uns des autres.

Un gardien était jour et nuit sur le carré, et communiquait seul avec eux. Le silence le plus profond régnait autour d'eux, et il leur était expressément défendu d'élever la voix.

Ils se soumettaient à leur sort avec beaucoup de calme et de résignation.

Pommier avait dessiné sur le mur de sa chambre

une *guillotine* et tous les instrumens du supplice, et il avait écrit au-dessous quelques réflexions sur ce genre de mort qui annonçaient de la philosophie. On fit disparaître ces inscriptions dès qu'ils furent transférés à la Conciergerie, et les murs furent grattés avec beaucoup de soin.

Pour éviter toute espèce de communication avec les détenus, ces quatre militaires étaient seuls dans cette partie du bâtiment, et il y avait des factionnaires qui se promenaient nuit et jour sur la plate-forme de la prison.

D'heure en heure des agens de police venaient savoir ce qui se passait; il y en avait même qui étaient à poste fixe dans la prison, comme s'ils eussent été détenus pour dettes.

Lorsqu'il fallut arrêter dans Paris ceux qui étaient au nombre des conspirateurs, la police y apporta tous ses soins, et il fut donné des ordres pour que les commissaires de police, les officiers de paix et les agens se présentassent à la même heure et au même instant au domicile des prévenus. Dès la veille des agens furent établis en surveillance dans les différens quartiers.

L'officier de paix Antoine avec les agens de police Ganat et Masières se rendirent près de l'hospice Beaujon, pour arrêter les sieurs Gauran, chirurgien dans cette maison, et Banadere, avocat, qui s'y était réfugié.

L'officier de paix Gullaud avec les agens Charles et Langlet s'établirent rue de Richelieu, près de la maison de M. Morisseau, notaire, pour arrêter également les sieurs Rosé, employé dans la compagnie d'assurances, et un autre jeune homme qui logeait aussi dans le même endroit et qui se trouvait aussi au nombre des prévenus.

La journée se passa sans qu'on pût les rencontrer. Ils étaient sortis, et le portier, qui fut questionné plusieurs fois, répondait qu'il ignorait le moment où ils rentreraient. Les commissaires de police des quartiers du Roule et du Palais-Royal avaient reçu l'ordre de se tenir prêts à toute heure.

La nuit vint, il fallut donc remettre la partie au lendemain, et, dès le point du jour, Banadere et Gauran furent arrêtés à l'hôpital Beaujon et transférés à la préfecture de police. On fit les perquisitions les plus exactes, sans rien trouver qui pût compromettre les détenus.

Le commissaire de police Chevereau, accompagné de son secrétaire, l'officier de paix Gullaud et ses agens se rendirent rue Richelieu, n° 60, et ils trouvèrent Rosé et son ami qui dormaient plus tranquillement qu'il n'appartient à des conspirateurs.

On fit perquisition dans la chambre de Rosé; on fouilla partout, jusque dans ses bottes. Les seules pièces qui furent trouvées, et qui pouvaient le compromettre, se bornaient à des reconnaissances du Mont-de-Piété. Ce qui prouvait que le jeune homme en était aux expédiens.

Quant à l'autre, il était plus économe et plus

rangé; il avait de l'argent, des billets de banque, et beaucoup de papiers qui annonçaient qu'il s'occupait de spéculations commerciales qui lui procuraient des bénéfices assez considérables, dont il faisait le meilleur usage; car on trouva des lettres de sa mère, qui le remerciait de plusieurs sommes qu'il lui adressait pour lui procurer une existence plus agréable.

Des conspirateurs de ce genre ne sont pas dangereux; un bon fils a toujours des vertus.

Tous ces papiers et quelques livres, ornés de gravures un peu graveleuses, furent scellés, cachetés, et remis à la préfecture avec les deux jeunes gens, qui y furent transférés en voiture. En route ils ne témoignèrent d'autre chagrin que celui qu'éprouveraient leurs parens en apprenant leur arrestation.

Ils restèrent en prison jusqu'au prononcé du jugement; ils furent acquittés et mis en liberté. Ce qui est relatif aux principaux coupables est assez connu, nous n'en parlerons pas.

Il serait difficile de se faire une idée des enquêtes et des investigations qui eurent lieu pour obtenir des renseignemens sur ces jeunes gens et sur leur culpabilité, elles furent toutes infructueuses. On fit aux portiers des diverses maisons les questions les plus insidieuses, elles restèrent sans succès; et la police ne découvrit rien qui pût satisfaire le désir qu'elle avait de trouver des coupables.

FUNÉRAILLES.

TOMBEAUX DE NEY ET LABÉDOYÈRE.

La police était animée de tels sentimens de haine et de vengeance, que le tombeau même ne servait pas de refuge contre ses persécutions. Rien n'avait pu éteindre ses inimitiés. Elle haïssait encore ceux qu'elle avait fait traîner à l'échafaud, et dont elle pouvait impunément fouler la cendre.

On conçoit qu'avec une telle direction d'esprit elle ne pouvait voir avec indifférence honorer la mémoire des victimes d'un moment de réaction. L'hommage de la reconnaissance, l'offrande de la pitié, lui semblaient autant de crimes, et, toujours prête à surprendre les secrets du cœur, elle se faisait un plaisir de les dénoncer à l'autorité ou à la justice.

C'est ainsi que deux dames qui visitaient le cimetière du père Lachaise, quelque temps après la mort du maréchal Ney et du colonel Labédoyère, voyant l'humble pierre qui les recouvrait couverte de fleurs, y déposèrent aussi un bouquet, par imitation et par ce sentiment si naturel à un sexe aussi aimable que sensible. Les agens de police Cliche et Schotton, qui se trouvèrent là, les suivirent, connurent leur domicile. Dans leur rapport, ces agens les présentèrent comme ayant donné un exemple qui pouvait avoir les suites les plus funestes, parce que c'était rendre un hommage public à des hommes que la loi avait frappés comme coupables de haute trahison. La police ne pouvait repousser une idée si lumineuse ; en conséquence, ces deux dames furent arrêtées et conduites à la préfecture. On les déposa à la salle Saint-Martin, où elles restèrent quelques jours au secret.

Elles subirent plusieurs interrogatoires ; on leur fit les questions les plus insidieuses, afin de découvrir leurs sentimens secrets, et savoir si elles n'avaient point agi d'après les insinuations de quelque chef de parti, ou s'assurer si elles étaient parentes ou alliées des deux morts, ou si elles n'avaient point eu quelques relations intimes avec eux pendant leur vie.

Elles prouvèrent qu'elles n'avaient agi que par un mouvement de sensibilité que peut inspirer le malheur, et qui ne devait tout au plus être considéré, même en l'incriminant, que comme une inconséquence.

La police n'en jugea pas ainsi, et cette *pecca-*

dille fut en quelque sorte jugée par elle *un cas pendable*.

Ces dames restèrent encore quelque temps en prison. Elles eurent cependant la liberté d'écrire à leurs amis pour qu'ils fissent quelques démarches en leur faveur.

L'une d'elles informa de son sort quelqu'un qui connaissait M. Anglès et qui était admis dans sa société. Cette personne lui parla de cette affaire et de l'extrême rigueur qu'on avait exercée contre ces deux dames.

Le préfet de police lui conseilla de garder le silence et de ne point s'en occuper. Il n'entra pas dans d'autres détails; mais le solliciteur crut prudent de se conformer à l'invitation qui lui était faite.

Ces dames furent enfin mises en liberté. On leur conseilla d'être à l'avenir plus prudentes; elles le promirent, tinrent parole et profitèrent de la leçon.

La police, comme on le voit, ne plaisantait pas. Le conseil des dix à Venise, et l'inquisition en Espagne, n'eussent pas été plus sévères.

LE JEUNE LALLEMANT.

Le jeune Lallemant, élève en droit qui fut frappé d'un coup de feu sur la place du Carrousel, lorsqu'il s'y promenait sans autre motif que la curiosité, fut encore une victime des ordres arbitraires de la police. Elle voyait des coupables et des séditieux dans des jeunes gens qui invoquaient le nom de la Charte, ce pacte social donné par Louis XVIII.

Un événement affreux qui frappa de terreur et d'épouvante la population de Paris, qui porta la désolation dans une famille honnête, la mort du jeune Lallemant, et ses funérailles, furent encore pour la police un motif de persécution.

La maison du père de cet infortuné fut investie par les agens de la préfecture. La rue Montorgueil où il demeurait en fut le rendez-vous. La brigade de la police centrale, dont le chef était Dandigny, les agens Schatter, Cliche, Roix, Maltrot, Petit, Laumet, Langlet, les officiers de paix Gullaud, et les agens Maquin, Charles, Denier, Maréchal, Covard, Mayer, Gannat, Mazières, Traver, Ducré, enfin les agens de la direction générale, au nombre desquels figurait le nommé Regnier, circulaient dans cette rue pour remarquer et signaler ensuite ceux des élèves des écoles de droit et de médecine qui se rendraient au domicile du jeune homme, à Saint-Eustache et au cimetière du père Lachaise. Les commissaires de police avaient tous reçus les ordres les plus précis pour se tenir prêts à paraître au premier signal. On n'eût pas pris tant de précautions si l'ennemi eût été à nos portes, et c'était contre des Français que la police déployait tout cet appareil formidable, en y adjoignant la gendarmerie à pied et à cheval! Et pourquoi ? pour comprimer les élans de l'amitié, interroger la douleur et trouver le moyen de les torturer.

Au moment du service funèbre, l'église Saint-Eustache devint le rendez-vous de tous les agens de la police que nous avons nommés; ils la parcouraient sans cesse pour recueillir tous les mots, les plaintes qui pouvaient échapper aux assistans, et rédiger ensuite des notes plus ou moins fausses.

Ils accompagnèrent le corps jusqu'au cimetière du père Lachaise, et le soir, une boîte aux lettres, qui était placée à la porte du bureau de la police centrale, regorgeait de tous les rapports qui furent remis par les agens. Ils avaient traité cette matière chacun d'après ses idées, et sa manière de voir et de penser. C'était une macédoine, une bigarrure, une mosaïque à n'y rien comprendre. La police était désolée de ce que tous les membres du cortége avaient été aussi sages, aussi réservés, qu'elle eût voulu les trouver exaspérés et rebelles, pour que la force armée pût exécuter les ordres qu'elle lui avait donnés. Elle fut trompée dans ses coupables espérances.

Mais elle éprouva une sorte de dédommagement et de consolation, par les observations qu'elle fut à même de faire sur le compte des élèves des diverses écoles qui s'étaient mis le plus en évidence pour honorer la mémoire de leur infortuné camarade. Ceux qui avaient prononcé des discours furent notés comme séditieux et libéraux de première classe.

La préfecture se procura leur nom, leur demeure, le lieu de leur naissance; ils furent soumis à la plus rigoureuse surveillance. On écrivit même dans leur pays pour obtenir des renseignemens sur les opinions politiques de leurs familles. Si quelques-uns de ces élèves ont éprouvé depuis des désagrémens, et des retards, lorsqu'ils ont voulu obtenir leurs licences, leurs brevets, ces persécutions occultes prenaient leur source dans la haine de la police qui ne leur pardonnait pas les regrets de l'amitié et ses larmes si douces et si sincères.

Lorsqu'il fut question d'élever un monument au jeune Lallemant, la police fit circonvenir, celui qui était chargé de cet ouvrage. Il fut surveillé, afin de connaître les souscripteurs, et on rédigeait un bulletin journalier de ce qui se faisait, qui était attendu chaque soir avec impatience par les chefs de la police. Il serait difficile de se faire une idée de l'importance qu'ils attachaient à ces renseignemens, à ces investigations. Les agens dont nous avons déjà parlé parcouraient dans toutes les directions le quartier des écoles, se tenaient dans les cafés, se promenaient au Luxembourg, assistaient aux représentations de l'Odéon pour écouter ce qui se disait dans le parterre.

Des sommes immenses furent prodiguées à cette époque pour trouver le moyen d'exaspérer une jeunesse trop ardente et sans expérience.

Les hommes qui ourdissaient ces affreuses machinations étaient des Français, des magistrats, des fonctionnaires qui, aveuglés par l'esprit de parti, et inspirés, guidés, excités par une corporation trop fameuse, voulaient renouveler des scènes d'horreur et de sang qui ont souillé notre histoire. Leurs funestes essais furent sur le point d'obtenir un succès effrayant. Ils préludèrent : il y eut des victimes ! Heureusement ils avaient mal calculé l'ensemble de leurs mouvemens, ils craignirent de tomber eux-mêmes dans les piéges qu'ils tendaient, et s'arrêtèrent.

Il est encore vrai de dire qu'ils avaient choisi des instrumens si vils et si méprisables pour les seconder et exciter un soulèvement, qu'il est étonnant que leur chûte n'ait pas été plus éclatante.

Nous reviendrons sur ces événemens que l'on voulut faire renaître plus tard, mais sous une autre forme et en employant d'autres moyens.

Nous porterons le grand jour et le flambeau de la vérité dans cette nuit ténébreuse, et nous au_ rons bien mérité de l'humanité. C'est le prix que nous ambitionnons.

LE GÉNÉRAL FOY.

Le général Foy qui nous rappelait César sur le champ de bataille et Cicéron à la tribune; ce grand citoyen qui n'avait que leurs vertus, faisait trembler nos modernes Verrès, et lorsqu'il mourut, ils ne partagèrent point le deuil de la France.

La police l'avait soumis à la surveillance pendant sa trop courte existence; elle eût voulu pouvoir le poursuivre jusque dans la tombe, et trouver une occasion de troubler sa cendre.

Dès qu'on sut dans Paris que nous n'avions plus qu'à déplorer sa perte, la préfecture se douta qu'on lui rendrait des honneurs funèbres; elle dirigea tous ses agens vers le domicile du général et la rue du faubourg Montmartre, près l'église Saint-Joseph.

Les commissaires de police des divers quartiers de Paris que devait parcourir le cortége, eurent l'ordre de se placer sur sa route dans leurs arrondissemens respectifs.

Les officiers de paix Baume, Gullaud, Cartaut, Deroussel, de Montmonier, accompagnés de leurs agens Ducret, Charles, Denier, Blanc, Delatour, Coyau, Bouteville, Machet, Bazile, Le Beau, Loumey, Duclos, Blanc, Anjuères, Lecoq, Bouzeret, devaient se placer dans le cortége à diverses hauteurs et séparément, afin d'écouter tout ce qui se dirait pour en faire un fidèle rapport.

Le chef de la police centrale avait aussi donné ses instructions à ses agens particuliers, Cliche, Langlet, Roix, Auguste, Martaux, et l'officier de paix Delbarre qui commandait la brigade du commissaire central Hinaux, devait aller en éclaireur sur tous les points de la route.

Les agens Mayer, Tavernier, Gannat, Mazières avaient été placés dès le matin près le cimetière du père Lachaise, et la gendarmerie y avait aussi un détachement.

L'ordre avait été donné dans les casernes du faubourg Saint-Martin et des Minimes pour que tout le monde fût consigné et prêt à prendre les armes au premier signal.

Il semblait que Paris courait le plus grand danger, et que tout allait être mis à feu et à sang. La police trouvait par là un moyen d'exagérer son importance et de faire valoir son zèle.

Enfin, après que le corps du défunt eut été enlevé de son domicile, que les cérémonies funèbres furent terminées à l'église, le cortége se mit en marche dans le plus grand ordre et dans ce recueillement religieux que comportait cette triste et touchante cérémonie.

Il y avait un corbillard des pompes funèbres pour transporter le corps ; mais une foule de jeunes gens s'emparèrent du cercueil, et voulurent le porter pour rendre après sa mort un dernier hommage à l'homme illustre qu'ils avaient tant admiré pendant sa vie.

La police ne put s'opposer à cet élan spontané, à ce devoir pieux. Elle n'avait pu le prévenir ; mais on voyait que ses agens paraissaient contrariés de ne pouvoir réprimer ce témoignage de respect. Ils n'avaient point d'ordre pour agir, ensuite l'attitude de cette foule immense de citoyens recommandables de tous les rangs, de tous les âges, qui composait le cortége, leur imposait; et s'ils paraissaient consternés tous ces membres de la police, ce n'était point parce qu'ils partageaient la douleur générale, mais ils étaient tourmentés du regret de ne pouvoir contrarier les vœux et les actions des amis du général Foy.

Pour se dédommager autant que possible de la privation qu'ils éprouvaient, ils prirent avec un soin extrême le signalement des jeunes gens qui les premiers portèrent le cercueil, et de ceux qui les relevèrent de temps en temps. Ils cherchèrent à savoir le nom de quelques-uns d'entre eux et ils y parvinrent. C'était une espèce de conquête. Ils pourraient au moins en grossir leurs rapports, et la préfecture ordonner ensuite des surveillances.

Le cortége arriva dans le plus bel ordre au lieu de la sépulture. Il ne s'était rien passé dans la route qui pût mettre la police en mouvement.

Les amis du défunt prononcèrent des discours sur sa tombe pour lui dire un dernier adieu. On rendit au général Foy les honneurs qui lui appartenaient, et la foule s'écoula paisiblement.

On n'entendait que des voix émues et attendries qui faisaient l'éloge du défunt et retraçaient ses talens et ses vertus.

Les commissaires de police, les officiers de paix et les agens rédigèrent leurs rapports; mais il n'y avait rien eu de séditieux. Tout ce qui parut répréhensible aux yeux de la préfecture, c'était le transport du cercueil par les jeunes gens. Pour qu'une pareille inconvenance ne se renouvelât plus à l'avenir, le préfet rendit une ordonnance qui interdisait à tout le monde le droit de porter un cercueil dans les cérémonies funèbres. On ne pouvait, on ne devait faire usage que des corbillards fournis par l'administration des pompes funèbres, et ce, sous peine de punitions et amendes, conformément aux ordonnances et au bon plaisir de la police.

Elle se promit bien à l'avenir d'y tenir strictement la main pour en assurer l'exécution, et nous verrons qu'elle sut tenir parole.

M. MANUEL.

La mort prématurée de M. Manuel causa dans Paris une douleur générale. Il avait terminé son honorable carrière à Maisons, chez M. Lafitte, son ami.

Dès que M. Lafitte fut instruit de ce funeste événement, après avoir donné les premiers momens à la douleur, il songea à lui rendre les derniers devoirs d'une manière digne du grand caractère que M. Manuel avait développé dans sa vie publique et privée.

Comme il était décédé hors de Paris, et qu'on avait l'intention de faire transporter le corps à son domicile dans cette ville, afin de l'inhumer au cimetière du père Lachaise, M. Laffitte écrivit à M. le préfet de police pour en obtenir l'autorisation.

La lettre étant parvenue dans les bureaux de la préfecture, le chef qui était chargé de cette partie, ne voyant aucun inconvénient à accorder cette demande, l'expédia sur-le-champ et l'envoya à la signature du préfet.

Ce magistrat crut devoir refuser de signer avant de s'être assuré que la municipalité de Maisons avait permis la translation du corps.

M. Lafitte avait eu soin de se pourvoir de cette permission, et celui qu'il avait chargé de porter sa lettre à la préfecture, la présenta au chef de bureau, qui la communiqua à M. Delavau.

Il répondit que la commune de Maisons se trouvant faire partie du département de Seine-et-Oise, il fallait s'adresser à M. le préfet de Versailles.

C'était une escobarderie un peu jésuitique. M. Lafitte, informé de ce fait, reconnut que la haine qu'on avait portée à M. Manuel lui survivait, et, pour lever tous les obstacles et faire taire tous les prétextes, il prévint aussitôt M. le préfet de police que le cortége n'entrerait pas dans Paris et suivrait les boulevards extérieurs.

Ce moyen qui conciliait tout fut approuvé, et un gendarme apporta à M. Lafitte la permission tant sollicitée, avec cette différence qu'on voulait que l'inhumation eût lieu le mercredi au lieu du vendredi.

M. Lafitte se rendit donc lui-même à la préfecture de police. M. Delavau l'accueillit au mieux, et ne consentit pas d'abord à ce que lui demandait l'honorable ami de M. Manuel, parce qu'il craignait un grand concours et les mouvemens tumultueux qui pourraient en être la suite.

Au reste, il invita M. Lafitte à faire usage de toute son influence si cela devenait nécessaire; M. Lafitte en fit volontiers la promesse et il tint parole.

Le lendemain ce ne fut plus la même chose ; la préfecture de police, *un peu girouette,* avait changé d'avis. Le directeur-général Franchet avait été consulté.

M. Lafitte reçut une nouvelle ordonnance qui lui annonçait qu'il fallait que la cérémonie funèbre eût lieu le jeudi.

M. Lafitte écrivit de nouveau au préfet de police, et lui témoigna combien il trouvait inconvenant d'être ainsi ballotté pour une chose aussi simple que naturelle, et dans laquelle l'autorité n'eût pas dû intervenir, puisqu'il n'y avait pas à craindre que la tranquillité publique fût compromise ; au reste, ajoutait-il, si cela pouvait arriver, la police en serait seule la cause.

Le préfet finit par se rendre à ces raisons auxquelles il n'avait plus rien à objecter ; mais il fut fait défense aux journaux d'entretenir leurs lecteurs de la mort de M. Manuel, ni d'annoncer le lieu et l'heure de sa sépulture.

Le vendredi, le cortége partit de Maisons à neuf heures du matin, conduit par les parens et les amis du défunt ; quelques gendarmes se montraient en éclaireurs sur la route, et à midi la voiture qui portait le cercueil arriva à la barrière du Roule.

Beaucoup de voitures qui l'attendaient grossirent alors le cortége, qui suivit lentement les boulevards extérieurs.

La foule s'était renforcée de commissaires de police, des officiers de paix Cartaut, Grosset et autres, les agens Gannat, Lavigne, Dupont, Gadinot, Loumey, Durand, Charles, Denier, Aujuères, Ducret, Machet, Laforêt, Lebeau, Petit, Auguste, et autres; ajoutez à cela la gendarmerie à pied et à cheval, on verra qu'il ne fallait pas une force aussi imposante pour contenir des hommes qui, pénétrés de la plus vive douleur, ne voulaient que rendre hommage à un beau talent moissonné trop vite.

Arrivé à la barrière des Martyrs la foule devint immense, le cortége s'arrêta, un ex-officier prononça un discours; l'agent D...... attaché à M. de Pins, se rendit de suite à la préfecture pour rendre compte de ce fait; M. de Pins lui remit une lettre pour l'agent Henri, par laquelle il lui ordonnait de faire en sorte de connaître le nom de l'officier qui avait porté la parole, mais on ne put le découvrir. On se mit en marche, et les jeunes gens qui s'y trouvaient, animés d'un sentiment généreux, enlevèrent le cercueil de la voiture et voulurent le porter à bras.

Les gendarmes qui, sans doute, avaient reçu des ordres, et qui peut-être virent dans ce mouvement quelque chose de séditieux, tirèrent leurs sabres, et se mirent en bataille en travers de la chaussée pour arrêter le convoi.

Ce mouvement excita une grande rumeur, mais

enfin le frère de Manuel et ses amis parvinrent à l'apaiser ; ils firent sentir aux jeunes gens qu'ils ne pouvaient porter le cercueil sans contrevenir aux ordonnances, et que, dans l'enceinte de Paris ainsi qu'au dehors, il fallait que le corps fût déposé sur le char des pompes funèbres. On se rendit à ces observations, et la gendarmerie du département, qui faisait le service dans cet endroit, plus pacifique que celle de Paris, se prêta à ce qu'on voulut ; elle ne désapprouva même pas que les jeunes gens, après avoir dételé les chevaux, traînassent le corbillard.

Le commissaire de police et l'officier qui étaient présens furent du même avis, et le cortége reprit sa marche dans le plus grand ordre.

Tous les obstacles paraissaient levés, l'autorité d'abord si soupçonneuse, la police et ses agens laissaient un libre cours à la douleur, lorsque, sur le boulevard de la barrière de Ménilmontant, on découvrit deux escadrons de gendarmerie rangés en bataille sur le milieu de la route, et deux compagnies d'infanterie qui les flanquaient de chaque côté.

Au milieu de cet appareil hostile et guerrier, on voyait un nouveau corbillard attelé de quatre chevaux. D'autres corps de la gendarmerie de Paris avaient constamment longé le cortége par le chemin de ronde.

Ces détachemens avaient reçu de nouveaux

ordres de la préfecture de police. Elle ne voulait pas que les jeunes gens traînassent le corbillard, et il fallait déposer le cercueil sur le char attelé de chevaux, ou s'exposer aux violences de la force armée. La police voulait, bon gré mal gré, trouver le moyen de troubler de pieux devoirs, pour avoir l'occasion de verser du sang.

Quelle hécatombe pour un homme de bien ! Mais la police qui avait ses intentions et ses vues, oubliait toutes les convenances et voulait trouver le moyen d'user de mesures repressives.

Le cortége fut donc arrêté de nouveau par les gendarmes qui avaient des ordres. Les citoyens qui étaient à la tête demandèrent alors de quel droit on interceptait le passage. La gendarmerie répondit qu'elle avait des ordres. On exigea que les officiers se présentassent : ils avancèrent. Au milieu d'eux se trouvait le comte de Saint-Germain, capitaine commandant le détachement. On lui fait la même interpellation qu'aux gendarmes ; il répond qu'il a des ordres du préfet de police ; on exige qu'il les représente. Des officiers voulaient avancer sur le cortége, d'autres, plus sages, observaient qu'il fallait donner communication des ordres.

Le comte de Saint-Germain les remit à un officier, qui les lut à voix basse et en balbutiant. On lui cria qu'il ne savait pas lire ; il s'emporta et voulut s'élancer sur ceux dont il croyait avoir à se plaindre. On arrêta son cheval, et après quelques propos un peu vifs, échangés de part et d'autre, le calme se rétablit.

Mais la discussion se renouvela; les uns voulaient avancer, les autres s'y refusaient. On fit observer que le commissaire de police qui était présent ne trouvait rien de répréhensible, il était donc étonnant que la gendarmerie se montrât plus exigeante.

On demanda d'attendre ce magistrat, ainsi que M. Lafitte qui avait été chargé par le préfet de police lui-même de maintenir le bon ordre par sa sagesse et son influence.

Le danger croissait à chaque instant; les esprits s'échauffaient; le commissaire de police, qui était arrivé, parlait à M. de Saint-Germain qui ne voulait rien entendre, prétendant toujours s'en tenir aux ordres du préfet.

Enfin, M. Lafitte parut; il fit sentir à M. de Saint-Germain combien il était dangereux d'employer la force dans une circonstance pareille, surtout lorsque rien ne motivait son intervention. Il adressa ensuite la parole aux membres du cortége, ils se rendirent à la raison. Au nom de Manuel tous les esprits se calmèrent.

On attela des chevaux au corbillard, pour tout concilier, et les jeunes gens leur prêtèrent le secours de leurs bras afin de continuer à rendre à la dépouille mortelle de Manuel l'hommage qu'ils lui devaient.

La police et ses satellites eurent donc encore un désappointement ; le cortége arriva à quatre heures et demie au cimetière du père Lachaise, où l'attendait une nouvelle foule de citoyens.

Alors la multitude ne parut plus animée que d'un seul sentiment, la douleur et les regrets. On avait oublié la police, ses ordres et ses gendarmes.

Le char funèbre arriva ; les chevaux furent dételés. La gendarmerie, plus tenace que si elle eût été sur un champ de bataille, voulut charger, d'après les ordres de son chef ; mais les soldats y mirent une sorte de lenteur qui ne pouvait que les honorer.

On enleva rapidement le cercueil, et, lorsqu'il fut dans l'enceinte du cimetière, les portes furent fermées aussitôt. La gendarmerie fut alors isolée, et les jeunes gens portèrent le corps de Manuel jusqu'à la fosse qui était préparée à recevoir ses dépouilles. Ses honorables amis firent son éloge dans les termes les plus touchans et les plus vrais.

Les commissaires de police, les officiers de paix, les agens furent témoins des regrets universels que causait la mort de Manuel ; ils purent rendre compte que la vertu, l'honneur et la franchise avaient conservé leur empire sur l'âme des Français ; et si les hommes qui avaient donné l'ordre d'ensanglanter les funérailles de Manuel étaient encore accessibles au repentir et à quelque sentiment généreux, ils dûrent regretter d'avoir pu songer un instant de menacer la vie de ceux qu'ils devaient secourir et protéger.

On ne peut concevoir quel était l'esprit de vertige qui animait la police Franchet et Delavau. Le gouvernement révolutionnaire n'était pas plus vexatoire ni plus tyrannique, tout en employant d'autres moyens, et en marchant sous une autre bannière. La hache était suspendue sur toutes les têtes, mais lorsqu'elles étaient tombées, on ne leur enviait point le repos de la tombe; la police allait beaucoup plus loin. Continuons à en fournir des exemples.

M. DE GIRARDIN.

M. de Girardin, élève de J. J. Rousseau, l'ami de la philosophie, de l'humanité et des lois, qui joignait des vertus et des talens au titre de libéral et de membre du côté gauche de la chambre des députés, ne devait pas être aimé de la police, aussi MM. Franchet et Delavau ne le voyaient pas d'un bon œil, et leurs agens le surveillaient sans cesse.

Il tomba malade. Il fallut payer sa dette à la nature; et dès que sa mort fut annoncée, la police se mit en mesure pour que les honneurs funèbres qu'on pourrait lui rendre fussent en harmonie avec sa volonté *toute-puissante*.

Le préfet et le chef de la police centrale se concertèrent ensemble pour assurer l'exécution des ordonnances rendues, et M. Hinaux se décida à paraître en personne aux funérailles de l'honorable député, accompagné de son fils qui était son secrétaire.

L'officier de paix Delbarre, chef de la brigade centrale, reçut l'ordre de s'y trouver avec ses agens, que nous avons déjà cités dans les articles précédens.

M. Hinaux avait jugé à propos de mettre sous ses ordres immédiats les agens Mayer, Julien et Hypolite, qui devaient se tenir non loin de lui, afin qu'au premier signal ils pussent porter ses ordres partout où besoin serait.

Les choses étant ainsi disposées, les chefs et les subordonnés se rendirent au lieu d'où le cortége devait partir.

La réunion était aussi nombreuse que distinguée par les titres et la qualité des personnes qui en faisaient partie. L'ordre et le recueillement présidaient à la marche, lorsqu'un des membres du cortége apercevant M. Hinaux, chef de la police centrale, qui *seul avait son chapeau sur la tête*, l'invita à se découvrir : celui-ci ne tint pas compte de cette injonction. Alors un jeune homme fit tomber le chapeau du récalcitrant agent de police.

M. Hinaux, qui n'était décoré ostensiblement

d'aucun des *insignes* de ses redoutables et importantes fonctions, se fâcha, s'emporta et appela ses fidèles à son secours, pour le venger du petit affront dont il venait d'être l'objet.

Le fils, qui était à ses côtés, croyant que son père courait quelque danger, chercha dans la foule les agens qui étaient spécialement désignés pour être à ses côtés. Il ne découvrit que Malyer, auquel il dit : « Vous voulez donc laisser assassi-
» ner mon père ! Venez auprès de lui !...... »

Malyer qui craignait quelque mésaventure s'il était reconnu pour un agent de police, et qui, en outre, se voyait entouré d'une foule de militaires, dit au fils de M. Hinaux : « Vous vous méprenez ;
» je ne vous connais pas, et je ne sais ce que vous
» me voulez. »

Il se tira ainsi d'affaire, grâce à sa présence d'esprit.

Quant à M. Hinaux, le chef de la police centrale, il en fut quitte pour relever son chapeau, et la cérémonie funèbre se termina sans autre accident, quoiqu'il eût engagé la gendarmerie *à sabrer les canailles* qui lui avaient manqué de respect.

Mais la force armée, qui ne reconnaissait pas dans M. Hinaux un de ses chefs, ni l'organe d'un militaire, ne fit aucune démonstration hostile, elle ne bougea pas.

M. Hinaux de retour à la préfecture de police,

broya du noir, et, dans un rapport aussi fortement pensé que bien écrit, il rendit compte des dangers qu'il avait courus, du froissement de son chapeau, et du peu d'attention qu'on avait fait à ses plaintes et à ses doléances.

La chose parut assez importante pour qu'il en fût déféré aux tribunaux.

Malheureusement, les juges ne virent pas du même œil que la préfecture de police et le commissaire central ; ils trouvèrent qu'il n'y avait pas lieu de punir et de réprimander ceux qui avaient été désignés par la police comme des perturbateurs. M. le président admonesta M. Hinaux, lui reprocha l'indécence de sa conduite, en lui observant qu'il avait été la cause du trouble, lorsqu'il eût dû par ses fonctions le prévenir et l'empêcher.

Le chef de la police centrale crut se justifier en annonçant qu'il avait gardé son chapeau sur la tête, parce qu'il n'était pas venu pour rendre hommage à M. de Girardin, mais pour remplir ses fonctions. Un murmure désapprobateur s'éleva de toutes parts dans l'audience.

La conduite de la police, dans cette circonstance, prouva de plus en plus qu'elle était l'ennemie de tout ce que la société avait en vénération ; mais l'influence d'une secte ennemie et persécutrice l'égarait et lui faisait commettre des fautes qui, plus tard, occasionèrent sa chûte.

LE DUC
DE LA ROCHEFOUCAULT-LIANCOURT.

La mort se lassait de voir la vertu sur la terre, elle frappa le duc de Larochefoucault-Liancourt. Tous les gens de bien gémirent; les pauvres s'écrièrent en pleurant : Nous allons de nouveau connaître le malheur. Les orphelins dirent nous perdons celui qui nous tenait lieu de père. Les arts se couvrirent d'un voile funèbre, et la terre ne s'ouvrait qu'à regret pour ensevelir et recevoir celui qui l'honorait.

La police aux sentimens d'airain, nous ne dirons pas l'âme, et pour cause. La police se douta que l'on voudrait honorer celui qui en était si digne. Dans d'autres circonstances semblables, elle avait pu se servir du prétexte de l'esprit de parti et des opinions libérales ou dangereuses, parce qu'elles n'étaient pas les siennes.

Mais à la mort du duc de Liancourt, ce motif banal et spécieux de sa haine ne pouvait ni ne devait être mis en avant. Le respect, la reconnaissance, l'admiration et la douleur n'avaient rien de séditieux. Eh bien, celui auquel on eût élevé des autels chez les Grecs et dans Rome, l'homme de bien inspira des frayeurs à la police, ou, pour trancher le mot, elle voulut tramer les moyens de le blesser dans le cœur et l'affection de ses parens, de ses amis, et de ses nombreux admirateurs.

Dès que le préfet de police fut instruit de ce déplorable événement, il manda sur-le-champ M. de Pins, chef du secrétariat particulier, et lui donna l'ordre de faire surveiller l'hôtel du duc de Larochefoucault, afin de connaître les personnes qui iraient se faire inscrire, ou qui porteraient des cartes de visite.

L'agent Pioch fut chargé de cette exploration, et il signala à son chef une partie des personnes qui étaient venues. Il avait trouvé le moyen, sous un prétexte spécieux, de s'introduire dans la loge du concierge, et entendre nommer ceux qui se présentaient. Il avait, en outre, jeté les yeux sur les cartes qui avaient été remises.

Le même agent fut encore chargé de s'informer du jour où le convoi aurait lieu, et d'en rendre compte sur-le-champ.

La police sut donc, grâce à son inquisition et à ses observateurs, que les funérailles du duc de Larochefoucault réuniraient un concours immense de citoyens; que les élèves des écoles des arts et métiers, dont il avait été le père, l'appui et le protecteur, chercheraient à lui donner une dernière preuve de leur respectueux attachement et de leur gratitude.

Dès lors elle se disposa à prendre toutes les mesures qui pourraient comprimer les élans de l'âme, de la sensibilité et de la reconnaissance.

Dès le matin du jour qui devait éclairer cette triste cérémonie, MM. de Pins et Brunat dirigèrent les brigades de leurs agens vers les rues que le cortége devait parcourir, en leur donnant des instructions nécessaires pour écouter tout ce qui se dirait, à l'effet d'en rendre un compte exact et détaillé.

M. Bonneau, inspecteur-général des prisons, ne commanda point sa brigade. Il fut arrêté par des considérations puissantes et le respect qu'il devait à l'illustre défunt. Il était allié à la famille de Larochefoucault par son épouse.

Nous ajouterons même avec franchise que M. Bonneau eut une altercation très-vive avec M. de Pins, relativement aux ordres qu'il avait donnés, et il lui reprocha cette inconvenance; mais il n'y eut rien de changé dans les mesures arrêtées par la police.

La force armée dont elle disposait pour ses opérations vexatoires, MM. les commissaires de police, les agens publics ou secrets furent endoctrinés, reçurent des ordres, et il leur fut prescrit de s'opposer, par tous les moyens possibles et même par la force, aux honneurs que l'on voudrait rendre à la vertu.

Nous n'offrirons point de nouveau à nos lecteurs la nomenclature des agens de la police. Les articles précédens les ont suffisamment fait connaître.

Le duc de Larochefoucault était mort le mardi 27 mars 1827, à quatre heures un quart du soir.

Dès que les anciens élèves de l'École des arts et métiers de Châlons eurent appris la mort de leur père, ils vinrent à son hôtel demander la permission de lui rendre un dernier hommage, en jetant religieusement de l'eau bénite sur son corps.

Cette demande n'ayant pas été prévue par la famille, ils ne purent lui donner cette marque de reconnaissance; il était naturel qu'ils cherchassent une autre manière de la prouver.

Le jour de la cérémonie funèbre, ils se réunirent autour du cercueil, et le portèrent sur leurs épaules depuis l'hôtel jusqu'à l'église.

Cet hommage fut rendu avec le plus grand recueillement. Un silence religieux, une marche lente et triste, des sentimens profonds dans tous les cœurs, semblaient les avoir détachés des pensées humaines et terrestres, et rien ne pouvait assurément inspirer la crainte d'un mouvement dangereux pour l'état social.

On ne voulait que lui rendre les devoirs prescrits par cette religion sainte et sacrée, qui, d'après les préceptes de son divin auteur, ne recommande que la charité et l'amour du prochain.

Les enfans du duc de Larochefoucault, ses parens, ses amis, les membres de la chambre des pairs, du premier corps de l'État, dont il faisait partie, ajoutaient un nouveau degré d'intérêt à cette lugubre solennité.

A l'église, les élèves de Châlons entourèrent le catafalque; ils prièrent; ils allèrent à l'offrande, et chacun d'eux y déposa un léger don en mémoire de son bienfaiteur.

Lorsque les tristes prières furent achevées, les élèves de Châlons reprirent le cercueil. Ce fut alors qu'un inconnu, sans déclarer son titre, sans montrer aucun ordre, sans avoir aucun signe qui le caractérisât *, fit avancer des porteurs. On cria que la famille ne permettait pas que le corps fût porté à bras, et les élèves le remirent avec regret sur le char; mais, lorsque la famille, justement indignée, s'écria qu'assurément elle y avait consentie et qu'elle y consentait encore, ils reprirent le cercueil aux mains des porteurs.

Déjà ils avaient traversé la cour tranquillement et fait quelques pas dans la rue Saint-Honoré, tout se calmait, et aucun tumulte ne pouvait survenir à la suite de ce transport, lorsque, sur un ordre secret remis par le même homme à

---

* On a toujours pensé que cet individu était un employé supérieur de la police. Il a été impossible de savoir son nom ni sa qualité.

l'officier commandant, celui-ci ordonna à la troupe de tomber sur les huit jeunes gens qui portaient religieusement sur leurs épaules le corps de leur bienfaiteur.

On n'eut aucun respect, ni pour les hommes, ni pour la mort même. On cria au scandale; l'indignation s'unit aux larmes de la douleur; une espèce de lutte s'engagea : ni la vénération pour le saint lieu, dont on touchait encore le parvis, ni les considérations humaines, ni la présence des premiers dignitaires de la chambre des pairs, ni tout ce que les humains ont de plus respectable, ni la volonté des morts, qui devrait être toujours si sacrée pour ceux qui gouvernent les sociétés, afin de donner un exemple de sagesse à ceux qu'ils sont chargés de diriger et de conduire; enfin, ni la crainte de commettre un sacrilége, rien n'arrêta cette police qui, dans toutes les circonstances, feignait tant de foi et de dévotion.

Le cercueil fut renversé par des mains impies. Les insignes de la pairie tombèrent dans la rue, furent foulés aux pieds dans la fange, et cet affreux spectacle devint une profanation; la bière ne put résister à tant de secousses, elle s'entrouvrit, et les restes inanimés du meilleur, du plus sage et du plus vertueux des hommes s'en échappèrent et se montrèrent aux regards éperdus de la foule éplorée. Jamais un plus sauvage attentat n'a été commis au sein d'une nation civilisée! Jamais il n'y eut un acte plus illégal, plus révoltant et plus impie!

Ce fut l'ouvrage de la police et la suite des ordres donnés à ses agens, qui se montrèrent trop fidèles à les exécuter.

L'indignation était à son comble; les murmures allaient toujours croissant : sans la prudence, la sagesse et la modération, ajoutons mieux, sans l'influence si heureuse des hauts fonctionnaires qui étaient à la tête du cortége, le sang eût peut-être coulé.

Les mânes du duc de Liancourt en eussent tressailli douloureusement dans le séjour des justes qu'il habite; lui qui, pendant sa vie, eût sacrifié ses jours pour conserver ceux de ses semblables.

La piété filiale, l'amitié, le respect, la reconnaissance et la chambre des pairs élevèrent la voix pour demander justice de la conduite de la police, au sujet des désordres commis aux funérailles du duc de Larochefoucault. Aussitôt le ministère ordonna une enquête judiciaire, et il obtint par cette fausse apparence d'équité que la chambre des pairs suspendît la sienne jusqu'à ce qu'elle connût le résultat de celle commencée par la justice; mais il n'en est rien advenu; la procédure a été étouffée. Ainsi des jeunes gens pieux et reconnaissans furent frappés, les insignes de la pairie et le corps d'un pair de France ont été traînés dans la boue, et il n'y a pas eu de justice pour les vivans ni pour les morts.

La police triompha de tout. Quelle était donc sa puissance ?

LAMOTHE,

Se disant Comte, condamné aux galères, en 1786, pour vol de diamans.

La police voulut savoir, en 1824, ce qu'était devenu un nommé Lamothe, qui avait été condamné dans le mois de juin 1786, par arrêt du parlement, aux galères perpétuelles, pour vol d'un collier de diamans du prix de 1,800,000 fr.

La femme de ce grand coupable avait été condamnée à être fouettée et marquée sur les deux épaules de la lettre V, et enfermée à perpétuité à l'hôpital pour avoir joué avec son mari le principal rôle dans cette abominable intrigue.

Elle subit la peine portée par son jugement à six heures du matin dans la cour du Palais-de-Justice, après s'être roulée par terre, avoir poussé des hurlemens affreux et avoir mordu le bourreau.

On fut même obligé de lui déchirer ses vêtemens pour lui imprimer le fer chaud sur les épaules.

Quant à Lamothe, il avait trouvé le moyen de

se soustraire par la fuite au juste châtiment qu'il méritait, et avait passé en Angleterre, où il avait vendu les diamans provenant de son vol.

Il ajouta à tant d'infamie, celle de composer un mémoire contre la personne la plus auguste et la plus respectable, la reine, épouse de Louis XVI.

Par une condescendance qui pouvait être taxée de faiblesse, on crut devoir acheter son silence, et lorsqu'il en eut reçu le prix, il ajouta un nouveau crime à celui qu'il avait déjà commis, et manqua à la foi promise.

Pourquoi s'en étonner, c'était Lamothe!-

On soupçonna donc, en 1824, que cet individu était rentré en France, et M. Delavau, alors préfet de police, donna l'ordre de le rechercher et de faire ensorte de connaître son domicile.

Un agent secret, nommé Martelle, fit des démarches, prit des renseignemens auprès d'un nommé Le Bette-d'Étienville qui avait joué un rôle de remplissage dans cette trop fameuse affaire du collier, et ce fut par cet individu qu'il apprit que Lamothe était retiré du côté de Meaux et vivait à la campagne.

Le Bette-d'Etienville avait rédigé dans le temps des mémoires sur l'affaire du collier. Il communiqua le manuscrit à l'agent Martelle. Il y était question d'un sieur Augeard qui avait figuré dans cette même intrigue; il en paraissait même la cheville ouvrière.

D'Etienville l'avait vu fréquemment; mais lorsque l'affaire prit une tournure sérieuse, Augeard disparut, et on n'en entendit plus parler.

Seulement, en 1792, Le Bette-d'Etienville crut le rencontrer à Versailles; ce qui fortifia ses soupçons, fut que cet Augeard, ou son *Sosie*, s'éloigna promptement lorsqu'il aperçut d'Etienville.

Le Bette-d'Etienville assurait que Lamothe et sa femme avaient trompé tout le monde, et que jamais une personne aussi auguste qu'infortunée n'avait eu de communications, ni de relations avec cette tourbe d'intrigans et de voleurs.

Quant à lui, d'Etienville, il n'avait été qu'un mannequin à cette époque.

En 1824, il vivait à Paris assez misérablement, et logeait rue de l'Hirondelle.

Il recevait des secours de divers grands personnages chez lesquels il se présentait de temps en temps.

C'était un gastronome déterminé; il aimait beaucoup la table, et parlait toujours avec enthousiasme des bons repas qu'il avait faits à l'époque de l'affaire du collier.

Il eût tenu un rang distingué parmi les ventrus du moment actuel.

Ces informations prises sur Lamothe n'eurent pas d'autres suites. La police parut oublier ce coupable personnage.

Cependant il eût dû paraître étonnant qu'un individu condamné aux galères pour un fait aussi grave que celui qui avait motivé sa condamnation, ne fût pas arrêté et conduit au bagne, comme les autres forçats qui ont rompu leur ban.

Les malheurs et les infortunes qui ont pesé sur la plus auguste des victimes de la terreur révolutionnaire, commandaient peut-être cet acte de justice et de sévérité, avec d'autant plus de raison que ce Lamothe joignit au crime du vol des imputations mensongères et calomnieuses, que ces diffamations se réveillèrent long-temps après et servirent de prétexte aux assassins de la reine pour commettre un crime inouï.

Ce Lamothe existe encore; il habite non loin de l'enceinte de Paris, et peut fouler de son pied coupable et criminel la cendre de ceux qu'il a calomniés et conduits à l'échafaud.

Le temps a-t-il donc pu l'absoudre? Est-ce qu'il y a prescription pour les galères perpétuelles?

C'est une question que nous soumettons aux jurisconsultes et aux criminalistes.

Au moment où nous écrivons, nous avons appris que le nom de ce Lamothe avait été prononcé à l'audience de la septième chambre de la police correctionnelle de Paris, le 7 mai dernier (1829).

Un frémissement d'indignation s'est emparé de tout l'auditoire, lorsque l'éloquent avocat a retracé les crimes de Lamothe, qui ose encore montrer en public sa coupable et honteuse impunité.

BORDES, BARON DE SATGÉ.

Nous avons déjà parlé de M. le baron de Satgé dans notre premier volume, page 171.

Nous avons donné quelques renseignemens qui prouvaient que M. de Satgé était en butte aux tracasseries, aux persécutions de la police; elle craignait des révélations qui eussent pu mettre au grand jour le système d'arbitraire qu'elle avait adopté; aussi avait-elle exigé qu'il s'éloignât de Paris, en pourvoyant à ses frais de route et de déplacement.

Comme il nous est parvenu de nouveaux renseignemens sur ce qui est relatif à M. de Satgé, et qu'ils peuvent se rattacher au plan de notre ouvrage, en jetant un nouveau jour sur la police, nous nous empressons d'en faire part à nos lecteurs. M. de Satgé revint à Paris, la préfecture ne le perdait pas de vue, et ses agens avaient l'ordre de le surveiller. Ils mettaient cette mesure à exécution avec l'exactitude la plus scrupuleuse.

Il paraît que la police voulant avoir un motif de le persécuter derechef, pour le forcer à quitter la capitale, prit le parti d'avoir recours aux provocations, et ses agens durent se conformer à ses intentions.

M. le baron de Satgé était alors logé rue Sainte-Anne, quartier du Palais-Royal ; un jour qu'il sortait de son hôtel avec deux de ses fils, plusieurs agens de police, qui étaient apostés pour épier ses démarches, s'élancèrent tout à coup d'un cabaret où ils étaient embusqués et commencèrent par provoquer et insulter le père. Les deux fils vinrent à son secours, avec cet empressement et cette ardeur que leur inspiraient l'amour et le respect filial ; mais trop faibles contre ce grand nombre d'assaillans, ils furent repoussés, maltraités et reçurent même plusieurs contusions, principalement à la tête.

M. de Satgé père chercha à se défendre avec sa canne, mais elle lui fut enlevée par les satellites de la police, qui portèrent ce trophée de leur coupable agression au chef du cabinet particulier, M. de Pins. Il le fit déposer dans le magasin, ou les archives de la préfecture, et il y est sans doute encore. Nous avons nommé dans notre article du tome 1er, les agens qui se présentèrent chez M. le baron de Satgé ; comme ils le connaissaient, on les employa dans la seconde expédition.

Cette affaire avait causé tant de scandale dans le quartier où elle s'était passée, qu'elle fit du bruit et que les journaux parlèrent de ce guet-à-pens, mais avec tant de réserve et de tiédeur, qu'il semblait que leur indignation fût comprimée par la crainte de déplaire à la police et d'être ensuite ses victimes.

M. de Satgé, suivant les apparences, s'était mis en opposition ouverte avec M. de Villèle, en publiant une brochure dans laquelle il blâmait ses opérations ministérielles.

Dans une autre brochure, il avait attaqué M. Delavau, préfet de police, et ses agens, pour se plaindre de la visite et de la perquisition qui avaient été faites dans son domicile; il avait même trouvé extraordinaire que le maître de l'hôtel garni dans lequel il logeait eût paru seconder les agens de police. Il ignorait que s'il eût agi autrement, il s'exposait à se voir retirer sa permission de loger et à perdre son état.

Il avait encore eu, ainsi qu'un de ses fils, une discussion assez vive avec M. Franchet, directeur-général de la police, et il s'en était suivi une correspondance dans des termes qui n'étaient pas propres à opérer un rapprochement et une réconciliation.

M. de Satgé, en provoquant ainsi ouvertement les puissances du jour et les hommes en crédit, devait s'attendre à leur haine, et qu'ils feraient usage de tous les moyens qui étaient à leur disposition pour repousser ses attaques, sans s'inquiéter s'ils agissaient légalement; car la raison du plus fort était un argument sans réplique lorsque ces messieurs étaient en place; et s'ils faisaient parler la loi dans leur intérêt, ils savaient également la rendre muette, lorsqu'elle pouvait les contrarier.

Nous avons lu plusieurs brochures de M. le baron de Satgé qui nous ont prouvé qu'il a un attachement aussi pur que sincère pour le gouvernement. Il a porté ses plaintes jusqu'au pied du trône; elles auront été accueillies, c'est l'asile de tous et le palladium des opprimés.

M. de Satgé doit se trouver suffisamment vengé; ses ennemis, ses persécuteurs sont hors d'état de lui nuire; qu'il partage la satisfaction générale, et qu'il oublie des hommes dont l'existence administrative fut un fléau, et qui n'en ont recueilli que la honte et le mépris.

Nous croyons devoir ajouter ici, toujours dans l'intérêt de M. de Satgé et de la vérité, que la brochure dont nous avons parlé dans notre premier volume n'était point de lui, mais bien du général Dumouriez, retiré en Angleterre. Il l'avait annoncée seulement, pour en faire connaître l'existence et pour qu'on en arrêtât l'émission. Nous n'en donnerons point ici le titre, le respect nous en fait une loi.

PROSTITUTION.

Maisons de débauche, Filles publiques, Femmes galantes et à parties.— Bureau dit de l'attribution des mœurs.

La prostitution se présente et s'offre à Paris sous mille formes différentes; elle est publique, clandestine; autorisée chez les uns, prohibée chez les autres, et la police voit ou ne voit pas ce qui se passe. Tout cela dépend de la protection qu'on accorde ou de la faveur qui s'acquiert.

Nous allons tâcher de traiter cette matière sous ses différens rapports, et si la prostitution est un vice inhérent attaché à Paris et à toutes les grandes villes, nous essayerons d'offrir le remède en signalant le mal et les abus.

Ce ne sont pas les femmes qui se montrent audacieusement dans les rues, et qui provoquent à la débauche, qui sont les plus à craindre pour la jeunesse et l'inexpérience, ni même pour l'âge mûr, qui se berce encore de douces illusions. Les passions et la brutalité peuvent s'abandonner sans réflexion à ce qui est offert sans pudeur, et il est permis de gémir en songeant que la plus belle portion de l'humanité se voue ainsi de sang-froid à l'opprobre et au déshonneur.

Il existe des maisons dans Paris, où le vice, la débauche et la corruption s'offrent sous les dehors les plus séduisans ; la vertu, la modestie auraient moins de candeur ; la sagesse moins d'austérité, et le serpent se cacherait avec moins d'art sous les fleurs. Tels sont les piéges que l'on tend à Paris, à la plus ardente, à la plus douce, et à la plus funeste des passions, lorsqu'on ne sait pas en modérer les excès ni les transports.

L'amour est donc une spéculation dans la capitale, il a ses caractères comme toute autre branche d'industrie et de commerce.

Examinons donc ce tableau sous ses différens points de vue.

Un étranger arrive dans Paris, il n'a aucunes connaissances, ou s'il est porteur de quelques lettres de recommandation, c'est pour diverses personnes qui l'accueilleront avec bienveillance, et qui ne lui procureront aucunes de ces jouissances, aucuns de ces plaisirs dont nous sommes tous si avides ; d'autres auront soin d'y pourvoir.

Il est logé dans un hôtel garni ; le garçon qui est en relation avec ces dames du bon ton, qui tiennent des pensions, des tables d'hôte, qui donnent des soirées ; ce garçon, qui voit chaque matin les personnes qui habitent l'hôtel, parle avec une sorte d'indifférence étudiée des agrémens de la capitale, demande à Monsieur s'il s'amuse, s'il va au spectacle, dans quel restaurant il déjeûne, ou il dîne. Il répond, dans le premier venu ; alors le complaisant pourvoyeur lui annonce qu'il connaît une pension où l'on est très-bien nourri, à bon compte, et où l'on rencontre chaque jour la société la mieux choisie et la mieux composée.

L'écouteur demande l'adresse, on la lui donne en lui annonçant qu'il sera bien accueilli avec la carte qu'il reçoit.

Il s'y présente, la dame de la maison devant laquelle il est admis met sur-le-champ en œuvre tout l'art de la politesse pour l'éblouir ; des appartemens élégamment meublés font le reste. Les habitués des deux sexes arrivent ; on présente le néophite à la société, chacun lui fait fête. On déjeûne, le vin, les bons mots, les saillies échauffent les têtes et l'imagination. On a eu soin de placer l'arrivant, le débutant, auprès d'une dame qui paraît être seule, qui s'occupe de tout le monde en général, mais de personne en particulier.

Les noms, les demi-mots, les petites confidences, tout annonce que ces messieurs et ces dames sont des gens titrés et appartenant à une classe distinguée de la société.

Chacun est galant pour sa voisine, notre novice en fait autant ; on reçoit tout avec réserve, avec modestie ; il est enchanté, il veut le témoigner, on l'arrête ; tout cela irrite les désirs, les fait naître, les accroît. On se lève de table, et la vertueuse dame s'approche de la maîtresse de la maison, avec laquelle elle jase confidentiellement; elle paraît oublier tout le monde, et cette indifférence est un moyen assuré qu'elle emploie pour jeter de l'huile sur le brasier qu'elle vient d'allumer.

On suit cette marche pendant quelques jours, enfin notre homme ne peut plus y tenir. Il prend des informations auprès de celle qui paraît l'amie intime; on veut bien lui dire sous le sceau du secret, tout ce qui est ou qui n'est pas. Cette dame a toutes les vertus, toutes les qualités, tous les talens; il croit cela sur parole. Qu'arrive-t-il, on finit par l'écouter, on l'entraîne, il est aveuglé, séduit; il joue, il perd, il fait mille autres sottises; il se ruine pour le vice, croyant avoir adoré la vertu.

Il n'est pas désenchanté, il ne peut se plaindre, on a employé toutes les formes, tous les procédés; les égards ont toujours été de la partie, il faut qu'il s'éloigne. A peine lui reste-t-il de quoi rejoindre ses pénates, on le voit partir avec regret, les larmes coulent; il disparaît, et l'on s'est partagé ses dépouilles; il est même très-heureux d'en être quitte à ce prix, et d'avoir eu assez d'honneur et de probité pour ne pas s'oublier au point de tomber dans de plus grands égaremens.

Combien de jeunes gens bien nés, qui, livrés

à eux-mêmes à Paris, sont arrivés au déshonneur et même au crime pour avoir fréquenté de semblables maisons.

Voilà le premier plan du tableau, ce qui va suivre le complétera : ce sont les ombres qui font ressortir le sujet principal.

Il existe d'autres refuges où la table n'est qu'un accessoire, la danse, les plaisirs et toujours un peu de jeu, offrent les mêmes agrémens et les mêmes dangers. Les Sirènes, les Armides, ont un autre ton, un autre dialecte; la vertu n'est pas tout-à-fait en première ligne, mais les faiblesses ont tant de charmes, on met tant de grâces dans le mode d'exécution, qu'il est impossible de ne pas être séduit, entraîné. On bénit d'abord son destin, mais à force de sacrifices, on finit par le maudire. C'est un rêve dont le réveil est affreux.

Les victimes n'osent se plaindre, on se moquerait de leurs chagrins : le malheureux qui a cru à l'amitié, à la tendresse, ne trouve plus que froideur, indifférence; on ne le connaît plus et il va cacher sa honte s'il lui reste encore de la pudeur. Combien en est-il qui après avoir été dupes deviennent les instrumens de la fourberie, et préparent pour d'autres les piéges dans lesquels ils sont tombés. Voilà encore un épisode du tableau social de Paris.

Nous arrivons à une classe aussi dangereuse, mais plus éhontée, et qui ne sauve qu'à moitié les apparences. Ces maisons de troisième classe, étaient en rapport direct avec la police, mais elle les protégeait d'une manière spéciale, et elles avaient pour ainsi dire carte blanche.

Une des principales était celle la dame Georget, rue Lepelletier, n° 29, et depuis rue de Provence, n° 60. Il y avait des salons richement décorés qui communiquaient dans des boudoirs où l'on pouvait se faire les plus douces confidences. C'est là que des jeunes personnes séduites et corrompues par la dame de la maison, venaient jouer des rôles de comtesses, de marquises, de veuves intéressantes, d'épouses délaissées, de filles séduites par un corrupteur et qui n'osant rentrer dans leurs familles à cause d'une première faute, en commettaient mille autres par repentir.

Cette dame avait l'oreille du chef de la police des mœurs, de celui qui dirigeait en chef le dispensaire, et tout le monde s'en trouvait bien. Cette femme, aidée de la fille d'un portier de la rue de la Grande-Truanderie, a consommé la ruine d'un marchand de soieries de la rue de Grenelle Saint-Honoré.

On le fit venir un jour rue Lepelletier, sous le prétexte d'acheter des marchandises; il jugea sur les apparences, il crut que cet étalage de splendeur était réel; il prit la fille du portier pour une jeune veuve très-riche; il fut assez imprudent pour transporter, de son magasin, rue Lepelletier, des pièces de taffetas, de lévantine, des schals, etc., etc. Tout convint; on prit sans marchander; il reçut d'abord des à-comptes, comme en donnent les dames de cette trempe ; on lui fit des billets pour le reste; *ils valaient celui de Ninon à La Châtre.* On lui procura d'autres pratiques de ce genre; des Clara, des Amalie, des Jenni, des Saint-Hilaire, Sainte-Amaranthe, Saint-Julien, et autres; il eut le bonheur de parer un essaim de jolies femmes, mais les billets ne furent pas payés aux échéances, et il fit faillite pour avoir entré dans la maison n° 29 rue Lepelletier.

La fille du portier joua une autre scène avec un homme d'un certain âge et riche, qui s'estimait très-heureux, grâce à la dame de la maison, d'être utile à une jeune veuve abandonnée de sa famille, et qui avait besoin de 3,000 francs pour se faire rendre sa dot. Il avait le cœur tendre et compatissant, il donna la somme et baisa la main de la belle veuve.

La dame de la maison eut 2,000 francs pour son droit de courtage, et l'actrice dut se contenter de 1,000 francs.

Que de jeunes personnes sans expérience sont sorties déshonorées de cette maison, où elles avaient été attirées sous le prétexte d'avoir de l'ouvrage à faire. Des parens ont souvent porté des plaintes, mais elles furent étouffées. L'argent, l'impunité, la protection et la crainte du scandale firent le reste. Ces infamies n'en eurent pas moins leur cours. Il y avait cent maisons de ce genre dans Paris, qu'une police sage et prévoyante eût dû surveiller, pour constater les délits, les fraudes qui s'y commettaient, afin de les faire fermer ensuite.

Que de faillites on eût prévenu par ce moyen ; que de ménages n'eussent pas été troublés par des dissentions instestines ; que d'épouses n'auraient pas eu à gémir de l'éloignement de leurs maris ; que d'enfans ne regretteraient plus leurs pères.

La société eût gagné beaucoup, ainsi que les mœurs. Le vice et la débauche se fussent montrés avec moins d'audace et d'effronterie. C'était le vœu de tous, et la police eût dû le remplir, si elle n'eût pas été imbue des principes les plus faux sur la manière d'administrer.

Avant d'en venir à cette prostitution qui court les rues, signalons encore ces femmes sans pudeur, ces modernes Messalines qui veulent augmenter une fortune acquise par d'aussi infâmes moyens, en corrompant la jeunesse, en profitant de son inexpérience pour l'entraîner dans la fange des plus honteuses voluptés, en les lui offrant d'après un calcul étudié que la fougue de l'âge prend pour le plus tendre sentiment. C'est ainsi qu'un référendaire de la cour des comptes se vit enlever son fils par une de ces femmes, qu'il avait eu le malheur de rencontrer dans la société. Nous pouvons la nommer, c'était la dame Tastin.

Elle eût pu être sa mère; mais douée encore de quelque beauté et de cet esprit que donne l'intrigue, la coquetterie et le grand art des *roueries*, elle témoigna de l'amour au jeune homme; elle lui conseilla de prendre le prétexte de faire un voyage en Bourgogne pour visiter des parens qui habitaient ces contrées, et l'emmena dans l'île Saint-Denis, où elle avait loué une petite maison qui était le théâtre de ses galans exploits.

Le jeune homme y était retenu en charte privée. Il se croyait au comble du bonheur. On lui prodiguait tout ce qui pouvait lui plaire et le séduire, même le charmer. Il se croyait l'unique possesseur du cœur de son Armide. Pauvre jeune homme! quelle était son erreur. Elle le quittait sous le prétexte de se rendre à Paris pour veiller à des affaires d'*intérêt*, et elle n'y venait que pour offrir des consolations à ceux qui étaient assez aveugles pour gémir de son absence.

Les parens du jeune homme n'entendant point parler de leur enfant, écrivirent en Bourgogne. La réponse annonça qu'on ne l'avait pas vu; l'inquiétude, la douleur, le chagrin s'emparèrent du père: la mère fut au désespoir. Un des amis du fils, témoin de ces anxiétés, quoiqu'il ne fût pas dans la confidence, se douta que quelque intrigue amoureuse avait pu l'enchaîner dans Paris; il en parla à la mère, et lui conseilla de s'adresser à la police, en lui nommant celle qu'il soupçonnait d'avoir enchaîné le jeune homme.

La tendre mère s'adressa à la préfecture, et l'agent Derval fut chargé de se présenter chez le référendaire. Il y fut bien accueilli; on lui donna quelques renseignemens. On lui montra le portrait du fugitif, en lui donnant l'adresse de la séductrice dans Paris.

Le portier annonça que la dame était à la campagne; mais comme on lui avait fait sa leçon, il refusa d'indiquer le lieu qu'elle habitait. On lui observa qu'on désirait lui parler pour des affaires qui l'intéressaient vivement, et grâce à l'*argument irrésistible de don Bazile,* le cher portier devint indiscret.

L'agent partit pour Saint-Denis, traversa la Seine, et finit par découvrir dans l'île le jeune homme qui se promenait dans un jardin avec sa Dulcinée. Il le reconnut sur-le-champ. Il n'en fallut pas davantage; il prit quelques renseignemens sur la dame. On lui dit que les chevaux de Brazier, l'entrepreneur des Célérifères, se ruinaient, se fatiguaient pour conduire dans son ermitage des jeunes gens de toutes les tailles, des bourgeois, des militaires, etc., etc.

L'agent retourna à Paris. Il rendit compte de sa découverte aux parens du jeune homme, et la bonne et tendre mère vint enlever son fils dans l'île Saint-Denis.

La dame s'en consola le jour même, et vint à Paris former de nouveaux nœuds. Le jeune homme eut un peu à rougir de sa confiance et de sa crédulité. Il sut apprécier l'amour qu'on avait eu pour lui et promit de profiter de la leçon.

Nous pourrions citer cent exemples de ce genre, et, ce qu'il y a de plus terrible, c'est que ces enchanteresses abusaient souvent de l'empire qu'elles prenaient sur des jeunes gens, pour leur faire souscrire des lettres de change en blanc, qu'elles conservaient pour se les faire payer à la majorité du signataire. On voit qu'elles ne manquaient pas de prévoyance.

Nous ne dirons pas que la dame de l'île Saint-Denis agissait de même, mais elle avait 12,000 fr. de rentes, beaucoup d'argenterie, de diamans, de bijoux, etc., etc.

C'est ainsi que le prince de Soubise avait soin d'exiger une bague, un anneau, ou quelque autre chose de ses nombreuses conquêtes. Il y mettait un numéro et la date de l'époque.

La dame dont nous venons de parler suivait peut-être ce séduisant exemple.

L'aventure du jeune homme n'eut pas de suite. Cependant nous pensons que la police eût pu donner un petit avis paternel à cette dame, et le tout dans l'intérêt de la société, de la tranquillité des familles et des bonnes mœurs. Elle a continué le cours de ses exploits galans, à moins que l'âge ne l'ait avertie que l'Amour avait des ailes; si elle n'a pas profité de l'avis, nous lui conseillerions de se mettre en pension aux *incurables*.

Changeons la scène et mettons d'autres personnages sous les yeux de nos lecteurs.

Voyez-vous aux Tuileries, au Palais-Royal, sur les boulevards de Gand ou de Coblentz, dans l'après-midi, avant l'heure du spectacle, une femme bien mise, assise sur une chaise, les pieds sur l'autre, et une troisième vacante à côté d'elle? C'est une pierre d'attente pour l'homme galant qui cherche des aventures; il prend place près de la belle solitaire. Un mot sur le beau temps, un autre sur la chaleur, quelques réflexions sur les passans, amènent une réponse. La conversation s'engage; les deux interlocuteurs cherchent à briller, à montrer de l'esprit; la dame intéresse. L'heure de dîner sonne, on le propose; un demi-refus sert de réponse. Le cavalier devient pressant. On accepte, après le repas, le spectacle : on ne peut se quitter. Voilà une liaison, encore une embûche; les suites en sont presque toujours funestes.

Vous allez au spectacle, tout est plein; vous parlez à l'ouvreuse, et moyennant une petite rétribution, comme vous paraissez un homme honnête, on vous ouvre une loge, dans laquelle se trouve une dame seule. Il est de l'honnêteté, de la décence, de lui demander excuse de l'importunité. On ignore que l'ouvreuse et la dame sont d'accord.

La pièce est intéressante ; la dame est sensible ; des larmes mouillent ses beaux yeux : on n'a pas un cœur de fer. On ne peut se dispenser d'adresser la parole à celle dont on fait la société, quoiqu'elle se plaigne en vain d'attendre quelqu'un qui devrait venir.

Le spectacle finit ; la dame se lève, va sortir ; on offre son bras ; encore un non qui veut dire oui. Il fait chaud, il faut se rafraîchir ; il gèle ; on offre d'entrer au café ou de prendre une voiture. On arrive au domicile ; il est trop tard pour monter. Le cavalier demande la permission pour une minute seulement ; il est si honnête et si pressant, qu'on ne peut le refuser. Le moment s'écoule ; on se quitte pour se revoir le lendemain ; et que résulte-t-il de tout cela ? une liaison illégitime. Un père de famille oublie ses devoirs les plus sacrés ; un jeune homme, les leçons de ses parens, leurs avis, leurs conseils ; on reconnaît trop tard ses coupables erreurs, et nous n'osons parler des suites. Les journaux annonçaient chaque jour des crimes, des suicides qu'on n'aurait pas eu à déplorer si la police eût surveillé tous ceux qui méritaient de l'être, et si, au lieu de s'occuper d'opinions politiques, elle eût songé à empêcher, à prévenir tous les maux qui affligaient la société, en empêchant les uns de s'y livrer et les autres d'en être la victime.

Que penser encore de ces endroits que l'on appelait *maisons de passe*? Il en existait dans tous les quartiers de Paris.

Sans les recéleurs, les voleurs seraient en plus petit nombre; sans les maisons de passe, que de gens n'auraient pas à rougir!

Ces cloaques, ces refuges, ces repaires du libertinage et de l'obscénité étaient sous l'autorisation et la surveillance de la police; ne valait-il pas mieux en défendre l'établissement, puisque les moyens de répression étaient nuls, soit par l'insouciance, la négligence de l'administration, l'impéritie ou la connivence des agens.

Nous ne dirons pas : Il fallait extirper le mal jusque dans ses racines les plus profondes, c'eût été impossible; mais on pouvait en adoucir l'amertume, pour qu'il ne blessât pas ainsi les regards. En épargnant ce triste spectacle à la vertu, à la sagesse, à la pudeur, à l'innocence, la police eût bien mérité de l'humanité.

- Nous arrivons à ce qu'on appelait, à la préfecture, l'attribution des mœurs! Quelle dénomination! quel contraste entre l'expression et la signification de ces mots, et ce qui se passait. Il n'y avait nulle analogie, et c'était une dérision complète que d'associer le mot de mœurs à ce qui retraçait ce qu'il y avait de plus opposé.

La police Franchet et Delavau, qui ne rêvait que prédications, cérémonies pieuses, qui eût voulu voir tous les Français se couvrir de la haire et du cilice, coucher sur la cendre, jeûner, se mortifier, et se donner la discipline, en s'affublant du sac de la pénitence; eh bien! ces saintes et bonnes gens étaient les plus fermes soutiens et les plus grands zélateurs de la prostitution et de la débauche. Il est vrai que feu le père Girard, de libidineuse mémoire, fut jadis un des membres de la congrégation, dont Montrouge nous offre la cauteleuse doctrine.

Les dames de maison, les filles d'amour, les femmes sensibles de tous les rangs, de tous les âges, de tous les pays, de toutes les couleurs, trouvaient auprès d'eux et de leurs employés ou agens, sûreté et protection. On sait qu'il en revenait une petite rétribution *mensuelle* de trois francs par tête, ou par fille ou femme, et 148,000 francs par an lèvent bien des scrupules; ils sont d'un trop grand poids sur la conscience, pour qu'il n'en survienne pas une extinction de voix, et qu'il soit possible de se faire entendre pour blâmer ce qui est d'un produit si considérable, et acquis par des voies aussi honnêtes.

Comment réprimer la conduite et les écarts d'une fille qui avait entre les mains une carte signée de la préfecture, signe représentatif d'une patente pour exercer son ignoble profession.

Elle pouvait donc dire à l'agent et à l'inspecteur qui eussent voulu la troubler ou l'arrêter : je suis autorisée.

Qu'avaient-ils à répondre à une semblable objection ?

Les filles qui étaient sous la direction d'une *dame de maison* jouissaient d'une espèce de privilége : si par hasard elles venaient à s'écarter, à commettre quelque chose de répréhensible, la matrône venait trouver l'officier de paix chargé de l'attribution des *mœurs;* elle plaidait la cause de la délinquante, et elle finissait par obtenir sa grâce, parce quelle était étayée par tel ou tel inspecteur, qui avait son couvert mis à la table de la dame de maison, sans parler d'autres petites honnêtetés. Ensuite s'il arrivait que quelques-uns de ces messieurs jetassent le mouchoir, tout se passait *gratis,* et on recommandait à l'heureuse *sultane* de se rendre digne de cette haute faveur par *son amabilité !*

Si la place d'officier de paix de l'attribution des mœurs avait son beau côté, elle était aussi sujette à de grands inconvéniens. Le poste était très-glissant ; il eût fallu avoir la chasteté de Joseph, la continence de Scipion pour résister à beaucoup de tentations.

Aussi avons-nous vu plusieurs chefs de cette partie encourir la déchéance, tels que Ducourez, Pascal, etc. Leurs subordonnés les accusaient eux-mêmes d'avoir reçu des cadeaux, ou de dîner quelquefois chez les dames de maison. Pascal fut dénoncé par son secrétaire, qui lui-même fut détenu quelque temps à la salle Saint-Martin pour ses propres fautes. Le nommé Cliche en agissait ainsi, et nul cependant n'était plus coupable que lui. Il rançonnait toutes ces malheureuses, il s'invitait à leur table ; on l'a vu souvent chez la femme Julien, avec son collègue Jéricho, et ils y faisaient bombance en promettant leur protection.

Nous avons vu un officier de paix s'établir à domicile chez la femme Gérard, qui tenait alors sa maison Carré-Saint-Martin ; il y passait souvent huit jours sans désemparer ; ses agens venaient lui rendre compte de leurs opérations dans cet honnête domicile, et ils y étaient fêtés et bien reçus.

Il était curieux de voir avec quelle importance les officiers de paix de l'attribution des mœurs donnaient leurs audiences dans leur bureau rue de Jérusalem.

Ces misérables filles prostituées y étaient mandées ; on consultait les registres matricules du corps où elles étaient inscrites, et les récidives étaient punies sans miséricorde d'une détention plus ou moins longue ; on était surtout très-sévère pour celles qui ne payaient pas exactement les 3 francs par mois dus pour le *dispensaire*.

La dame Saint-Hilaire, qui tenait une maison

rue d'Amboise, venait un jour réclamer la liberté d'une de ses pensionnaires qui avait été arrêtée, et elle disait à l'officier de paix Pascal : « Vous
» devriez faire une différence entre les femmes
» qui se conduisent *honnêtement* et les autres.
» Celle qui me fait venir ici me rapporte très-
» souvent plus de 100 francs par séance. Vous
» voyez que je dois avoir des égards pour elle
» et lui porter de l'intérêt. »

Quant aux filles qui travaillaient pour leur propre compte, on les arrêtait tort ou raison, pour prouver qu'on ne perdait pas son temps. C'était une espèce de partie de plaisir pour les agens.

Il fallait que la paresse, le vice, la débauche, l'ivrognerie et tout ce qui en est la suite eussent un grand empire sur ces femmes, pour se soumettre de nouveau à de semblables épreuves après les avoir subies une fois; il faut le dire à la honte de l'espèce humaine, elles sont parvenues à un tel état de dépravation, qu'elles en tirent presque toujours vanité entre elles.

Si la police protégeait les *dames de maison*, si elle faisait toujours droit à leurs réclamations ou à leurs plaintes, lorsqu'elles voulaient faire punir quelques-unes des malheureuses aux dépens desquelles elles s'enrichissaient, on doit connaître la cause de cette bienveillance, et nous allons l'indiquer à nos lecteurs.

Chaque dame de maison recommandait expressément à ses subordonnées de faire en sorte d'obtenir quelques renseignemens sur ceux qui passaient leur temps avec elles; les moindres mots échappés, ces confidences que souvent on croit insignifiantes étaient recueillies avec soin, et on en rendait compte à la police. Rien n'était perdu. Si vous vous oubliez au point de passer la nuit dans ces maisons, ou de conduire une de ces femmes à la campagne ou au spectacle, le lendemain vous étiez inscrit sur le registre *des mœurs*, autrement pour le français, de la débauche, et souvent on en était informé dans votre département si vous étiez étranger.

Nous allons en citer un exemple sur mille que nous pourrions rapporter.

Un particulier d'un des chefs-lieux des départemens de l'Ouest, vint à Paris, et il se rendit deux ou trois fois dans l'une de ces maisons. La police en écrivit au préfet, afin qu'il pût profiter de cette circonstance pour diriger à son gré l'opinion de la personne qui penchait pour le libéralisme.

A son retour de Paris, il vit le préfet qui lui parla de son voyage, et lui demanda comment il avait passé son temps.

L'autre répondit comme il devait le faire, sans lui confier ses petites escapades. Le magistrat lui en dit quelque chose : il nia le fait; mais on lui donna des renseignemens si précis et si clairs, sur sa conduite pendant son séjour dans la capitale, qu'il ne put résister à la conviction ; car on lui rapportait jusqu'à la somme qu'il avait dépensée.

Il pria le préfet d'être discret, car il fallait avoir la paix dans le ménage, et par reconnaissance, le libéral, qui était électeur, vota dans la suite dans le sens ministériel. On voit que la police savait tout mettre à profit.

Beaucoup de ces femmes à partie, ou qui dînaient dans ces pensions dont nous avons déjà parlé, étaient abonnées à tant par mois avec la police pour le petit bulletin qu'elles lui adressaient chaque jour.

Il est encore une classe de femmes *sensibles* auxquelles nous devons galamment consacrer un petit article. Dans les galeries du Palais-Royal, dans les divers passages établis depuis quelques années, et même dans plusieurs quartiers de cette immense cité, on voit des boutiques de marchandes de modes remarquables par un essaim de jeunes beautés qui les tapissent en demi-cercle, et qui sont aussi fraîches que les rubans et les fleurs qui décorent les chapeaux qui sont placés devant elles sur un champignon.

Eh bien ! êtes-vous tenté de faire connaissance avec une de ces artistes qui embellissent la cour de cette folâtre déesse qu'on nomme la mode, entrez dans le magasin; marchandez le chapeau rose, vert, jaune, lilas ou écossais; convenez du prix; donnez votre adresse, et le lendemain, à l'heure que vous aurez indiquée, vous verrez arriver chez vous celle qui, placée derrière le chapeau, chiffonnait de ses doigts délicats la gaze, le ruban, ou tel autre pompon dont raffolent nos dames.

Vous saurez après ce qu'il en coûte pour faire un cours de modes et recevoir une leçon.

Tous les magasins de modes n'offrent pas les mêmes ressources; mais il en est plusieurs qui brillent dans cette catégorie.

Dans certains cabinets de lecture on peut encore cultiver autre chose que son esprit. Enfin, Paris offre des ressources innombrables dans ce genre; elles ne sont pas sans danger, et la police eût dû surveiller tous ces établissemens dans l'intérêt public; mais..... elle y trouvait son compte de plus d'une manière, et sa morale était très-relâchée lorsqu'il n'y avait pas d'harmonie entre le bien général et ses intentions ou ses vues particulières.

Quel remède apporter à tant de dépravation? Si l'on ne peut détruire entièrement la prostitution, ni fermer les lieux de débauche, parce qu'ils ont un certain degré d'utilité pour y découvrir, y rencontrer les mauvais sujets qui en sont les habitués, et qu'il pourrait en outre en résulter de très-grands inconvéniens pour la classe des gens honnêtes, qui seraient exposés à des outrages et à des insultes par des hommes sans mœurs et sans frein qui ne savent rien respecter.

Si ce mal est devenu en quelque sorte nécessaire, il existe peut-être des palliatifs dont on pourrait faire usage pour le rendre moins dangereux, et qu'il ne blessât pas la vue avec autant de scandale et d'effronterie.

Pourquoi les prostituées, les filles publiques parcourent-elles les rues en plein jour et attaquent-elles les passans ?

Si vous vous promenez sur les boulevards entre les portes Saint-Denis et Saint-Martin; si vous suivez la rue Neuve-Saint-Denis, le quartier Bonne-Nouvelle; si vos pas se dirigent vers la rue Saint-Honoré, le cloître qui porte ce nom, sur les trottoirs, dans les rues de la Bibliothèque, Pierre-Lescot, du Chantre, des Boucheries, Traversière, de tous les côtés vous ne voyez que des filles qui vous provoquent, vous attaquent. Quel spectacle pour une mère de famille qui accompagne ses enfans !

Si ces prostituées se promènent, elles ont un panier au bras, un rouleau de papier dans la main, pour en imposer et faire croire qu'elles se rendent au marché pour faire des provisions, ou qu'une autre affaire les appelle dans les rues. Le soir, c'est encore pis ; mais, au moins, la nuit voile un peu ce honteux trafic. Ces sortes de maisons sont asssez connues sans qu'elles aient besoin d'enseignes.

La police devrait donc empêcher la circulation

des prostituées dans les rues *pendant le jour*. Elle pourrait encore en diminuer le nombre, qui s'accroît à chaque instant; on réprime la mendicité, on peut en faire autant pour la débauche, en renvoyant dans leurs départemens les filles publiques qui ne veulent pas se livrer au travail, ou les placer dans des dépôts pour les occuper dans des ateliers; tout le monde y gagnerait.

En punissant sévèrement celles qui provoquent, excitent, soutiennent, alimentent la débauche et le libertinage, on opérerait un bien inappréciable. Il ne faut que vouloir; car ces femmes qui, trop âgées pour se livrer encore à tous les excès, trompent la jeunesse et l'inexpérience, sont une peste que l'on ne saurait trop extirper.

Elevera-t-on toujours la voix en vain et la police serait-elle sourde aux cris, aux plaintes des gens de bien? Nous ne pouvons croire que le désir de procurer ces améliorations et de mériter la reconnaissance publique ne la porte pas à répondre au vœu général, alors on la bénira et cette douce récompense sera préférable aux revenus de l'impôt que l'ancienne police percevait sur la prostitution.

Pour terminer cet article, nous croyons devoir à nos lecteurs une petite anecdote qui mettra en scène plusieurs membres de la préfecture de police et qui fera connaître comment ces messieurs s'y prenaient lorsqu'ils voulaient avoir raison.

M. Dyonnet, commissaire de police du quartier du faubourg Saint-Denis, ex-officier de gendarmerie et décoré des ordres royaux de Saint-Louis et de la Légion-d'Honneur, faisant un soir sa ronde dans son arrondissement, trouva les filles publiques de la femme Julien Gazely, qui travaillaient pour son compte dans ledit faubourg, en cherchant à achalander sa maison.

Soit que M. le commissaire de police fût de mauvaise humeur, soit qu'il trouvât la conduite de ces femmes inconvenante, soit qu'il oubliât que ces *belles de nuit* ne cherchaient à séduire les passans qu'en vertu d'une autorisation du préfet de police, dûment en règle, il ordonna aux filles Lise Dumont, Adèle et Louise, de rentrer.

Comme il n'était pas revêtu de ses insignes et qu'on ne reconnaît un..... magistrat qu'à..... sa robe, elles se montrèrent récalcitrantes, et le commissaire, voyant que la persuasion orale était insuffisante, crut devoir y adjoindre des coups de pieds.

Alors les filles de crier, les voisins, les passans de prendre fait et cause pour le sexe outragé, et les apostrophes de pleuvoir sur celui qui se rendait coupable de voies de fait.

La femme Julien Gazely avait été appelée et elle accourait au secours de ses *odalisques*; elle se joignit à ceux qui blâmaient la conduite du commissaire, qui jusqu'alors n'était pas connu comme tel, et elle lui demanda de quel droit il maltraitait des femmes qui faisaient leur métier honnêtement. Alors M. Dyonnet déclina ses titres et qualités.

La dame du lieu répondit qu'elle avait le droit de placer ses filles à la porte, qu'elle payait la rétribution voulue, non pas par la loi, mais par la préfecture, qu'elle était autorisée, en conséquence, que personne n'avait droit de la troubler, ainsi que ses filles, lorsque tout se passait avec *décence* et honnêteté. Au reste, qu'elle ne connaissait un commissaire de police, que lorsqu'il avait sa ceinture, signe respectable de ses importantes fonctions.

Un bravo approbatif de l'honorable assistance suivit ce discours, et M. le commissaire de police, qui avait contre lui un peu trop de vivacité, et son titre de membre d'une administration qui n'était pas en odeur de sainteté, crut prudent de battre en retraite.

Chacun fit ses réflexions sur ce qui venait de se passer : M. le commissaire rentra chez lui, se munit, se ceignit de tout ce qui pouvait le faire craindre et respecter, ensuite il s'adjoignit des gendarmes et des agens, plus un officier de paix; il retourna chez la femme Julien Gazely, et après avoir fait connaître ce qu'il était, il montra ce qu'il pouvait; réprimanda la dame de maison et fit arrêter les filles, que l'on conduisit en prison.

Le lendemain, il adressa un procès-verbal à la préfecture de police, par lequel il rendit compte de ce qui lui était arrivé, et des torts qu'on avait eus envers lui, et comme la raison du plus fort est toujours la meilleure, qu'un commissaire de police n'est jamais en faute, le sieur Gallet, employé de la préfecture au bureau des commissaires interrogateurs, écrivit à la femme Julien Gazely pour qu'elle eût à se présenter devant lui.

Elle s'y rendit, subit un interrogatoire et comparut ensuite devant M. Hinaux, le chef de la police centrale, auprès duquel se trouvait aussi M. Dyonnet, le commissaire de police. Là, on lui reprocha sa conduite et le délit dont elle s'était rendue coupable, en méconnaissant un commissaire et excitant les autres à lui manquer de respect.

Elle voulut se justifier, ce fut en vain, on lui retira sa permission et les filles déjà arrêtées furent condamnées à trois mois de prison.

La femme Julien Gazely fut obligée de quitter la maison qu'elle occupait, et comme il lui était impossible de payer le loyer, elle abandonna au propriétaire des effets mobiliers pour la valeur d'environ 1800 francs, ce qui lui occasiona une perte considérable.

Nous observerons que la femme Julien Gazely, en exerçant sa profession en vertu d'une autorisation de la préfecture, devait au moins être entendue, que si ses filles étaient en contravention, M. le commissaire de police Dyonnet avait d'autres moyens à employer pour le constater, que des voies de fait et des emportemens toujours blâmables, surtout lorsqu'un magistrat se livre à de semblables excès, et quoique nous ne soyons point partisans de la femme Julien Gazely, quant à sa profession, cependant nous la plaindrons d'avoir été la victime d'un acte injuste et d'une décision arbitraire.

DÉCORATIONS DE L'ORDRE

DE SAINT-FERDINAND D'ESPAGNE.

Un nommé Adolphe, qui prenait le titre d'étudiant en médecine, adressa à la première division de la préfecture de police, une note portant que le sieur Martinez, Espagnol, qui demeurait à Paris, rue Chabannais, fabriquait des brevets de l'ordre de Saint-Ferdinand d'Espagne, et les vendait ensuite à ceux qui voulaient avoir cette décoration.

Ces renseignemens donnèrent l'éveil à la police et des agens furent mis sur les traces du sieur Martinez, afin de connaître ses relations dans Paris et s'assurer s'il n'existait point quelques intelligences entre lui et des employés de la chancellerie de la Légion-d'Honneur.

Cette surveillance eut lieu pendant un mois, sans qu'on pût obtenir des renseignemens satisfaisans.

On fit des observations au nommé Adolphe sur l'inutilité des investigations dont Martinez avait été l'objet; il assura de nouveau qu'il existait de faux brevets fabriqués par Martinez, qu'ils étaient sans doute cachés dans son domicile, et qu'il espérait pouvoir en fournir la preuve.

Comme il fit entendre qu'il serait peut-être obligé de faire quelques dépenses, on lui remit une somme de cinquante francs, afin qu'il se procurât des faux brevets pour assurer la culpabilité du sieur Martinez.

Adolphe reçut l'argent, accepta la proposition et promit de rendre bon compte de la mission dont on le chargeait.

Huit jours s'écoulèrent sans qu'il parût à la préfecture; M. Mauduit, chef du secrétariat à cette époque, fut d'abord très-étonné de ne plus voir cet Adolphe, qui était devenu son agent particulier; il se douta qu'il était sa dupe, mais voulant terminer convenablement l'affaire du sieur Martinez, il se fit délivrer un mandat de perquisition.

L'officier de paix Rivoire fut chargé de le mettre à exécution : il se transporta rue Chabannais, au domicile de l'Espagnol, et après les recherches les plus exactes et les plus scrupuleuses, on ne trouva rien qui pût compromettre le sieur Martinez; au contraire, tout attestait sa bonne conduite, sa probité et sa délicatesse.

Il avait été sur le point d'être victime d'une dénonciation calomnieuse, et la préfecture de police, pour avoir ajouté trop de confiance à un fourbe et à un imposteur, perdit cinquante francs et fut à la veille de persécuter un homme honnête. Elle ne pouvait donc trop se mettre en garde contre ces hommes, qui oubliant toute espèce de pudeur et sous l'appât du gain le plus honteux, se faisaient un jeu de la tranquillité et de la réputation de leurs semblables. Ces leçons auraient dû profiter à la police, la prémunir contre ses agens, et nous ajouterons contre elle-même.

M. DELAVAU, PRÉFET DE POLICE.

La Police militaire. — Leblanc, agent secret.

Le nommé Leblanc, agent de la police militaire, attaché à l'état-major, ayant appris que M. Delavau venait d'être nommé préfet de police, s'empressa de donner sa démission et sollicita pour rentrer à la police civile. Sa demande fut accueillie. Il paraît qu'il avait quelques protecteurs dans cette administration.

Dès qu'il fut admis il se hâta de remettre des rapports au préfet contre divers officiers de l'état-major, en demandant des notes pour donner suite aux renseignemens qu'il fournissait.

Le préfet lui répondit : « Je ne puis vous don-
» ner des ordres par écrit; vous connaissez l'état-
» major mieux que moi, continuez à me fournir
» des renseignemens bien détaillés et je verrai
» ensuite ce que j'aurai à faire. »

Leblanc s'empressa de remplir les intentions de son chef.

Ses rapports passèrent entre les mains de M. Duplessis, secrétaire intime du préfet. Il fit prendre des renseignemens par d'autres agens, et il fut reconnu que les rapports de Leblanc étaient un tissu de mensonges et de calomnies. On lui en fit des reproches; il soutint avec assurance qu'il n'avait dit que la vérité, et il fut conservé dans son emploi. Il avait sans doute le talent de la persuasion, car peu de temps après, il fut nommé chef d'une brigade d'agens de police.

Il fut envoyé pour surveiller l'église des Petits-Pères, lors des rassemblemens qui eurent lieu à l'époque où les missionnaires prêchaient dans cette paroisse.

Leblanc se glissait dans les groupes, et il avait soin de se faire suivre par ses agens. Alors il tenait des propos injurieux contre la religion et le clergé. Ses agens suivaient ceux qui avaient l'air d'applaudir ses discours et de partager son opinion. On les surveillait, et si le lendemain ils se montraient de nouveau dans l'église, ils étaient arrêtés et conduits à la préfecture de police.

Telle était la conduite de Leblanc, et les moyens qu'il employait pour se rendre digne de la bienveillance de ses chefs.

Cet individu portait des moustaches; quelquefois même il décorait sa boutonnière d'un ruban rouge, pour en imposer et jouer avec plus de succès son rôle d'agent provocateur.

Il se conduisit d'une manière si coupable et si répréhensible qu'on fut obligé de le renvoyer. Il perdit son emploi, et pour échapper à la vindicte publique et aux reproches qu'on eût pu lui faire, il quitta Paris et se réfugia en Espagne. On n'en a plus entendu parler; peut-être bien a-t-il voulu jouer le même rôle au-delà des Pyrénées, et qu'il aura été traité un peu plus sévèrement qu'en France.

Les agens des diverses polices alternaient de temps en temps, et passaient de la rue de Jérusalem à l'état-major de la division ou de la place. Nous en avons connu un, qui, renvoyé de la préfecture, parce qu'il avait l'habitude de décacheter toutes les lettres qu'on lui confiait ou qui lui tombaient sous la main, devint l'un des agens de la première division.

Il avait conservé des liaisons avec M. de Pius, chef du cabinet particulier, et chaque jour il lui remettait les rapports qu'il pouvait dérober dans le bureau du chef de la police militaire, et il était récompensé et salarié pour cet abus de confiance.

LE COLONEL DELAUNAY

Et les Osages.

Lorsque les Osages arrivèrent à Paris sous la conduite du colonel Delaunay, leur *Cicéroné*, ils logèrent rue de Rivoli, hôtel de la Terrasse. M. Delavau, qui voyait toujours quelque chose de séditieux, même dans les plaisirs les plus innocens et la curiosité sans cesse renaissante du bon peuple badaud, crut devoir s'en occuper.

Les nouveaux venus furent donc mis en surveillance, et M. de Pins eut l'honneur de prévenir M. de Villèle de la mesure adoptée par le préfet et mise à exécution.

S. Ex. manda le colonel Delaunay, en l'invitant à se faire accompagner par les Osages. Ils parurent devant lui en grande tenue.

Le ministre eut un assez long entretien avec le colonel, et il fut l'interprète des étrangers. Nous ignorons si M. de Villèle les questionna sur la manière dont on administrait les finances dans leur pays, et si l'on y avait établi les 3 pour cent. Mais ce qu'il y a de certain, c'est que l'agent Dernac fut chargé de surveiller les Osages d'une manière particulière, et de savoir même quels étaient les mets qu'on leur servait à leurs repas.

Le colonel Delaunay fut mandé deux fois au cabinet du préfet pour s'expliquer sur les motifs de son voyage. On lui fit subir adroitement un interrogatoire, et il fut reconnu que le seul plaisir de connaître le monde l'avait guidé.

Pendant tout le temps que les Osages restèrent à Paris, six agens furent constamment sur leurs traces, et lorsqu'ils se rendirent à Saint-Cloud, M. Hinaux fut chargé de cette surveillance. On crut honorer ces étrangers en les soumettant aux investigations d'un des principaux membres de la préfecture de police.

Si la baleine fût arrivée à Paris à l'époque où M. Delavau régnait rue de Jérusalem, il l'eût mise en surveillance, et quelqu'agent, nouveau Jonas, eût été placé dans son ventre pour écouter les observations et les réflexions des curieux qui lui auraient rendu visite.

M. BONNEAU,

Inspecteur-général des Prisons. — M. POINSIGNON, marchand de meubles, tapissier.

M. Bonneau, dont nous avons déjà eu occasion de parler plusieurs fois, se servait de ses fonctions pour inspirer de la confiance, et s'établir un grand crédit auprès des divers marchands dont il pouvait avoir besoin.

Il leur faisait entendre qu'il avait une grande influence dans les ministères et autres premières administrations, et qu'il pouvait facilement procurer des emplois à ses amis, ses protégés, et même à ceux qui réclameraient sa bienveillance.

Comme l'amour des places et des emplois avait gagné tout le monde, ces promesses séduisaient facilement ceux qui approchaient l'inspecteur-général, et il en profitait pour se faire fournir des ameublemens somptueux et autres objets de luxe qui ajoutent aux jouissances de la vie.

Lorsqu'il fut nommé inspecteur-général des prisons, il voulut se loger et se meubler convenablement, et il s'adressa à M. Poinsignon, marchand tapissier, rue Bergère, qui consentit à lui fournir tout ce dont il pourrait avoir besoin, en payant une somme convenue tous les mois.

Ils finirent par avoir quelques difficultés ensemble, et M. Bonneau, pour se venger de M. Poinsignon, rendit la police l'instrument de ses petites passions, et le mit sous la surveillance de ses agens.

Dès-lors il ne put faire un pas dans Paris sans avoir sur ses traces deux ou trois suppôts de la police.

Ils remplissaient leurs fonctions avec tant de maladresse ou d'impudence, que M. Poinsignon s'aperçut qu'il était suivi.

Il se rendit chez M. Bonneau, et lui fit les plus vifs reproches, en lui observant qu'il trouvait très-étonnant qu'il le fît surveiller après les services qu'il lui avait rendus. Il ajouta : « Vous
» m'aviez promis de me faire entrer au garde-
» meuble, en qualité de tapissier, et aujourd'hui
» vous cherchez à me nuire et à me desservir.
» Au reste, cela ne me surprend point, car devant
» moi, vous avez donné l'ordre à vos agens de
» surveiller tous les employés du garde-meuble
» de la couronne, et de vous faire des rapports
» contre eux, afin de les faire destituer comme
» professant des opinions dangereuses, et les
» remplacer par vos protégés. Cette conduite est
» indigne d'un homme honnête et délicat. »

M. Bonneau voulut payer d'audace, et faire

sentir au tapissier qu'il pouvait l'accabler sous le poids de son autorité. Il poussa les choses au point de le menacer de le faire arrêter.

M. Poinsignon lui dit qu'il ne lui inspirait aucune frayeur, et que s'il voulait le rendre victime de quelque machination, il divulguerait sa conduite, et porterait plainte à l'autorité supérieure.

Les choses en restèrent-là. M. Bonneau n'osa pas donner suite à ses menaces.

L'indignation se soulève en songeant que des individus tels que M. Bonneau et autres avaient entre les mains une portion d'autorité suffisante pour tourmenter ainsi ceux qui pouvaient les contrarier ou leur déplaire.

Le moindre agent de la police Franchet et Delavau abusait de la faculté qu'il avait de remettre des rapports pour calomnier ceux dont il croyait avoir à se plaindre.

Si quelque marchand avait assez de confiance dans les agens de police pour leur vendre à crédit, il fallait qu'il se contentât de recevoir de l'argent lorsque cela leur convenait, autrement ils faisaient dénoncer leurs créanciers par de *complaisans* collègues, qui les peignaient comme des libéraux et des ennemis du gouvernement, et sans autre forme de procès, ces odieuses calomnies étaient accueillies par les chefs de la préfecture de police.

Voilà ce qu'on appelait faire de la politique

dans la rue de Jérusalem et dans la rue de Grenelle-St-Germain : c'était pour salarier les agens de M. Bonneau, lorsqu'il voulait se venger de quelqu'un qui refusait d'être sa dupe, que l'on puisait dans la caisse de la préfecture, et que les deniers publics passaient dans des mains impures.

Nous espérons que ces abus sont passés, et qu'ils ne renaîtront plus.

M. COMBE, BANQUIER A CETTE.

M. Combe, banquier à Cette, se rendit à Paris en 1822, et comme il avait envie de faire un voyage dans les Pays-Bas, où ses affaires l'appelaient, il demanda un passeport à la préfecture de police.

On ne les accordait que très-difficilement, après avoir fait une espèce d'enquête, et avoir mis le réclamant en surveillance, afin de connaître ses opinions politiques, ses liaisons, et le motif de son voyage.

Voici quelles étaient les mesures employées. Il fallait d'abord adresser une demande sur papier timbré à M. le préfet de police, et que deux témoins patentés et connus signassent avec le postulant, en certifiant qu'il était de bonne vie et mœurs. Cette pièce était renvoyée au commissaire de police du quartier, qui donnait son avis, bon ou mauvais, selon qu'on était bien ou mal avec lui.

Mais comme la préfecture de police ne s'en rapportait pas au commissaire qui pouvait être influencé, elle remettait cette note à un de ses agens particuliers, qui était chargé de faire une nouvelle enquête, afin de s'assurer de la vérité des faits énoncés par le commissaire de police.

Alors on accordait ou l'on refusait le passeport, et il est souvent arrivé que ces informations ont apporté des retards considérables dans les affaires de plusieurs négocians, et ont causé des dommages et des pertes. Mais la police se moquait de tout cela, pourvu qu'elle pût satisfaire ses passions inquisitoriales.

Tout ce que nous venons de détailler arriva à M. Combe. Il fut mis en surveillance, et l'agent Laire fut chargé de suivre toutes ses démarches. Il annonça dans ses rapports qu'il se rendait très-souvent chez un banquier, rue de la Chaussée-d'Antin, chez M. Minier, ex-colonel, qui logeait rue Saint-Denis, et que le soir il allait faire sa partie de billard à l'estaminet Français, au Palais-Royal.

Un autre agent, nommé Georges, fut chargé de faire en sorte de se lier avec lui au café, et de connaître le but de son voyage.

Il annonça dans son rapport que le sieur Combe était un *ultra-libéral,* grand parleur, mais peu dangereux; qu'il était inconséquent, inconsidéré, et que sa loquacité l'avait compromis au point d'être traduit en 1821 devant la cour d'assises de Riom, comme complice du colonel Planzeaux, dans l'affaire de 1820; mais qu'il avait été reconnu innocent et mis en liberté.

Georges parvint à prendre communication des lettres que le sieur Combe recevait de sa famille.

Mais ce qui contraria un peu la police, il n'était question que d'affaires commerciales. Georges lui proposa de faire un voyage avec lui; mais le sieur Combe s'y refusa.

Le sieur Combe était inquiet de ne point recevoir de réponse sur la demande qu'il avait adressée à la préfecture pour avoir un passeport.

Un jour il s'aperçut qu'il était suivi; il se douta que la police s'occupait de lui. En passant rue Saint-Honoré, il vit un homme qui depuis quelque temps était pour ainsi dire sur ses talons. Il se retourna brusquement, et, sans faire aucune observation, il administra quelques coups de canne à l'agent Laire qui le serrait de trop près. Il reçut la correction sans rien dire, ni chercher à riposter, et se rendit à la préfecture de police.

Il annonça cette triste mésaventure à M. Bonneau, qui lui dit très-paisiblement : « Ce n'est » rien ; pour vous consoler et vous guérir de ces » maudits coups de bâton, je vous ferai accorder » une gratification. »

C'était le baume consolateur qu'il croyait propre à guérir de ces sortes d'accidens.

Il tint parole, et, quelques jours après, Laire reçut une gratification de cinquante francs.

Il paraît que c'était là le tarif arrêté par la préfecture de police, lorsqu'on gratifiait quelques-uns de ses agens d'une volée de coups de bâton.

Nous en faisons part à nos lecteurs, si par hasard

ils voulaient faire usage de la recette, lorsqu'ils seraient soumis à quelque surveillance.

Le sieur Combe finit par recevoir le passeport qu'il avait demandé, et il partit pour les Pays-Bas.

Nous croyons devoir ajouter ici la note textuelle de la préfecture de police, telle qu'elle était portée sur l'état des personnes qui s'étaient présentées pour obtenir des passeports à l'étranger, le 29 mars 1822, elle portait :

« Le sieur J. Combes est connu pour avoir des opinions entièrement opposées au gouvernement; il fut traduit en 1821 devant la Cour d'assises de Riom avec le colonel Planzaux, comme prévenu de *crimes politiques,* et acquitté faute de preuves suffisantes; mais il ne passe pas moins pour avoir été initié fort avant dans toutes les machinations de 1820. »

Au bas de cette note était écrit : « *Vu—Clé.* Donner note au 1ᵉʳ bureau.—*Vu,* 1ᵉʳ *bureau.* »

On voit que la police, beaucoup plus sévère que les tribunaux qui parlaient et prononçaient au nom des lois, n'en regardait pas moins comme coupables ceux qu'ils avaient acquittés. Il est vrai qu'elle avait un code et une justice qui n'appartenaient qu'à elle seule.

M. LE PRINCE DE CASTEL-CICALA.

Vol d'une malle.

M. le prince de Castel-Cicala, ambassadeur du roi de Naples près S. M. le roi de France, voyageait dans les environs de Paris.

Il passait dans un petit village, nommé Poncel, près de Beaumont, département de l'Oise, et il y avait derrière sa voiture une malle qui y était attachée assez solidement avec des cordes et des courroies. Toutes ces précautions devinrent inutiles. Un forçat évadé du bagne, qui rôdait dans ces cantons, aperçut la voiture, et jugeant que la malle pouvait contenir des objets précieux, il décida de s'en emparer.

Ayant coupé les liens qui la retenaient, elle tomba sur la route, et tandis que M. l'ambassadeur courait la poste vers Paris, notre voleur, qui avait transporté la malle à l'écart, en faisait l'inventaire et se félicitait du succès de son adresse et de sa friponnerie; car elle renfermait divers effets destinés à S. A. R. madame la duchesse de Berry.

Le larron en tira parti et les vendit à un receleur, espèce de gens qui n'est pas rare.

Quant au prince de Castel-Cicala, il s'aperçut du vol à son arrivée à Paris. Il en rendit compte à la police, qui ordonna des recherches.

Ce ne fut que deux ans après que les agens de Vidocq arrêtèrent le forçat auteur du vol. Il prenait le nom d'Honoré, et fut découvert à Villiers-le-Bel, près Poncel, non loin du lieu où il avait commis le délit.

Il fût réintégré au bagne. Quant aux objets volés, on ne put les retrouver.

Nous ne rapportons ici ce fait qu'en raison de l'importance que la police y attacha dans le temps, d'après les plaintes portées par M. l'ambassadeur. On fit des recherches chez tous les marchands de curiosités ou d'objets précieux, sans rien trouver. Le forçat Honoré fut plus heureux que l'infortuné Galotti; on se contenta de le renvoyer aux galères. Il est vrai qu'aux yeux de beaucoup de gens, un *forçat* est moins dangereux qu'un *libéral*.

M. DE CORCELLES FILS.

Dépôt de Poudre.

M. de Corcelles, fils du député de ce nom, fut dénoncé à la préfecture de police, en 1819, comme professant des opinions dangereuses, et ayant en outre dans sa chambre un dépôt de poudre de guerre. Il logeait alors chez son père, rue Saint-Lazare, n. 38.

M. Anglès donna sur-le-champ l'ordre de faire une perquisition au domicile de ce jeune homme; il y mit d'autant plus d'empressement, que M. son père faisait partie de l'opposition.

M. Chardon, commissaire de police du quartier de la Chaussée-d'Antin, et l'officier de paix Dabasse, furent chargés de cette mission. Ils se transportèrent rue Saint-Lazare.

Après s'être informés si M. de Corcelles était chez lui, ils montèrent; comme il était de bonne heure et que les agens de la préfecture étaient assez vigilans, lorsqu'il s'agissait de semblables affaires, M. de Corcelles était encore couché.

L'officier de paix Dabasse, qui avait frappé à la porte, ne trouvant pas qu'elle s'ouvrît assez promptement, la poussa avec tant de force et de violence, qu'il fit sauter le verrou.

M. de Corcelles père, surpris de tout ce fracas et de la brusque apparition du commissaire de police et de l'officier de paix, leur demanda avec vivacité quel était le motif d'une visite aussi bruyante qu'inattendue. Ils lui communiquèrent l'ordre dont ils étaient porteurs.

Le député, très-mécontent de cette incartade, leur observa qu'avant de se présenter dans son appartement, ils eussent dû prendre des informations, afin de ne pas troubler son repos, et que la perquisition ne devant pas se faire chez lui, s'il eût brûlé la cervelle à l'un des importuns visiteurs, c'eût été pour lui.

Les délégués de la préfecture se présentèrent alors dans l'appartement de M. de Corcelles fils, ils s'emparèrent de tout ce qui fut à leur convenance, saisirent un assez grand nombre de cartons et les transportèrent à la préfecture de police, en y conduisant en même temps M. de Corcelles fils.

Après l'avoir interrogé et fait l'inventaire de tout ce qui avait été saisi, il résulta de cette grande et importante affaire, que le préfet de police avait été très-mal informé, qu'il avait cru à la légère une dénonciation calomnieuse et mensongère, et que ses agens avaient encore fait un pas de clerc.

Si M. de Corcelles, réveillé en sursaut par des

individus qui forçaient sa porte, eût fait feu sur eux et qu'il en eût jeté un sur le carreau, qu'en fût-il arrivé? rien. La leçon eût été un peu forte pour les agens de la police, qui à cette époque se croyaient tout permis.

La préfecture eût alors agi avec un peu plus de prudence, et n'eût pas ajouté foi à des rapports qui étaient dictés par la haine, la passion et l'esprit de parti, et rédigés ensuite par l'ignorance et l'impéritie.

M. BERTHIER DE SAUVIGNY,

Colonel du 3e régiment de la garde royale.

Le préfet de police avait mis en surveillance M. Berthier de Sauvigny, colonel du troisième régiment de la garde royale, infanterie, parce qu'il s'était trouvé compromis dans le procès intenté au général Canuel pour les événemens de Lyon. On voulait savoir quelles étaient ses liaisons, ses fréquentations, lorsqu'il était à Paris ou à Versailles.

L'agent Mayer se rendait dans cette dernière ville, et sous le costume d'un domestique, il pénétrait dans le domicile et jusque dans les écuries du colonel, ensuite il questionnait les laquais et il finissait toujours par apprendre quelque chose ; il en remettait ensuite un rapport à la préfecture.

Lorsque M. Berthier de Sauvigny était à Paris, alors l'officier de paix Dabasse remplissait lui-même les fonctions de surveillant, et tous les renseignemens étaient adressés par le préfet à M. Decazes, qui habitait alors à Ville-d'Avray, parce que S. M. avait établi sa résidence à Saint-Cloud.

Cette surveillance eut lieu pendant environ deux mois et coûta 1500 francs. On ne peut s'empêcher de convenir que c'était de l'argent bien employé.

Voilà où passaient les fonds du budget, et les contribuables voyaient circuler le fruit de leurs sueurs et de leurs pénibles travaux, dans les mains des agens de police, pour satisfaire le caprice des ministres et de la préfecture.

Nous ne pouvons terminer cet article sans rapporter un fait qui est relatif au général Canuel.

Lorsqu'il habitait Paris, un agent de police nommé Cliche, était chargé de le surveiller ; il s'introduisit un jour dans la maison où il demeurait, et voulut prendre l'empreinte de la serrure de la porte de son appartement, pour fabriquer une fausse clé, pénétrer dans la chambre du général et y déposer des écrits séditieux qu'il aurait fait saisir ensuite, en accusant le général d'en être l'auteur et le distributeur.

Il ne put réussir dans son infâme projet ; mais comme il fallait toujours qu'il fît du mal, pour être digne de son titre d'agent de police, il glissa quelques-uns de ces libelles sous la porte, et cette affaire n'eut pas de suite.

Par un raffinement de perfidie, Cliche se présenta ensuite dans la maison qu'habitait le général Canuel, comme une victime de la police et dénonça les machinations dont il était l'auteur, comme s'il les eût apprises en confidence de la part d'un agent de la préfecture. On lui sut gré de sa franchise et il fut payé du service prétendu qu'il rendait.

Il n'en fut pas moins salarié par la préfecture de police. Quelle opinion devait-on avoir d'une administration qui employait des êtres aussi profondément pervers ?

MATHÉO, CAISSIER DU TRÉSOR ROYAL.

Mademoiselle BÉGRAND, Artiste du Théâtre de la Porte-Saint-Martin.

Lorsque le nommé Mathéo, caissier du trésor royal, disparut en laissant après lui un déficit de 12 à 1,400,000 fr., il logeait alors avec son épouse, rue Saint-Lazare, n° 11.

Mais il avait en outre loué un appartement de 1200 fr., rue de Provence, n° 10, au premier, pour y loger la dame de ses pensées, sa maîtresse, mademoiselle Bégrand, artiste du théâtre de la Porte-Saint-Martin, qui avait séduit le très-passionné caissier Mathéo, en montrant ses belles formes aux amateurs, lorsqu'elle jouait le rôle de Suzanne dans le ballet de ce nom, et que couverte d'un simple voile transparent elle se plongeait dans le bain. Il avait fait beaucoup de dépenses pour cette belle, et la police qui en avait été informée, l'avait mise en surveillance. L'agent Reito en avait été chargé.

Les perquisitions faites au domicile de Mathéo avaient été inutiles. On n'avait rien trouvé.

La police pensa que la demoiselle Bégrand

pourrait bien être dépositaire de sommes d'argent ou de billets qui lui auraient été donnés par Mathéo, et qui en conséquence proviendraient du déficit dont il s'était rendu coupable.

On pouvait donc sans difficulté s'en emparer, disait la police, par la raison que ce qui est bon à prendre est bon à garder, selon Bazile.

La préfecture donna en conséquence l'ordre au commissaire de police Chardon et à l'officier de paix Dabasse, de se transporter au domicile de la demoiselle Bégrand ; ils s'y rendirent accompagnés de l'agent Gayetty.

Le mandat portait de faire une perquisition exacte, et de s'emparer de l'argent et des billets de banque que l'on trouverait.

Arrivés chez la dame, ils se firent connaître et commencèrent à instrumenter. En visitant tous les meubles, un billet de banque de 500 fr. tomba sous la main de l'officier de paix Dabasse, qui voulut s'en emparer ; mais le commissaire de police, moins rapace et plus galant, voulut qu'on le laissât, en observant que cette somme n'était pas assez considérable pour que mademoiselle Bégrand ne pût l'avoir en sa possession. On remit le billet dans le tiroir.

Il en restait encore un à explorer. Le rigoureux Dabasse y portait la main, mais la demoiselle Bégrand voulut arrêter sa curiosité : ce fut en vain ; il le tira à lui, et un rouleau de papier lui tomba.

sous la main; en y touchant le froissement produisit un certain bruit : ce sont sans doute des billets de banque, dit Dabasse; la chaste Suzanne-Bégrand rougit, eut l'air confus. Le déficit sera moins considérable, disent en chœur Messieurs de la police. On ouvrit le paquet, qu'y trouva-t-on ? Des billets de banque ! hélas non, mais certain petit vêtement préservatif, qui porte au féminin le nom de nos voisins d'outre-mer.

Il eût été très-curieux pour un témoin désintéressé de cette scène, de voir la mine que faisaient chacun des acteurs. Le commissaire de police, l'officier de paix et l'agent finirent par rire de leur découverte; la demoiselle Bégrand prit son parti et fit comme les autres.

Les agens de l'autorité de la préfecture sortirent. Ils rendirent compte de leur mission, et le déficit de la caisse du trésor ne fut pas rempli.

CAISSE DES JEUX,

Rue Grange-Batelière, n° 6.

M. le chevalier de Revel était chef des parties, dans la maison de jeu établie rue Grange-Batelière, n° 6, et il avait la caisse.

Son épouse, dans le mois de mai 1817, eut l'envie d'aller aux Variétés, et sortit sans fermer la caisse, croyant connaître seule, ainsi que son mari, le secret de l'ouvrir sans le secours de la clé. La partie devait d'ailleurs commencer aussitôt après le dîner.

La fille Gossin, qui s'aperçut de cet oubli et de cette négligence, et qui guettait sans doute depuis long-temps une occasion aussi favorable, ayant d'ailleurs découvert le secret pour arriver jusqu'au trésor, objet de sa convoitise, profita du moment, ouvrit la caisse, et s'empara d'une somme de 36,000 francs qui s'y trouvait, tant en or qu'en billets de banque.

Elle mit le tout dans un panier à ouvrage, prit un cabriolet rue Pinon, et se fit conduire à la barrière du Mont-Parnasse, près du sieur Jourdan, garçon marchand de vin, qui était son amant. Elle lui montra sa petite fortune, peut-être sans lui dire par quel moyen elle l'avait acquise, et elle lui proposa de partir sur-le-champ pour son pays, Lahaye-Dupuis, département de la Manche, où ils pourraient se marier et vivre heureux.

Jourdan, qui se voyait en même temps le favori de l'amour et de la fortune, accepta la proposition, et ils se mirent en route.

Laissons nos deux amans se rendant tranquillement en Normandie, en se tenant les plus doux propos et même en bâtissant des châteaux en Espagne, et revenons rue Grange-Batelière, n° 6.

M. le chevalier de Revel, après avoir fêté joyeusement Comus avec ses honorables convives, pensa qu'il était temps de se ranger autour du tapis vert; il passa dans son cabinet pour y prendre son argent; il ouvrit la caisse, elle était vide; il avait donc été volé. C'était le cas de dire : *Ce qui vient de la flûte retourne au tambour*. On pourrait encore ajouter un autre proverbe qui finit par *le diable en rit;* mais toute vérité n'est pas bonne à dire; passons.

Il fit part de sa mésaventure aux amis du 31 et de la roulette. On envoya chercher madame, qui riait aux Variétés des lazzis et des niaiseries de Brunet et d'Odry. Elle revint à la maison, et se lamenta. Voilà ce que c'est que la vie.

Les joueurs ne la plaignirent pas beaucoup; elle s'amusait parfois de leur désespoir, lorsqu'elle les mettait à sec; enfin chacun son tour.

On appelle la fille Gossin, elle ne vient pas; on la cherche; elle a disparu. Les soupçons deviennent des certitudes. C'est elle qui a volé les 36,000 francs, si *légitimement* gagnés par l'administration des jeux.

On se rendit de suite à la préfecture de police; on porta plainte à M. Anglès, et sur-le-champ le préfet, qui devait protéger des établissemens aussi moraux que les maisons de jeu, qui forment d'ailleurs une partie du revenu de la police, le préfet ordonna des recherches. On découvrit que la fille Gossin avait un amant; on apprit son nom, sa demeure; on y vola, il était parti. On fit perquisition dans le grenier où couchait Jourdan, et l'officier de paix Dabasse, qui présidait à cette visite, découvrit un morceau de papier qui indiqua la commune de la Haye-Dupuis, département de la Manche.

Il pensa que les deux fugitifs avaient bien pu prendre cette route. Il demanda au préfet l'ordre de se mettre sur leurs traces; il le donna. Dabasse se chargea de la mission. Il fit diligence: la police est comme l'amour, elle a des ailes. Il les rejoignit dans un village peu éloigné de la Haye-Dupuis.

Il fit reprendre aux deux amans la route de Paris. A leur arrivée ils furent mis en prison et interrogés. Ils passèrent ensuite en jugement; mais la fille Gossin ayant affirmé et prouvé que son amant n'était point son complice, et qu'il n'avait eu aucune connaissance du délit dont elle s'était rendue coupable, il fut mis en liberté. Elle fut condamnée seule à dix ans de réclusion.

L'officier de paix Dabasse obtint une gratification de 3000 francs de l'administration des jeux. Il se fit payer, en outre, un mémoire de 1500 fr. pour frais de route. On voit qu'il savait compter, et que l'administration des jeux n'était pas une ingrate. Il est vrai que ses revenus étaient bien hypothéqués, et qu'il ne lui en coûtait rien pour être généreuse. Que de victimes lui furent immolées! Nous traiterons cet article lorsque nous parlerons des maisons de jeu.

PASSEPORTS A L'ÉTRANGER.

Betemps, pâtissier. — **Leblanc**, courrier. — **Lancelevée**, marchand. — **Delrue-Daubergicourt**, commis-voyageur. — **Lefebvre**, cuisinier. — **Boiston**, née Feneulle, rentière.

Sous la police de MM. Franchet et Delavau, de glorieuse et tyrannique mémoire, on ne pouvait demander un passeport pour voyager dans l'intérieur de la France, sans passer pour un agent du parti libéral, chargé de porter dans les départemens les ordres du comité directeur, qui n'exista jamais que dans la tête de ces congréganistes à protubérances auriculaires.

Si l'on demandait un passeport pour l'étranger, c'était bien autre chose, alors on devenait conspirateur, on voulait tout bouleverser, et la préfecture voyait 5o ou 6o,ooo révolutionnaires qui entraient en France au pas de charge et la baïonnette croisée pour mettre tout à feu et à sang sur..... le quai des Orfèvres : voilà pourquoi on fit tant de difficultés pour accorder des passeports à six individus qui, le 29 mars 1822, demandèrent à voyager dans les pays étrangers.

Le sieur Betemps, pâtissier, désirait se rendre

à Bruxelles, afin d'exciter la friandise de ces bons, habitans de la Belgique qui bornent leurs jouissances gastronomiques à manger des choux rouges et à boire de la bierre.

Il emportait avec lui des moules pour faire des gâteaux de savoie, des méringues, des biscuits, etc., etc. La police, instruite par un de ses agens qu'il avait une caisse dans sa chambre, voulut s'assurer si elle ne contenait pas des pamphlets contre le gouvernement et des objets séditieux. Il fallut tout vérifier, et il n'obtint son passeport qu'après l'examen le plus sévère.

Le sieur Leblanc, courrier, voulait aller à Amsterdam; on s'assura qu'il n'y avait rien de libéral dans ses bottes, dans son porte-manteau, ni dans l'arçon de sa selle.

Le sieur Lancelevée, marchand, avait envie de suivre la même route; il sollicitait vivement l'expédition de son passeport, parce que le moindre retard pouvait compromettre ses intérêts, et qu'il avait des recouvremens à faire. On ne voulut rien entendre, il fallut prendre des informations, *per domos,* pour connaître les opinions politiques de ce marchand, et six semaines s'écoulèrent avant qu'il pût se mettre en route.

Le sieur Delrue-Daubergicourt, commis-voyageur, se rendait dans les Pays-Bas. Comme ces contrées avaient donné un asile à beaucoup de Français qui n'avaient pas le bonheur de plaire à la police, cette indulgente administration s'imagina que le commis-voyageur était un ennemi du gouvernement; alors elle choisit le plus adroit de ses agens, Denier, et il trouva, grâce à la corruption, le moyen de s'introduire dans le domicile du sieur Delrue. Il fit un inventaire exact de ses effets et des échantillons de marchandises qui lui étaient confiés; enfin il obtint ce qu'il desirait. Que l'on dise à présent que la préfecture de police n'encourageait pas le commerce et l'industrie!

Le sieur Lefebvre, cuisinier, voulait allerrir le monde; il avait trouvé une place à Bruxelles, grâce à un protecteur; il fut encore l'objet d'informations très-étendues, ainsi que la personne qui l'appuyait de sa recommandation. Il fut très-heureux que l'agent de la police Charles, chargé de faire un rapport sur son compte, n'eût pas l'esprit assez inventif pour métamorphoser en poignard son tranchelard et sa lardoire; sans cela il eût été obligé de rester en France.

La dame Boiston, née Feneulle, rentière, âgée de 65 ans, voulait aller à Hambourg, où l'appelaient des affaires de famille; elle désirait assurer l'existence de neveux qu'elle chérissait, et sa présence était nécessaire dans ce chef-lieu des villes anséatiques. La police ne vit pas cela d'un bon œil; elle pensa que cette dame pourrait bien être l'intermédiaire de quelques-uns de ses ennemis, et elle ne se décida à délivrer un passeport à la postulante, qu'après s'être assurée qu'elle ne se mêlait en aucune manière des affaires politiques ; peut-être même poussa-t-on les choses jusqu'à consulter son directeur.

Nous pourrions multiplier nos citations à l'infini ; nous croyons que cet exemple suffira pour faire connaître de plus en plus l'inquisition de la police de MM. Franchet et Delavau.

Ces états de demandes de passeports passaient sous les yeux de divers chefs, chacun y mettait *son vu;* et les plus chers intérêts, la fortune des citoyens étaient livrés, abandonnés aux caprices d'un agent de la police, et aux décisions d'un chef de bureau qui prononçait sans appel.

MAISONS DE JEU.

Les maisons de jeu dans la capitale sont une calamité publique, une machine infernale au moral, auxquelles nous devons tous les maux qui affligent la société : les assassinats, les vols, les suicides, les banqueroutes frauduleuses, enfin une démoralisation complète ! et c'était la police, cette administration chargée de veiller au maintien du bon ordre et à la conservation de tous, qui s'alimentait du produit des jeux.

On ne peut songer à ces établissemens sans éprouver un frémissement d'horreur. C'était des numéros 113, 36, 54, de Paphos, de la rue Dauphine, de la rue Grange-Batelière, que sortaient une partie de ceux dont la Grève a vu tomber les têtes coupables et criminelles.

Tel fut Pelet de Longchamp qui assassina Cotentin ! Ces malheureux qui se tuèrent après avoir tenté de voler les changeurs du Palais-Royal, du cloître Saint-Honoré, de la rue de la Feuillade, étaient aussi les habitués des maisons de jeu ! Ils échappèrent au déshonneur du supplice par un suicide.

La Morgue est encore peuplée des cadavres de

ceux que la passion du jeu engloutit dans la Seine.

Des marchands, des négocians, des artisans font banqueroute, ruinent leurs familles, dissipent la dot de leurs épouses, la fortune de leurs enfans, parce qu'ils fréquentent ces affreux repaires qui les conduisent au crime.

Que de gens qui avaient une réputation de probité, parce qu'on les voyait pendant le jour se livrer à leurs occupations, l'eussent perdue si on les eût suivis le soir; on les eût vus loin de leur quartier, couverts des ombres de la nuit, entrer furtivement dans les maisons de jeu. La police connaissait cela et le tolérait; pourquoi? parce que la ferme des jeux de hasard donnait un revenu de 6 à 7,000,000, et que cette somme énorme, prélevée sur la plus abominable des passions, était mise à sa disposition et formait une des branches principales de ses immenses revenus.

Il y avait en outre un pot-de-vin de 2 à 300,000 francs, donné par les adjudicataires, lorsque le bail de la ferme des jeux était renouvelé. Cette somme passait entre les mains des chefs, et leur était distribuée en raison de leur puissance ou de l'importance de leurs fonctions.

Le préfet de police, l'inspecteur-général et son adjoint, le secrétaire-général de la préfecture, quelques chefs de division recevaient annuellement, sur la ferme des jeux, un supplément de traitement de 50,000, 20,000, 15,000, 10,000 fr.

Les officiers de paix qui surveillaient les maisons avaient aussi part à la curée ; mais pour des sommes bien moins considérables ; cela pouvait aller de 15 à 1800 francs par an. L'officier de paix Souque et autres ont rempli ces fonctions.

Les agens Ronaud, Crosne, Descampeaux père, Cliche et autres, observaient les parties et les joueurs, tenaient notes des gains et des pertes ; une indemnité de 40 francs leur était accordée chaque mois, et, en outre, la liberté de boire de la bierre à volonté pendant les séances.

N'oublions pas que le commissaire de police de l'arrondissement du Palais-Royal avait aussi une gratification annuelle qui n'était pas mince.

Le colonel de la gendarmerie de Paris avait aussi un supplément de solde sur la caisse des jeux, témoin M. Tassin, qui avait un crédit ouvert dans la maison rue Dauphine, n° 36 ; il était porté sur le registre à la colonne Doit, pour 15 à 18,000 francs. Eût-on agi ainsi si l'on n'eût pas été certain du remboursement par une retenue des appointemens ? Voilà pour le civil.

L'autorité militaire exerçait également sa surveillance sur les maisons de jeu, afin d'en écarter les officiers qui auraient pu y perdre leur argent et par suite leur honneur ; tout cela sans doute ne se faisait pas gratis.

L'administration des jeux faisait encore des

pensions à diverses personnes qui avaient essuyé des pertes ou donné des preuves de dévouement; un ordre d'un ministre, du préfet de police, ou d'un autre grand personnage marquant et influent, suffisait pour faire inscrire le protégé sur le grand livre des jeux, et tous les mois il recevait 100, 200, 300 francs, pour réparer ses malheurs aux dépens d'autres malheureux mille fois plus à plaindre.

On est à même de juger que si l'administration des jeux payait 7,000,000 de ferme, 300,000 francs de pot-de-vin ou d'épingles, les appointemens de ses employés, les frais de loyer, d'entretien de ses maisons, et les pensions, elle dépensait ainsi de 10 à 12,000,000; il fallait donc qu'elle en gagnât au moins trente. La France entière et les pays étrangers étaient ses tributaires. Quel gouffre!!!

Nous ajouterons encore que l'administration des jeux se montrait parfois bienfaisante, et même reconnaissante, pour certains individus qui, passionnés pour le jeu, y avaient perdu tout leur avoir. Elle venait à leur secours par reconnaissance pour de vrais propagateurs de la Roulette, et du Trente et Quarante. C'est ainsi qu'elle accordait un secours de 200 francs par mois à un sieur H... de Guerv..., qui n'avait pas d'autres revenus; nous en nommerions bien encore quelques-uns. Nous ajouterons en passant, qu'il n'y avait pas foule à la caisse à la fin du mois. La ferme des jeux était un peu avare.

Nos lecteurs croiront facilement que la police ne voyait pas et ne voulait même pas voir tout ce qui se passait dans les maisons de jeu. Elle n'examinait pas si les cartes étaient préparées de manière que les mains exercées les connaissaient au tact; et si, comme Gaspard l'Avisé, celui qui tenait la banque avait des as à volonté.

Elle ne vérifiait pas les dés pour savoir si, au moyen d'une préparation adroite ou des trous surchargés d'une encre préparée, ils n'avaient pas un penchant, une propension à tomber sur une face plutôt que sur l'autre.

Cependant ces petites espiégleries se pratiquaient, et un employé des jeux, réformé ou destitué par humeur, s'était amusé à composer une brochure dans laquelle il mettait au grand jour toutes ces fourberies.

Cet ex-employé, détenu à Sainte-Pélagie pour dettes, racontait comment un Anglais avait perdu 5 à 600,000 fr. dans une seule séance, grâce à ces innocentes recettes.

On ne peut se faire une idée de tout ce qui se passait dans ces maisons; que de gens y faisaient fortune: les garçons de salle prêtaient de l'argent sur nantissement à tous les joueurs, ils donnaient 200 francs sur une montre ou un autre bijou qui valait 1000 ou 1200 francs. Si le lendemain la somme prêtée n'était pas rendue, l'objet restait à l'obligeant garçon de salle; dans le cas contraire, il exigeait 10 ou 12 pour 100 par... jour: c'est ainsi que ces hommes s'enrichissaient; ils n'avaient pas d'autres appointemens. Leur domicile regorgeait de bijoux, de pendules, de meubles précieux. Il y avait un nommé Varois qui exploitait avec un rare talent ce genre d'industrie. *

Ces places de garçons de salle étaient très-courues. Nous avons connu un aspirant qui voulait intéresser à son sort un homme qui portait un grand nom, et qui ayant eu jadis 7 à 800,000 fr. de revenus, se trouvait sans un sou, parce qu'il aimait un peu trop le jeu, etc...... On réclamait sa protection pour obtenir une de ces places, et M. le duc .... promettait de l'accorder si on voulait lui prêter 6000 fr.; on y consentait, après l'installation : il les voulait avant, en donnant sa signature.... pour garantie. Enfin la négociation n'eut pas lieu; ce grand personnage, très-aimable et très-honnête d'ailleurs, habitant nomade de Paris, ne savait souvent la veille où il logerait le lendemain. La contrainte par corps s'offrait sans cesse à ses yeux, sous un aspect terrible; toutes ces frayeurs se sont évanouies, son manteau et son titre produiraient sur les

---

* Un prêteur sur gages, de la rue du Petit-Rempart, était abonné avec les garçons de salle qui lui envoyaient des pratiques. Il avait en outre des relations avec la deuxième division de la préfecture pour lui faire connaître les voleurs ; il avait acquis par là une petite impunité.

gardes du commerce l'effet de la tête de Méduse.

Après cette courte digression, revenons aux maisons de jeu. Si les joueurs se désespéraient, se désolaient, faisaient même cent fois pis lorsque la fortune leur était contraire, les administrateurs des jeux, les chefs de parties, les tailleurs, les croupiers voyaient tout cela d'un œil sec et stoïque; ils étaient mille fois plus impassibles que le juste dont parle Horace. Ils auraient même amorcé le pistolet du joueur qui aurait voulu se faire sauter la cervelle après avoir tout perdu, tout en croyant lui rendre un service signalé; car un homme sans argent, selon ces Messieurs, était inutile sur la terre, il était à charge à lui-même et aux autres, telle était encore leur morale.

Il fallait les voir certains jours de la semaine, où tous les membres de la ferme des jeux se réunissaient dans un banquet splendide. L'univers entier était mis à contribution pour satisfaire leurs goûts. Les productions de la terre et de l'onde étaient offertes de tous côtés sur la table : la gaîté brillait dans tous les yeux.

L'inspecteur-général de la police et autres personnes marquantes de la préfecture y tenaient le haut bout.

Les bons mots s'unissaient aux trin trin des verres et à la mousse pétillante du Champagne.

Souvent cette joie bruyante était interrompue par un coup de pistolet qui terminait la vie et les infortunes d'une victime de la passion du jeu et ne faisait naître parmi les convives d'autre réflexion que celle-ci : « C'est un pauvre diable qui va de son tout. »

Quelle affreuse ironie ! quel horrible sang-froid ! mais pourquoi s'en étonner. Pour tenir les jeux, pour s'enrichir ainsi d'un semblable produit, il faut avoir l'âme entourée d'un triple airain.

Faisons des vœux pour qu'on ouvre enfin les yeux sur les maux qui découlent de ces établissemens. La morale, la société, la France et l'Europe entière y gagneront; les lois auront moins à punir, il en résultera les plus grands avantages en supprimant les maisons de jeu, et c'est en vain qu'on voudrait y trouver des inconvéniens.

Quelques particuliers et la police y gagnaient. Pourrait-on mettre des motifs aussi faibles en balance avec un bienfait pour l'humanité ?

Les joueurs eux-mêmes ne trouvant plus où satisfaire leur funeste passion, chercheraient d'autres distractions. Celui qui expose son semblable à la tentation, est plus coupable que l'infortuné qui succombe.

La police mettait en surveillance les administrateurs des jeux. M. Hinaux se faisait rendre compte par l'agent Cliche de la conduite de M. de Chalabre.

La police a un agent attaché auprès de chaque maison de jeu.

M. MAZIAU,

Ex-chef d'escadron de l'ex-garde.

Il fut une époque en France où le titre de militaire était le synonime d'ennemi du gouvernement aux yeux de certaines gens qui jugeaient les hommes d'après leurs passions ou la haine qu'ils leur portaient, parce qu'ils étaient nés un demi-siècle avant eux; et c'est ce qui est arrivé à beaucoup de Français. Nous ne prétendons point justifier ceux qui se sont rendus coupables, nous dirons seulement qu'il faut savoir allier la sévérité avec l'indulgence, et que les châtimens tels mérités qu'ils soient, ne procurent pas ces doux plaisirs que l'on doit à la clémence. C'est à cette vertu qu'Auguste, Titus et Henri IV ont dû leur immortalité.

Auguste fut plus grand pour avoir pardonné à Cinna, que pour avoir triomphé à Pharsale, et Henri IV préférait le *vivat* des ligueurs aux lauriers de la bataille d'Ivri. Il est beau de savoir vaincre, mais qu'il est doux de pardonner.

Le chef d'escadron de l'ex-garde, Maziau, fut compromis dans la conspiration de 1820. Des charges s'élevèrent contre lui ; il fut condamné et subit sa peine. La loi avait parlé : elle ne pouvait s'être trompée. Mais nous devons faire connaître les moyens que la police employa pour arrêter le sieur Maziau.

Le ministre tenait beaucoup à s'emparer de la personne de ce militaire. Les officiers de paix Dabasse et Grolleau furent chargés de l'exécution de cette mesure et de se rendre à Saint-Denis, parce qu'on avait annoncé que cet officier logeait dans une des communes des environs de Paris, sans la désigner. Ils se mirent en route avec une brigade de gendarmerie et dix agens.

L'officier de paix Rivoire reçut l'ordre de se rendre à Arcueil et de visiter le château. On supposait que le chef d'escadron Maziau aurait bien pu s'y réfugier. Un officier de gendarmerie, dix gendarmes et dix inspecteurs devaient l'accompagner ; et, comme il y avait de grands dangers à courir pour vingt-deux hommes qui devaient en arrêter *un*, toutes les armes avaient été chargées. Il y avait en outre quatre gendarmes à cheval; deux marchaient en tête, deux autres formaient l'arrière-garde. Les gendarmes à pied et les inspecteurs marchaient au centre.

Tous ces braves se mirent en marche à deux heures du matin, et ils arrivèrent à cinq heures à Arcueil, après avoir couru à travers les champs.

On commença par cerner le château et garder avec soin toutes les issues. L'officier de gendarmerie et l'officier de paix Rivoire se rendirent chez le maire, et, après l'avoir requis de les accompagner, ils pénétrèrent dans le château, le parcoururent, le visitèrent du haut en bas, sans découvrir le chef d'escadron Maziau; par une bonne raison, il n'y était pas. Toute cette troupe rentra dans Paris, après avoir jeté l'alarme dans les campagnes; car les villageois qui apportaient dans la capitale leurs légumes et leurs fruits, en voyant de la gendarmerie à pied et à cheval, et au milieu d'eux une troupe d'individus sans uniforme, disaient : « Il paraît que les affaires vont mal, puisqu'on arrête tant de monde. » Ils prenaient les agens de police pour des détenus.

Du côté de Saint-Denis, les choses n'allaient pas mieux. Les agens de police, les gendarmes y étaient arrivés à trois heures du matin, et l'officier de paix Dabasse s'était laissé cheoir dans un fossé plein d'eau, ce qui avait calmé un peu la chaleur de son sang.

L'agent Lecoq, en traversant un champ de choux qu'on avait coupé, heurta une racine un peu forte; il perdit l'équilibre et mesura la terre. Le corps du pauvre inspecteur était demeuré sur le tronçon du chou, mais son chapeau et sa perruque suivirent une autre direction. Il se releva sans rien dire, et, pour ne pas perdre la colonne qui marchait toujours, il releva son chapeau et oublia sa perruque. Il la retrouva heureusement le lendemain, mais Jeannot-Lapin lui avait porté de rudes atteintes. Dans les temps heureux de la mythologie, la perruque de l'agent Lecoq eût été placée par quelque divinité bienfaisante au nombre des constellations, près de la chevelure de Bérénice; mais comme les métamorphoses n'étaient plus de saison, elle reprit sa place sur le chef du propriétaire.

Le chef d'escadron Maziau n'était pas plus caché à Saint-Denis qu'à Arcueil. Les agens de la police, civiles et militaires, rentrèrent à leur quartier-général de la rue de Jérusalem, et ils s'y reposèrent de leurs fatigues; voilà tout ce qu'il en advint. Quant à l'officier Maziau, il subit la détention à laquelle il avait été condamné, ainsi que nous l'avons dit, et il vit tranquille à Paris, sous les lois tutélaires et protectrices d'un gouvernement bienfaisant et paternel.

WINTER, AGENT ANGLAIS.

Le ministre de la police fut informé dans le mois d'octobre 1820, par un de ses agens secrets en Angleterre, que le nommé Winter devait se rendre incessamment à Paris, et qu'il était porteur d'instructions et de papiers pour s'aboucher avec quelques personnes influentes à la cour, afin d'opérer un changement dans le ministère. Il paraît que le cabinet de Saint-James y attachait une grande importance.

Tout fut en rumeur au ministère et à la préfecture ; on tint conseil, et, après une délibération aussi longue qu'approfondie, le préfet de police fut chargé de prendre telle mesure qu'il jugerait convenable pour déjouer les projets de l'Angleterre et des Français qui voudraient la seconder.

M. le comte Anglès fit venir l'inspecteur-général Foudras. Ces deux fonctionnaires jugèrent, dans leur sagesse, qu'il n'y avait pas de meilleur moyen à employer que de se mettre en vedette sur la route pour inspecter les voitures publiques, et l'officier de paix Roard reçut l'ordre de se rendre au Bourget avec les agens Delpech et Heyman. Comme tout chemin mène à Rome, plusieurs routes conduisent à Paris, et l'officier de paix Woff partit pour Saint-Denis avec les agens Prou et Delareny. Les deux officiers de paix étaient porteurs d'un mandat qui les autorisait à demander les papiers et les passeports à tous les voyageurs en voiture, à pied ou à cheval, et à les arrêter s'ils le jugeaient convenable.

Cette surveillance inquisitoriale eut lieu pendant quinze jours sans offrir aucun résultat satisfaisant. On avait beau visiter toutes les voitures, interroger, l'agent anglais n'arrivait pas; la police française s'imaginait que c'était une mystification, et elle faisait déjà des reproches à ceux dont elle payait très-généreusement les rapports et les documens.

Enfin, la diligence de Bruxelles parut de nouveau sur la route; l'officier de paix Roard qui commandait toujours la grand'-garde du Bourget, l'arrêta au passage; il exigea l'exhibition de tous les passeports. Quelle fut sa joie et sa satisfaction, lorsqu'en les parcourant avec ses yeux de lynx, il lut le nom de Winter, de cet individu si ardemment désiré.

La gendarmerie fut requise au nom de la loi et de la sûreté publique, et la voiture fut arrêtée, ainsi que tous les voyageurs. On s'assura de leurs personnes, et, après avoir pris toutes les précautions usitées en pareil cas, la diligence continua sa route pour Paris, escortée par la gendarmerie.

L'officier de paix Roard et ses agens dirigeaient et conduisaient le cortége. On arriva à la préfecture ; les malles, les papiers de Winter et de tous les voyageurs furent fouillés et examinés avec l'exactitude la plus scrupuleuse. Ceux qui étaient dans la diligence, et qui n'avaient eu d'autres relations avec Winter que celles d'être ses compagnons de voyage, furent mis en liberté. Quant à Winter, il fut mis au secret, subit plusieurs interrogatoires. Ses papiers furent saisis, et, après avoir subi une détention de quinze jours, on lui délivra un passeport, avec l'ordre de quitter la France dans le plus court délai.

On ne trouva rien de répréhensible ; mais la police ne pouvait ni ne voulait avoir tort, il lui fallait une victime, et Winter fut offert en holocauste à l'inquisition de la rue de Jérusalem.

LA DAME IMBERT, D'AMIENS.

Tabac de contrebande. — M. Bonneau. — Les agens Félix et Marc.

La dame Imbert, d'Amiens, département de la Somme, fut signalée par le nommé Félix, agent de M. Bonneau, comme faisant deux fois par mois un voyage à Paris, dans une carriole qui lui appartenait, et Félix ajoutait qu'il paraissait certain qu'elle était chargée de remettre à Paris la correspondance des *carbonari* de la Picardie, à leurs frères de la capitale. Cette secte était alors à l'ordre du jour, et la police avait jugé que cette association rivalisait en nombre la bien-aimée congrégation.

M. Bonneau très-satisfait d'avoir fait cette grande et précieuse découverte, en fit part à M. Delavau, qui s'empressa d'en donner avis au ministre de la police.

Alors on tint conseil, et la dame Imbert fut mise en surveillance : elle tenait une auberge à Amiens. Des agens furent mis en vedette sur la route de cette ville à Paris, afin d'observer tous les voyageurs ; et l'agent Marc, que l'on jugea le plus adroit et le plus intelligent, fut envoyé à Amiens, avec ordre de loger chez la dame Imbert, et de faire en sorte de gagner sa confiance.

Il arriva à Amiens, descendit chez cette dame, et s'annonça comme un commis voyageur. Il avait l'intention de partir pour Paris dans deux jours pour y transporter des marchandises anglaises déposées dans une maison de commerce d'Amiens, et il y était très-embarrassé pour les y faire parvenir.

La dame Imbert, à laquelle il faisait cette confidence, prit part à ses peines, et lui dit : « Cette » affaire me convient; on doit me remettre ce » soir deux lettres de crédit pour Paris; je par-» tirai demain, et je me charge du transport de » vos marchandises. »

« C'est bien mon affaire, répondit l'agent, » vous me rendez le service le plus signalé, et » je ne sais comment vous en témoigner ma re-» connaissance. »

Ce qui l'embarrassait le plus, c'est qu'il n'avait pas de marchandises; comment donc faire? l'imagination vint à son secours. Il se rendit chez un marchand, y fit emplette de huit aunes de toile verte, de trois ou quatre mouchoirs, et avec une demi-botte de foin et de la toile d'emballage, il fit deux ballots assez gros qu'il envoya chez la dame Imbert, et il les accompagna en ayant l'air d'y mettre beaucoup de mystère, il lui dit à l'o-

reille : « Voilà mon affaire, je vous la confie, et
» je me recommande à vos bons soins et à votre
» complaisance. »

« Soyez tranquille, je vous réponds de tout;
» nous partirons ce soir à 11 heures et demie, je
» vous donnerai mon portefeuille, les lettres de
» crédit dont je vous ai parlé y seront renfer-
» mées, je passerai seule à la barrière, et soyez
» certain que nous réussirons dans notre entre-
» prise. »

Dans l'absence de Marc, la dame Imbert chargea sa carriole de tabac pour l'introduire en fraude dans Paris.

Elle devait le déposer chez un jardinier de sa connaissance à la barrière du Combat.

L'agent Marc avait eu soin d'écrire à M. Bonneau pour l'instruire de tous ces faits, et la préfecture de police prit des mesures en conséquence.

Froment fut chargé d'un mandat, avec ordre d'arrêter la dame Imbert, l'agent Marc, et la carriole.

La mesure commandée reçut son exécution; tout fut conduit à la préfecture de police. On prit le portefeuille dont Marc était le dépositaire, et après en avoir fait un inventaire aussi exact que minutieux, on trouva plusieurs lettres portant factures de cigarres et de tabac; on s'en saisit ainsi que de la carriole qui fut mise en fourrière avec le cheval. Quant à la dame Imbert, on la renvoya à pied, et si par hasard elle lisait cet article, elle reconnaîtrait qu'il est dangereux d'ajouter foi aux discours de certains commis-voyageurs.

L'agent Marc recouvra son ballot et le foin qui en faisait partie.

M. LE MARÉCHAL OUDINOT,

Duc de Reggio. — M. Franchet.

La gloire et ses lauriers, la loyauté, la franchise et toutes ces brillantes qualités qui caractérisent et distinguent les illustres chefs de l'armée française, ne mettaient point à l'abri des investigations de la police, et n'en imposaient point à sa rage inquisitoriale.

M. le maréchal Oudinot partit pour aller passer quelque temps dans sa terre de Saint-Jean-d'Heures, près de Bar.

M. Franchet, directeur-général de la police, écrivit à M. le préfet du département de l'Aube, pour qu'il fît exercer la surveillance la plus exacte et la plus secrète sur M. le maréchal, qui passait pour recevoir chez lui des militaires dont les opinions étaient très-suspectes.

La confiance dont S. M. honorait le duc de Reggio, ses titres, ses dignités, les garanties qu'il n'avait cessé de donner pour prouver son dévouement ne suffisaient pas à la police. Elle se montrait plus exigeante, plus difficultueuse que le gouvernement lui-même, et se croyait tout permis.

Comme M. Franchet ne s'en rapportait pas encore au préfet pour surveiller M. le maréchal Oudinot, un agent secret, nommé Minel, fut envoyé à Saint-Jean-d'Heures pour prendre des renseignemens et explorer la contrée.

Il y resta quatre jours, et revint ensuite à Paris rendre compte de sa mission et de ses démarches à M. Franchet, qui parut content de son zèle et de l'activité qu'il avait mise. Il obtint en outre une gratification, parce qu'il avait rédigé ses rapports en style de police, c'est-à-dire de manière à satisfaire les passions et la haine qui l'agitaient.

Quelques temps après, l'agent Minel fut mandé par le directeur-général, qui lui annonça que M. de Villèle avait également approuvé tout ce qu'il avait fait et écrit relativement au duc de Reggio.

Il paraît qu'il avait eu le talent de saisir la manière de voir et de penser de ces Messieurs. La calomnie et la médisance avaient donc joué leur rôle.

Toutes ces données calomnieuses servirent sans doute plus tard au ministère et à la police pour rédiger l'acte d'accusation de la garde nationale et motiver son licenciement, en désignant comme dangereux, et peut-être même comme coupable, le maréchal de France qui la commandait, puisqu'on le soupçonnait d'admettre dans son intimité et dans sa société des militaires qui pensaient mal.

Quel tissu de mensonges! quelle assemblage de perfidies! Les militaires français qui ont illustré leurs noms et fait rejaillir sur eux la gloire dont ils ont décoré leurs drapeaux, furent toujours fidèles à l'honneur.

Mais la police ne pouvait apprécier tout cela.

M. Franchet, lors de sa destitution, ne pouvait penser à tout, car il oublia de réclamer les lettres qu'il avait écrites à M. le préfet de l'Aube pour mettre en surveillance M. le duc de Reggio. Ce magistrat les a communiquées à M. le maréchal, qui a su apprécier à sa juste valeur les intrigues de la police et son indigne conduite.

M^{LLES} CLAIRVILLE ET JOSÉPHINE,

M. DE PINS.

Chacun vit de son industrie à Paris, et pour en tirer parti il ne s'agit que de s'entendre. C'est ce qui arrivait sous la police dont nous sommes les historiens.

La demoiselle Clairville, demeurant rue Saint-Martin, qui avait sans doute eu le malheur de déplaire à un agent de la police, ou à l'un de ces amateurs qui la faisaient pour se distraire ou amuser leurs loisirs; la demoiselle Clairville fut dénoncée comme recevant chez elle un grand nombre d'officiers de tous grades, en retraite, en demi-solde et même en activité. Il est vrai qu'elle tenait table d'hôte, mais elle donnait en même temps à jouer au trente-et-un, et tous ces militaires, d'après le rapport de *l'honnête* délateur, étaient des conspirateurs, des gens qui pensaient mal et des joueurs.

Comme nous avons promis de tout dévoiler, de lever tous les masques, dussent les membres supérieurs ou inférieurs de la police se fâcher, se mettre en colère, *voire même* les agens, les secrétaires ou soi-disant tels; les employés, menacer de leurs petites vengeances, nous dirons que le rapport contre les dames Clairville et Joséphine avait été élaboré par l'agent Bisson, qui se trouvait sous les ordres de M. Bonneau.

Le préfet, auquel on transmit tous ces détails, chargea M. le comte de Pins, chef de son cabinet particulier, de se procurer tous les renseignemens qui pourraient l'éclairer afin de prendre les mesures qu'il jugerait convenables. En conséquence, les agens Nouailles et Critey reçurent l'ordre de surveiller la maison.

Afin de pouvoir se présenter sous des dehors un peu décens, ils louèrent des habits noirs chez le fripier Bernard, rue du Petit-Rempart-Saint-Honoré. Ils s'étudièrent un peu pour que leur tournure fût en harmonie avec leur costume, et qu'il n'y eût pas de *contre-sens;* et M. de Pins, après les avoir endoctrinés, termina la leçon en leur donnant à chacun une somme de cent francs.

Ils se présentèrent donc dans la maison, comme d'anciens militaires qui se livraient au commerce. Il furent bien accueillis, et dès la première soirée ils perdirent cent francs, parce qu'après dîner ils avaient fait la partie. Ils l'annoncèrent ainsi, dans le compte qu'ils rendirent à la préfecture.

Comme on tenait beaucoup à connaître ce qui se passait chez la demoiselle Clairville, on répara le déficit en leur donnant de nouveau deux cents francs. Ils remirent de nouveaux rapports, qui parurent assez insignifians.

M. de Pins, qui voulait absolument savoir à quoi s'en tenir, écrivit à la demoiselle Clairville, en l'invitant à passer à son bureau pour affaires qui l'intéressaient. Elle s'y rendit à neuf heures du matin, et comme MM. les employés de la préfecture ne se piquaient pas d'être galans, la dame fit très-long-temps antichambre.

Enfin le comte de Pins arriva, et il donna l'ordre d'introduire la dame.

Dès qu'elle parut devant lui, il lui annonça que sa maison était très-suspecte, qu'il était instruit qu'on y tenait des propos séditieux qui portaient atteinte à la sûreté du gouvernement et au respect qui lui était dû.

La dame Clairville protesta de son innocence, et assura qu'elle avait été calomniée.

M. de Pins ne voulut rien entendre, il fut inexorable, et il annonça à la belle éplorée qu'il la ferait mettre à la salle Saint-Martin, si elle ne disait pas la vérité, et qu'il voulait bien, par égard et par déférence, lui accorder quatre jours pour remettre la liste des personnes qui se réunissaient chez elle.

La dame Clairville lui répondit qu'elle avait pour associée une demoiselle nommée Joséphine, demeurant rue Saint-Denis, et que c'était elle qui était chargée de faire les invitations pour les dîners et les soirées. Elle fut encore obligée de convenir que cette demoiselle Joséphine tenait en outre une maison de femmes, sans y être autorisée.

La dame Clairville se retira, et M. de Pins jugea à propos de se rendre chez Joséphine. Il arriva, et dès qu'il fut introduit, il commença par prendre ce ton fourbe et farouche d'un employé supérieur de la police, qui est bien pénétré de sa dignité et de l'importance de ses fonctions. Il fulmina, menaça; mais Joséphine était si jolie, elle devint si intéressante lorsque quelques larmes, sentimentales ou hypocrites, humectèrent ses longues paupières, que M. de Pins, quittant son air rébarbatif, sentit sa colère se dulcifier, et cédant aux instances de l'aimable solliciteuse, sans être un Hercule, il fila aux pieds de la nouvelle Omphale.

Il fallut se quitter, car la préfecture réclamait aussi la présence de M. de Pins; on ouvrit la porte et il sortit. La demoiselle Joséphine demeurait au second, et comme une souris qui n'a qu'un trou est bientôt prise, en personne discrète et prévoyante elle avait deux portes à son appartement. Que devint M. de Pins, lorsqu'en mettant le pied sur le carré, il rencontra un de ses agens, nommé André, qui sortait par l'autre porte. C'était l'ami du cœur de la dame.

M. de Pins, pour cacher sa surprise, se mit en colère, et demanda à son agent de quel droit et par quel ordre il se trouvait là ?

André, sans se déconcerter, lui répondit : « Je » vous ai vu passer et monter dans cette maison, » et comme c'était un lieu de prostitution, j'ai » cru devoir monter derrière vous craignant qu'il » ne vous arrivât quelque chose ; car j'ai pour » vous autant de respect que de dévouement. »

Le comte de Pins répliqua, toujours en colère : « J'étais venu ici pour prendre des renseigne- » mens, et je suis très-étonné de vous rencontrer » dans un semblable lieu. »

Après lui avoir parlé ainsi, M. de Pins retourna à la préfecture ; deux heures après l'agent André reçut sa destitution par ordre de son chef. André écrivit à M. de Pins pour se plaindre de cet acte arbitraire, il ajoutait qu'il était libre de sa personne et de sa conduite, et qu'il rendrait compte à M. le préfet de la conduite qu'on tenait avec lui.

Quelques jours après il adressa une réclamation à M. Delavau.

M. de Pins, qui prétendait avoir raison envers et contre tous, sollicita auprès du préfet un mandat de perquisition chez les dames Clairville et Joséphine ; mais M. Delavau le refusa ; il connaissait les motifs qui faisaient agir le chef de son cabinet.

Cependant le cher comte de Pins ne se tint pas pour battu, et de son autorité privée il écrivit aux dames Clairville et Joséphine dans des termes si peu mesurés et si menaçans, qu'elles préférèrent fermer leur maison plutôt que d'aller en prison; car le galant comte de Pins leur en laissait l'espérance, si elles ne se soumettaient pas à sa volonté toute puissante.

Telle était la conduite de la police et l'usage que les employés faisaient de la portion d'autorité qui leur était confiée, et le tout à l'exemple de leurs dignes chefs le directeur-général Franchet et son lieutenant Delavau.

M. MERCIER,

Sergent de la Garde nationale.

La garde nationale de Paris s'est associée à tous les hauts faits dont la France peut s'enorgueillir, et son illustration n'est pas moins brillante. Si nos armées se sont immortalisées sur tous les champs de bataille de l'Europe, elle les a égalées en maintenant la paix et la tranquillité dans l'intérieur; elle a sauvé plusieurs fois la capitale prête à succomber sous les coups de l'arbitraire, et c'est ce qui lui a valu la haine de cette police dont nous avons dévoilé les manœuvres, les délits, les fautes et les erreurs.

Le sieur Mercier, sergent de la garde nationale, qui refusa d'exécuter l'ordre qui lui fut donné de faire sortir de la Chambre le député Manuel, devait nécessairement fixer l'attention de la police, parce que sa conduite annonçait qu'il n'était pas partisan de la mesure sévère exercée contre un mandataire du peuple qui avait librement et hautement manifesté son opinion à la tribune.

Aussi, le sieur Mercier fut-il mis en surveillance.

Les agens Louis et Prout se rendirent à différentes reprises chez lui pour y acheter des galons et autres objets de passementerie qu'il fabriquait, et se promenaient en outre sur la place du Marché des Innocens, en face de son domicile (il logeait rue aux Fers), afin d'examiner et de tâcher de reconnaître qui pourrait se présenter chez lui; car la noblesse et la franchise de sa conduite avaient fixé sur lui l'attention publique, en lui gagnant l'estime et la considération des hommes honnêtes et impartiaux.

M. Delavau tenait beaucoup à connaître les relations publiques ou particulières du sieur Mercier; il était devenu pour lui un homme très-important et dangereux, parce qu'il n'avait pas voulu remplir l'office d'un gendarme. C'était un délit capital et même quelque chose de plus, parce que la police se dirigeait d'après ce principe faux et absurde : *Qui n'est pas pour moi est contre moi.*

Toutes les ruses, toutes les sourdes menées en usage à la préfecture de police étaient donc mises en œuvre.

Le commissaire de police du quartier avait été consulté également sur le sieur Mercier, afin de savoir quelles étaient ses opinions politiques et si sa conduite était régulière; ce magistrat, vrai et consciencieux, avait répondu que cet honnête artisan jouissait de la meilleure réputation; et qu'il était irréprochable sous tous les rapports. Quant à son opinion politique, comme il ne tenait aucun discours qui pût porter atteinte au respect que tout bon citoyen doit avoir pour le gouvernement, il ne pouvait que rendre un bon témoignage en sa faveur. Ces réflexions ne furent pas sans doute du goût du préfet de police, mais tous les employés de la préfecture n'étaient pas ennemis de la vérité.

L'agent Louis n'en continua pas moins à fréquenter la maison du sieur Mercier, et comme il lui achetait de temps en temps des marchandises, il s'établit une espèce de liaison entre eux; mais il eut beau faire, il ne put le trouver en défaut, ni prouver sa culpabilité en aucune manière; la conduite du sieur Mercier à la chambre des députés avait été le résultat d'un sentiment honnête et généreux, étranger à l'esprit de parti.

L'agent Louis griffonna quelques rapports insignifians, en style de police, qui ne remplirent pas les intentions du préfet ni des autres chefs; mais il fallut bien s'en contenter.

Cette surveillance coûta environ trois cent cinquante francs à la police, pour achat de galons et autres objets de passementerie, mais la caisse était là pour faire face à tout.

LE GÉNÉRAL FRIANT.

Corruption d'un domestique. — Soustraction de Lettres. — Mystification de la police et de ses agens.

Le général Friant, qui s'était illustré sur tous les champs de batailles où les armées françaises s'étaient immortalisées, vivait tranquillement au sein de sa famille, et les plus glorieux souvenirs charmaient son existence.

Il ne voyait que quelques anciens frères d'armes dont la loyauté et la franchise lui étaient connues, sans s'occuper de ce qui se passait autour d'eux.

Ce calme heureux, qui n'appartient qu'aux âmes pures et honnêtes, porta ombrage à la police, et le général Friant fut mis en surveillance. M. Bonneau donna l'ordre à son chef de brigade Deslauriers d'explorer la conduite du général, et les agens Berson et Gilles furent chargés de cette mission.

Ils se présentèrent à l'hôtel du général, rue de Vendôme, ils parvinrent à circonvenir un des domestiques, à le séduire, à le corrompre, et ce lâche serviteur d'un brave leur livra trois lettres que son maître l'avait chargé de mettre à la poste.

Les deux agens très-satisfaits d'avoir réussi dans leur coupable entreprise, s'empressèrent de remettre les trois lettres à leur chef Deslaurier, elles passèrent ensuite dans les mains de M. Bonneau, qui se hâta de les donner à M. le préfet Delavau.

Il s'empressa de les décacheter, croyant y trouver au moins le plan de trois conspirations et le nom des conjurés. Quel désappointement! quelle mystification pour le très-délicat et très-scrupuleux congréganiste.

La première lettre était écrite par le général à une de ses parentes; il ne lui parlait que d'affaires d'intérêt et de l'amitié qui les unissait.

La deuxième était adressée à son agent de change, il lui accusait réception d'un compte qu'il lui avait adressé.

La troisième était pour un marchand de draps de la rue des Bourdonnais, auquel il demandait divers objets dont il avait besoin.

Comment se rendre compte de toute l'infamie de la police, et de la honte attachée à ses soustractions frauduleuses. Elle ne rougissait pas de violer, avec une sorte d'impunité, le secret des lettres; elle ne les faisait pas même remettre à leur adresse après les avoir lues; et c'était une administration publique chargée de réprimer les crimes et les délits qui s'exposait à s'entendre reprocher des fautes aussi graves !

Il est étonnant qu'on ait fermé aussi long-temps les yeux sur des abus d'autorité aussi révoltans.

Quoique le préfet de police et ses agens eussent acquis la preuve de leur injuste défiance, le général Friant n'en fut pas moins soumis à une surveillance continuelle, aux investigations les plus viles et les plus ridicules. Suivant la préfecture, il avait servi dans les armées, il avait vaincu les ennemis de la France, donc il pensait mal, ainsi que tous les militaires qu'il recevait chez lui et qui formaient sa société.

Quel fruit la police retira-t-elle des renseignemens qu'elle fit prendre sur le général Friant ? Rien que d'honorable pour lui, il employait sa fortune à venir au secours de tous les militaires qui réclamaient sa bienfaisance, officiers et soldats avaient les mêmes droits. Son bras les avait protégés au champ d'honneur, son cœur les soulageait dans la détresse, et leur faisait oublier les torts de la fortune et l'injustice des hommes.

L'agent de la police Gilles eut l'impudence de se présenter devant le général Friant comme un ancien militaire qui se trouvait dans le besoin, et il en reçut 15 francs. Ce qui appartenait à un brave tomba dans les mains de la perfidie et de la lâcheté.

M. BOISSY - D'ANGLAS,

L'agent Lucas et M. DePins.

Le nommé Lucas qui barbouillait du papier, et faisait quelques mauvaises compilations, comme certains personnages qui font des anas, ou la vie des grands hommes, armés d'une paire de ciseaux, pour couper, tailler et rogner des journaux, des bulletins, etc.

Ce nommé Lucas était devenu l'agent secret de M. de Pins; comme cet individu était protégé par M. le comte Boissy-d'Anglas, il proposa à cet agent de surveiller son bienfaisant patron.

Lucas fut encore assez délicat pour refuser de se rendre coupable de cette perfidie.

Le comte de Pins se fâcha, se mit en colère, et destitua son agent qui persista dans sa résolution. Il le mit aussi en surveillance, et ajouta à cette action inique, celle de faire saisir ses papiers.

Il fallait, pour plaire à cette police, faire abnégation de soi-même et renoncer à tout sentiment d'honneur et de délicatesse. Que penser des chefs et des agens, et s'il eût fallu les juger, de quel côté étaient les coupables.

Nous laissons à nos lecteurs à décider cette question.

Quelle serait la destinée d'un gouvernement et d'un peuple qui serait à la discrétion de gens de cette espèce ?

LE PRINCE EUGÈNE

Et M. Lemaire, dentiste.

M. Lemaire dentiste de leurs majestés les rois de Bavière et de Suède, s'était rendu à Munich pour y exercer son talent, fabriquer des rateliers et poser des dents à ceux qui en manquaient.

La police fut instruite de son retour. Elle avait été assez malheureuse pour ne pas être informée de son départ et s'assurer s'il n'était pas porteur de quelque plan de conspiration; mais elle se promit bien de se dédommager, lorsque M. Lemaire rentrerait à Paris. Dans le mois de janvier 1819, elle apprit, grâce à tous ces moyens délicats et anodins qu'elle savait mettre en œuvre, que le dentiste était attendu. Il demeurait rue Dauphine, près le Pont-Neuf.

L'officier de paix Rivoire fut chargé de se placer en vedette sur le Pont-Neuf avec toute sa brigade, afin d'explorer tous les allans et venans, non seulement pendant le jour, mais encore pendant la nuit.

Il faisait très-froid, la bise était rude, la neige tombait à gros flocons, mais tout cela était indifférent à la bienfaisante et très-humaine police. Il lui importait peu qu'un officier de paix et des agens fussent gelés, morfondus, qu'ils gagnassent de gros rhumes, qu'ils eussent des engelures, pourvu qu'elle pût tourmenter un voyageur.

Les agens étaient donc continuellement sur le Pont-Neuf. Ils se relevaient les uns après les autres et se mettaient à l'abri sous les échopes des marchandes d'oranges, qui les maudissaient de bon cœur, parce qu'elles regardaient MM. les agens de police comme de très-mauvaises pratiques. Elles les connaissaient, mais elles faisaient bonne mine à mauvais jeu, parce qu'elles étaient sous la juridiction tant soit peu arbitraire de la police.

Il y avait déjà cinq jours et autant de nuits que les observateurs de la police étaient de planton sur le Pont-Neuf, lorsque M. Lemaire arriva. Ces messieurs jubilaient, ils allaient enfin recevoir le prix de leur constance et de leurs utiles travaux.

Le dentiste passe à minuit sur le Pont-Neuf, assis dans sa cariolle, il se repaissait de la douce idée de se retrouver auprès de sa femme et de ses enfans. Il n'avait plus rien à craindre; il avait parcouru la route de Munich à Paris sans encombre; au milieu de Paris, il ne pouvait que se livrer à la plus grande sérénité, car enfin la capitale n'est pas un bois.

Pauvres humains, comme vous faites des châteaux en Espagne !

Tout-à-coup trois hommes sautent à la bride du cheval, un autre crie alte-là. Il croit qu'on va lui demander la bourse ou la vie; on se contente de lui dire, au nom de la loi, nous allons vous conduire à la préfecture de police.

Il se soumet tranquillement à ce que l'on exige. Il suit le quai des Orfèvres, on arrive à l'hôtel du préfet, on fouille, on cherche, on trouve des dents artificielles, des rateliers, de l'opiat, des brosses à dent, des morceaux d'ivoire, trois dents d'hippopotame, et pas une lettre, et la police était persuadée que M. Lemaire s'était chargé de la correspondance du prince Eugène, et elle devait être séditieuse. Eh bien, rien de tout cela n'arriva ; il n'y avait pas un morceau de papier qui pût servir d'aliment à la police.

On fit ensuite plusieurs questions à M. Lemaire, et on lui demanda s'il était porteur de quelques lettres ; il répondit qu'on lui avait fait la proposition de s'en charger dans plusieurs villes étrangères, mais qu'il l'avait refusé, parce qu'il était soumis aux lois et tout-à-fait étranger aux discussions politiques.

On lui permit de rentrer chez lui. Les agens et M. l'officier de paix eurent la liberté d'aller se réchauffer les doigts, et le préfet de police, comme dans maintes autres circonstances, vit qu'il avait encore fait une école.

M. PIET,

Membre de la Chambre des Députés.

La police était tellement ombrageuse et tourmentée du démon insatiable de la curiosité, qu'elle surveillait même ceux qui donnaient à chaque instant la preuve du plus violent royalisme et qui marchaient d'accord avec le ministère dont elle était la très-humble servante ; elle surveillait donc aussi ce ministère, parce qu'elle avait encore une arrière-pensée qui consistait à avoir constamment des armes contre tout le monde, pour s'en servir au besoin, dans ses intérêts, en s'assurant une éternité de pouvoir.

Il y avait à cette époque diverses réunions des membres de la chambre des députés, comme il y en a encore maintenant, et chacun suivait la bannière qui lui convenait, soit pour son opinion ou son appétit.

Cette digression nous ramène nécessairement chez M. Piet, membre de la chambre des députes, logé rue Thérèse, n° 18, lequel avait un très-vaste salon et même une salle à manger non moins étendue, où il jouait avec beaucoup de grâces le rôle d'Amphytrion, pour ce qui est relatif aux plaisirs de la table et aux charmes de la politique.

La police qui voulait savoir ce qui se passait dans les réunions de la rue Thérèse, et même quelles étaient les personnes avec lesquelles M. Piet vivait dans une grande intimité, soit à Paris ou ailleurs, et, en outre, connaître le plan de campagne de cette coterie, en prenant communication, n'importe par quel moyen, de la correspondance du député; la police dépêcha auprès de lui bon nombre de ses agens pour sonder le portier, les domestiques, et même pénétrer jusqu'au chef, sous le prétexte de le consulter sur quelque point de droit.

Tels furent les agens Lefranc, Louis, Lecerf, Cliche, Heurteaux, Saint-Martin et autres. Ils parvenaient bien à savoir le nom des convives, à se procurer quelques cartes de visites. Une ou deux fois, ils obtinrent des audiences de M. Piet, qui leur donnait des avis pour un héritage, un procès entre majeurs; mais ils n'arrivaient pas au but.

La police avait bien eu un petit os à ronger, mais il lui fallait quelque chose de plus substantiel.

Ensuite, la plupart de ces agens s'étaient laissés soupçonner; ils semblaient venir réciter tous la même leçon comme des écoliers, et leur masque tombait, en sorte qu'on leur riait au nez lorsqu'ils se présentaient de nouveau, et on leur débitait des balivernes qu'ils prenaient pour argent comptant.

Il fallut bien avoir recours à un autre moyen et ruser; un agent secret de la police générale, nommé Estève, qui n'était employé que dans les grandes circonstances et pour des coups d'état, se rendit chez M. Piet pour une consultation très-pressée et très-importante. Il était venu en cabriolet; il savait se présenter avec dignité et parlait avec autant de facilité que d'élégance. Il fut donc bientôt admis dans le cabinet du député, qui abrégea même, pour ne pas le faire attendre, un entretien qu'il avait avec une autre personne.

Notre agent lui fit des excuses sur l'importunité de sa visite. On lui répondit qu'il n'était question que d'une bagatelle qui pourrait se renouer une autre fois. Enfin, l'agent secret Estève entra en matière et annonça une succession en litige très-considérable, dont il voulait entretenir M. Piet, pour le charger ensuite de cette affaire, d'après la réputation de probité dont il jouissait et ses connaissances acquises en jurisprudence.

Le jurisconsulte fut très-flatté de tous ces complimens et promit de le prendre au nombre de ses cliens. Estève le remercia, et dit qu'il apporterait tous les papiers qui étaient très-volumineux. Ils s'entretenaient ainsi ensemble dans le cabinet dont le bureau était chargé de papiers ; à l'instant la sonnette se fait entendre, et peu de temps après un domestique se présente et dit à M. Piet qu'une dame désirerait lui parler pour une affaire de la plus haute importance, mais qu'elle n'abusera pas de ses momens.

Il demande la permission de sortir ; c'est ce que l'on voulait, et il disparaît.

Alors Estève (compère de la dame), qui avait entendu fermer les portes, ne perd pas de temps, approche du bureau, s'empare de diverses lettres qu'il prend çà et là sans les choisir ; mais afin d'en avoir de toutes les espèces, il voit un dossier portant sur l'enveloppe, *Élections*, il s'en empare. Son chapeau, disposé *ad hoc,* ses poches, recèlent cette soustraction frauduleuse digne de la police ; et, sans avoir opéré le moindre désordre visible, il reprend sa place, le Code civil à la main. Il l'avait pris sur le coin du bureau, et le lisait avec attention lorsque M. Piet se fit entendre, et reparut dans le cabinet en renouvelant ses excuses.

Estève, dit en plaisantant qu'il faisait un cours de droit français en l'attendant ; on échangea de part et d'autre quelques phrases assez gaies, et l'agent se leva en promettant à M. Piet de revenir dans quelques jours. Ils se quittèrent très-satisfaits l'un de l'autre. Estève se retira alors, monta dans son cabriolet et s'éloigna avec rapidité. Il se rendit vers ses chefs et remit les lettres et papiers qu'il s'était procurés par les moyens les plus honteux ; mais il avait servi la police, et tout devenait légitime.

On fit l'inventaire de ces pièces ; il s'y trouvait des lettres de M. de Vaublanc, de plusieurs ministres, principalement du ministère de l'intérieur, qui félicitaient M. Piet sur son dévouement et sur le succès de ses dîners, qui obtenaient une grande influence dans l'opinion publique.

On lui donnait ensuite des instructions pour les colléges électoraux et principalement pour celui de la Sarthe, afin de déjouer les intrigues d'un nommé Gohier et de ses partisans, qui avaient fait nommer MM. Benjamin Constant et Lafayette.

On le remerciait des divers renseignemens qu'il donnait sur certains membres de la chambre.

Le dossier des élections renfermait des listes de candidats et des lettres de préfets qui promettaient monts et merveilles.

La police fut enchantée, et l'agent fut généreusement récompensé, ainsi que la dame qui était venue fort à propos pour entretenir M. Piet et le faire sortir de son cabinet.

Cette belle n'était autre chose qu'un agent femelle, complice d'Estève, qui était venue le seconder. Elle avait pris le nom de comtesse de Renaulme.

C'était ainsi que la police violait les droits les plus sacrés et employait les fonds que le gouvernement mettait à sa disposition.

Pairs de France, députés, généraux, négocians, citoyens de toutes les classes, vous étiez exposés à ces investigations de la police.

On corrompait vos domestiques et votre secrétaire, votre cabinet s'ouvrait pour des agens de la police.

On doit croire que ces temps désastreux sont passés pour ne plus renaître. La police cessa ses visites inquisitoriales. Elle craignait qu'on ne portât des plaintes; le secret fut recommandé : comme il nous a été confié *sous condition*, nous divulguons le fait pour faire connaître le passé, instruire le présent et même l'avenir.

LE CONSTITUTIONNEL,

Et autres Journaux.

A l'époque où le *Constitutionnel* avait établi son imprimerie rue Thibautodé, un agent de police nommé Liscour, avait trouvé moyen de se lier avec un correcteur d'imprimerie qui lui fournissait chaque jour des épreuves avant qu'elles fussent corrigées, et même quelques feuilles de copie, qu'il prenait dans le cabinet du prote. Il lui rapportait en outre tout ce qui se disait dans l'atelier, soit à la composition ou à la presse. Il n'oubliait rien, et il était bien récompensé.

Un garçon qui rangeait et balayait dans le bureau des directeurs et des rédacteurs, rendait les mêmes services à un autre agent nommé Tremplais; il lui permettait même de fouiller dans les cartons, et de les visiter à loisir pour prendre des notes, et l'autre en enlevait de temps en temps. Quelle délicatesse!

Le garçon de bureau faisait passer l'agent pour son cousin, et chaque fois qu'il se présentait, il recevait une gratification pour les services qu'il rendait.

Ce Tremplais voyait aussi un rédacteur, qui, à cette époque, était secrétaire au *Constitutionnel*; il ne se doutait pas qu'il avait affaire à un agent de police; mais comme le rédacteur était assez jactancieux, et se flattait de diriger le *Constitutionnel* dans lequel on n'insérait aucun article sans son avis, Tremplais le flattait et le faisait jaser; il y avait toujours quelque chose à recueillir. L'agent trompait aussi M. Gourrier, l'un des rédacteurs, qui s'occupait alors de rédiger une brochure pour la construction de la chaumière de Clichy, réédifiée d'après une souscription des libéraux. Tous ces renseignemens plaisaient à la préfecture.

La Renommée fut aussi surveillée par la police, et le même agent rendait visite à celui qui fournissait le papier pour l'impression. Il demeurait rue du Pont-de-Lodi, et comme il voyait quelquefois M. B. Constant, il rapportait ce qu'il avait entendu dire à ce député.

Un autre agent, nommé Lapalme, surveillait *le Pilote*, rédigé par des jeunes gens très-indiscrets, principalement un sieur Laurier; l'agent le fréquentait, lui payait à déjeûner, allait à son domicile rue Beaubourg, et obtenait tous les renseignemens qu'il désirait. Laurier n'était point complice de cette fraude, mais seulement dupe de son inexpérience.

A la même époque, le sieur Frachet, de Lyon,

faisait rédiger à Paris son journal *le Précurseur*, il demeurait place du Palais-Bourbon, et chaque jour un courrier particulier partait pour porter le travail, et il arrivait à Lyon avant la poste. La police surveillait aussi ce journal, et Laurier, qui y donnait des articles, en parlait également à l'agent Lapalme.

Un individu qui y était employé, et qui se nommait Henri, vendit le journal à la police, et un jour que le courrier portait des dépêches assez intéressantes, et qu'on avait cru devoir cacher dans l'arçon de la selle, le courrier fut arrêté à la barrière et conduit à la préfecture de police.

Henri avait indiqué la cachette, et se trouvait non loin de la barrière pour faire connaître le courrier aux agens de la police.

Cet événement retarda le départ du courrier, ainsi que l'émission du journal; il en résulta une perte considérable pour les actionnaires, le journal ne put se soutenir. Le sieur Frachet fit faillite, fut obligé de prendre la fuite; retiré en Suisse, sans secours, sans moyens d'existence, et réduit à la plus affreuse misère, il se brûla la cervelle.

Il faut en faire l'aveu, il y avait parmi les agens de la police des hommes instruits, très-adroits, dont il était difficile, et nous dirons plus, impossible de se défendre; ils étaient très-heureusement en petit nombre.

Il était malheureux qu'ils fissent un aussi mauvais usage de leurs talens ; mais enfin que dire, comment vaincre souvent la fatalité et la rigueur du sort. Tout en les blâmant ces individus, il faut encore leur rendre justice ; ils n'eussent pas voulu figurer dans les provocations, ni être les acteurs des déplorables journées de 19 et 20 novembre 1827.

BARRICADES DE LA RUE S^T.-DENIS.

Des Troubles de Nîmes, d'Avignon, de Lyon, de Grenoble, de Brest, de Paris en 1825.—Massacres de la rue Saint-Denis en 1827, et de l'influence de la police sur ces événemens.

Depuis 1815 la France a été le théâtre de plusieurs insurrections, de réactions partielles dans lesquelles l'esprit de parti a joué le rôle principal, et qui toutes ont été fomentées par la police.

Des victimes ont été sacrifiées à des haines, à des vengeances particulières, et le sang des citoyens a coulé sous le vain prétexte de servir le gouvernement et la légitimité.

Ces événemens désastreux se rattachent au plan de notre ouvrage, parce que la police et ses agens provocateurs y ont figuré; ils se lient avec ceux dont nous avons été témoins.

Une coupable impunité fut accordée, en 1815, aux auteurs des massacres de Nîmes. On n'osa pas les juger sur le théâtre de leurs crimes, parce que les tribunaux et les habitans craignaient les prévenus et leurs complices.

Pourra-t-on jamais croire qu'on ne put trouver un témoin pour déposer contre des assassinats commis en plein jour, et il s'en présentait plus de cent pour affirmer l'innocence des coupables, tant ils inspiraient de terreur; sur les bancs des accusés ils insultaient aux veuves, aux enfans, aux parens ou amis de toutes les familles qu'ils avaient plongées dans le deuil.

Cet excès d'audace leur venait de ce qu'ils étaient protégés par ceux qui les avaient employés et soudoyés.

La police avait consommé cet œuvre d'iniquité.

Avignon vit se renouveler de pareilles horreurs; l'autorité fut impuissante contre une multitude effrénée, armée par des agens provocateurs qui n'osaient se montrer.

Le maréchal Brune, qui avait si souvent affronté la mort sur le champ de bataille, fut indignement massacré par des sicaires salariés. Son cadavre fut traîné dans les rues, puis jeté dans le Rhône, où les flots le repoussèrent sur la rive. Le corps de ce guerrier devint la pâture des oiseaux de proie et des animaux carnassiers. Ce crime est resté impuni.

Lyon, cette ville si célèbre par son antiquité et par de longs malheurs, eut également à gémir, en 1816, des excès auxquels se livrèrent les agens provocateurs. Ils organisèrent une conspiration, dans laquelle on sacrifia plusieurs victimes; on ne pouvait cependant leur reprocher qu'un égarement momentané.

Le général Canuel, commandant de la place, fut atteint par les plus graves inculpations. On lui reprocha d'avoir mis en œuvre et salarié des agens provocateurs ; voici leurs noms : Brunet, Fiévée, dit Champagne, Blance, Darillon et Barbier.

Les faits furent tellement notoires, que le roi jugea convenable d'envoyer le maréchal Marmont à Lyon pour rétablir le calme. MM. de Chabrol, préfet du Rhône, de Senneville, commissaire-général de police, et Fabvier, chef d'état-major du général, jetèrent un grand jour sur cette infâme machination, en publiant des mémoires particuliers. Ils ont prouvé la provocation et la complicité de la police dans tous les faits arrivés à Lyon.

Quelle accusation l'histoire ne portera-t-elle pas contre ces dépositaires de l'autorité qui eurent recours à de si perfides moyens, pour soutenir et seconder une faction ennemie du royaume et de ses libertés assurées par la Charte.

Vers la même époque, Grenoble eut à déplorer des désastres qui portèrent l'épouvante dans ses murs. Le sang ruissela de tous les côtés, et le plomb meurtrier, destiné à frapper les ennemis de la France, fut dirigé contre les pacifiques habitans de la ville.

L'avocat Didier fut désigné comme l'auteur et l'instigateur de tous les mouvemens auxquels on donna le nom de conspiration.

Le général Donnadieu fut envoyé dans ces contrées pour appaiser le désordre, pour calmer l'irritation et pour rallier les esprits. Malheureusement la police avait agi, sa puissance avait opéré une telle désorganisation, qu'il était impossible de pouvoir s'y reconnaître.

Les agens poursuivirent Didier qui s'était réfugié en Sardaigne ; son extradition ayant été demandée, il fut arrêté et conduit à Grenoble, où il périt sur l'échafaud.

La police poursuivit encore long-temps après ceux qu'on soupçonnait d'avoir pris quelque part à cette affaire, ou d'avoir partagé l'opinion de Didier. On mit en surveillance deux Grenoblois, les sieurs Rey, avocat, et Barginet, homme de lettres. Les notes transmises par le préfet de police à ses agens portaient que ces citoyens avaient été les partisans et les amis de Didier, condamné à mort comme conspirateur, en ajoutant que le sieur Barginet avait été le secrétaire du coupable.

Quels que soient ceux qui ont ourdi ces trames, aucun motif ne pourra jamais les justifier ; certes, par une conduite pareille, ils ne peuvent avoir servi la France. Non, le gouvernement ne désira jamais de trouver des coupables, il n'aima point à punir. Quel est le père qui ne gémit pas lorsqu'il est obligé de sévir contre ses enfans ? S'il veut frapper, son cœur lui crie : C'est ton fils ! Alors il ne sait plus que pardonner. Ce qu'il y a de plus malheureux dans ces divers événemens, c'est de voir des Français en devenir les artisans, et que le foyer de ces machinations était à Paris. C'est de là que s'échappaient les étincelles qui, ailleurs, enflammaient les esprits.

La police essayait ainsi ses forces au loin, afin de porter des coups plus assurés lorsqu'elle jugerait à propos de rapprocher d'elle ces épouvantables scènes.

En 1820 la ville de Rennes fut sur le point de voir ses enfans, ses frères tourner contre elle les armes que la France avait remises en leurs mains pour la défendre et la protéger; heureusement que les soldats furent sourds à la voix de ceux qui voulaient les rendre les tristes instrumens de leurs haines et de leurs passions.

Les événemens eurent lieu par la présence de M. Bellart, dans la ville de Brest.

La police avait été informée à l'avance que ce magistrat serait mal accueilli.

Il paraît que son arrivée avait été annoncée, et que si l'on avait recommandé le secret, il avait été mal gardé.

Du moment où l'on apprit l'arrivée de M. Bellart à Brest, un grand nombre de jeunes gens témoignèrent tumultueusement qu'ils le voyaient avec peine. Ce magistrat crut prudent de s'éloigner.

On ajouta qu'après son départ on s'était porté à son domicile, et qu'après avoir demandé au propriétaire quel était le prix des différens meubles placés dans l'appartement qu'il avait occupé, celui-ci, sans défiance, en aurait fait connaître la valeur; on l'avait acquittée sur-le-champ, ensuite tous ces objets avaient été brisés et jetés par les fenêtres.

Cet événement eut lieu par suite de la divergence des opinions sur le compte de ce magistrat et des divers réquisitoires qu'il avait prononcés dans l'exercice de ses fonctions, et qui n'avaient pas obtenu l'assentiment général.

La police avait pris des mesures qui ne furent pas assez efficaces, et qui augmentèrent le désordre au lieu de l'appaiser.

La présence des missionnaires, leurs prédications peu mesurées, un zèle exagéré, des expressions peu d'accord avec les idées du jour, ajoutèrent encore à la fermentation des esprits.

A la suite de l'enquête judiciaire qui eut lieu, la garde nationale de Brest fut désarmée. Plusieurs individus qui avaient manifesté leur opposition contre M. Bellart furent cités devant les tribunaux; peut-être mit-on trop de sévérité pour le venger. Magistrat à Paris, il n'était qu'un simple particulier à Brest, surtout lorsqu'il n'était point investi de pouvoirs ni de fonctions extraordinaires. D'ailleurs quelques mots peu mesurés, et les écrits qui furent publiés à ce sujet étaient-ils loin des délits justiciables des tribunaux? La police et ses directeurs les jugèrent comme une culpabilité, en y ajoutant ce qui est relatif aux missionnaires.

Le général Coutard, qui commandait à Rennes la 13º division militaire, se rendit sur-le-champ à Brest. Il avait sans doute préalablement reçu des instructions particulières, car il se montra très-chaud partisan des mesures répressives; il voulut faire triompher les missionnaires, et leur abandonna gain de cause. Des murmures éclatèrent, et l'on fut au moment de voir les habitans et la force armée en venir aux mains.

Les citoyens de Brest furent loin de reconnaître dans le général Coutard l'officier qui, étant colonel du 65º régiment de ligne à une époque antérieure, avait su se concilier leur estime et leur amitié en employant des formes moins acerbes. Autres temps, autres mœurs. Les têtes bretonnes s'échauffaient, les esprits fermentaient; on remarquait avec peine qu'il était question d'employer des moyens coercitifs toujours dangereux.

Le général Coutard eut peut-être, un peu trop tard, une certaine défiance de lui-même; il craignit de ne pouvoir remédier au mal. Il sollicita auprès du ministère qu'il lui fût envoyé une personne en état d'arrêter les progrès du mal par son influence et son caractère.

Le gouvernement chargea le maréchal Lauriston de l'honorable mission de calmer toutes les agitations. Dès son arrivée, sa présence, ses discours inspirèrent la confiance et dissipèrent l'orage, rétablirent l'ordre et la tranquillité. La discorde s'éloigna, et la police qui n'avait point été consultée sur ce nouveau choix n'éprouva pas la satisfaction qu'elle s'était promise.

Le commandant de la 13ᵉ division militaire revint à Rennes remplacer le maréchal Lauriston, qui retourna dans la capitale pour y rendre compte de sa mission et de ses heureux résultats.

Le gouvernement toujours juste, crut devoir être reconnaissant, et 100,000 francs furent la récompense de l'esprit conciliateur que ce général avait déployé dans cette circonstance difficile et délicate.

Le général Coutard a sans doute plus d'une fois regretté d'avoir vu passer en d'autres mains une récompense qu'il pouvait obtenir lui-même.

Cet événement est une nouvelle preuve que lorsqu'on est chargé de prononcer dans une affaire, il faut savoir tenir la balance de manière à ne faire triompher que la justice et la raison.

Les chefs suprêmes de la police avaient bien usé de quelques mesures arbitraires, mais leur vengeance ne s'était pas étendue aussi loin qu'ils l'avaient désiré; ils comptaient sur l'avenir; ils marchaient donc graduellement et avec une sorte de prudence. Ces chefs semblaient ménager leurs forces afin de les accroître et porter ensuite des coups plus décisifs. Ils avaient une ancienne tactique dont ils connaissaient les ressorts, et qui les avait servi déjà très-efficacement sous un autre hémisphère.

Les divers échecs qu'ils venaient d'éprouver sur quelques points de la France auraient dû devenir une utile leçon à ces chefs suprêmes de la police; mais rien ne pouvait dessiller leurs yeux. Ils s'imaginaient, d'après le système de délation et de défiance qu'ils avaient adopté, système que tous les congréganistes et les chefs de centurie avaient mis en action, en salariant leurs adeptes et leurs sicaires; ils s'imaginaient qu'ils gouverneraient les esprits avec un empire et un despotisme absolus.

Il est vrai que la soif du pouvoir chez les uns, l'amour des richesses chez les autres, et la vénalité chez tous, leur assurait, en quelque sorte, toutes les chances et les probabilités du succès.

Ne voulant plus avoir à redouter ce que l'inexpérience ou la pusillanimité de ses agens pouvaient offrir d'aventureux, la police et ses directeurs prirent alors le parti de n'agir dorénavant que sur un théâtre plus rapproché, afin de diriger plus facilement leurs sicaires, et d'avoir les yeux sur tous leurs mouvemens; ils devaient cependant compter sur une opposition plus forte et plus rigoureuse, leurs moyens de répression étant beaucoup plus formidables. Les chances étaient donc en leur faveur; dès lors Paris fut choisi pour être le centre de toutes les opérations; ce fut le terrain sur lequel on devait manœuvrer, et le champ de bataille où succomberaient les ennemis de la congrégation.

Il fut donc arrêté qu'à la moindre opposition qui se manifesterait, qu'au moindre mouvement qui aurait lieu, on les réprimerait par la force; on ne devait garder aucun ménagement envers des *révolutionnaires*. C'était sous cette dénomination bannale, et sous ce titre insurrectionnel que les chefs de Montrouge signalaient tous les citoyens qui ne voulaient pas reconnaître la nécessité de la congrégation.

Ce plan ayant été approuvé et adopté, on attendit le moment convenable pour le mettre à exécution, et en se réservant les moyens de faire naître les occasions.

Il fallait avoir à la tête de la force armée, qui était sous les ordres immédiats de la police, un homme sur lequel on pût compter et qui exécutât strictement les ordres qui lui seraient donnés. Le colonel Tassin, qui avait d'abord commandé la gendarmerie de Paris, et qui ensuite avait quitté ce corps pour des faits relatifs à la comptabilité, fut rappelé de nouveau en 1820.

Le colonel Tassin commença par faire placer dans d'autres corps les officiers de son régiment qui ne lui convenaient pas, afin de n'avoir sous son commandement que des hommes dont il pourrait disposer à son gré; dès lors la police fut sans inquiétude sur le succès des entreprises qu'elle pourrait tenter.

Les séances de la Chambre des députés intéressaient vivement toutes les classes de la société, parce qu'on y discutait des choses du plus haut intérêt. L'affluence se portait donc du côté du palais de la Chambre, lorsqu'on devait proposer quelque loi nouvelle. Les jeunes gens des diverses écoles y paraissaient témoignant un enthousiasme qui tenait aux idées libérales qu'ils partageaient avec plusieurs membres de la Chambre, dont l'éloquence semblait les électriser.

Les tribunes n'étant pas assez vastes pour contenir tous les citoyens qui auraient voulu assister aux séances, un grand nombre d'individus restaient sur la place et y formaient des groupes, où l'on parlait tranquillement de ce qui se passait à la Chambre.

La police vit, dans cet intérêt à la chose publique, des rassemblemens séditieux; elle y envoya ses agens et la gendarmerie. Dès qu'on s'aperçut de ces démonstrations hostiles, les murmures éclatèrent; ils parurent séditieux, et la police saisit avec empressement cette occasion de signaler son zèle pour réprimer les excès commis,

disaient-ils, par les libéraux, « ces ennemis du
» roi et du gouvernement, qui avaient adopté
» pour ralliement les mots séditieux de *vive le*
» *Roi et la Charte.* »

La force armée déploya un grand appareil; on fit quelques arrestations, parce qu'il fallait bien prouver qu'on avait agi. Cependant il n'y eut rien de vexatoire; la police prouva seulement ce qu'elle pouvait entreprendre et quelles étaient ses intentions. Il ne fut pas difficile de faire rentrer dans l'ordre ceux qui s'en étaient écartés.

Ainsi vint, de part et d'autre, une haine très-prononcée, et la police, fâchée de ce qu'elle n'avait pas été à même de porter de plus grands coups, se consola, dans l'espoir que l'avenir lui offrirait de nouveau des chances et des occasions plus favorables.

On aura sans doute remarqué (tom. 1, p. iij et suiv.) que les agens de police avaient joué un rôle plus ou moins important dans ces scènes tumultueuses; nous ne les nommerons pas de nouveau. Si l'on en parle encore, c'est parce que ces faits se rattachent à des événemens plus importans, et qui eurent plus tard des suites beaucoup plus funestes et plus déplorables. Mais, comme nous l'avons fait observer, la police voulait arriver à un but qui dérivait du vaste plan adopté par les chefs d'un parti qui cherchait à renouveler en France des jours de deuil, dont le souvenir glace encore les citoyens d'horreur et d'épouvante.

Les vœux de la police semblèrent enfin être exaucés; on serait d'après cela forcé de croire que le génie du mal exerce aussi un certain empire sur la terre et sur les destinées humaines.

Les discussions de la Chambre, en 1823, acquirent d'abord une grande importance, et plus tard encore, une célébrité plus imposante par leur résultat.

M. Manuel, l'un des députés, avait déplu à la majorité par la franchise et la sévérité de ses opinions. Déjà ses adversaires avaient employé les plus grands efforts pour empêcher sa réélection, sans y avoir réussi.

Ils avaient en vain essayé de le faire exclure sous le faux prétexte d'indignité; mais la conduite pure et sans tache de M. Manuel avait triomphé de l'intrigue, de la basse envie et de la calomnie.

Enfin, ils arguèrent contre lui du discours qu'il prononça le 23 février 1823, sur la question de la guerre d'Espagne. On l'accusa, d'après certaines expressions dont on ne lui permit pas de compléter le sens, de faire l'apologie du régicide; le rappel à l'ordre ne parut pas satisfaisant, et il fut question de l'exclure sur-le-champ, sans lui laisser la faculté d'achever sa phrase; on refusa de l'entendre, et le tumulte devint si grand que la séance fut levée.

Cet événement fit une grande sensation dans Paris. Manuel, qui tenait au barreau, et dont l'éloquence était devenue pour ainsi dire populaire, avait pour amis et pour partisans, non-seulement tous les députés de la Chambre qui partageaient ses opinions, mais encore tous les avocats qui estimaient son beau talent, son noble caractère, les jeunes gens de l'École, et des habitans de Paris qui tenaient au parti libéral.

Tous prirent fait et cause pour Manuel, et la capitale retentit bientôt de leurs plaintes sur la conduite indécente qui avait été tenue à l'égard de ce député.

La police, qui de son côté s'était mise en mouvement, instruite de ce qui se passait, se mit en mesure pour conjurer l'orage qui se préparait, et disposa toutes ses forces pour s'opposer à ce que l'on pourrait faire en faveur du libéralisme contre le parti qu'elle protégeait exclusivement. Le député Manuel avait d'ailleurs encouru sa haine; il ne pensait pas comme elle.

Le lendemain de cette séance, la foule se porta vers la Chambre, et la police y dirigea ses agens et la force armée.

Plusieurs commissaires de police, les officiers de paix Bacoff, Jacob, Landry, Gallard, Montmonnier, Levasseur, et les agens Charles, Langlet, Denier, Lommey, Carand, Bazile, Auguste, Dutazet, Cliche, Gannat, et une foule d'autres circulaient autour de la Chambre, et d'heure en heure, ou même plus fréquemment si les circonstances paraissaient l'exiger, plusieurs étaient détachés en estafettes pour aller rendre compte de ce qui se passait au chef de la police centrale, Hinaux. Le cabinet central avait également envoyé ses observateurs Lavigne, Falère et autres.

Les ordres les plus précis avaient été donnés pour faire main-basse sur tous ceux qui exciteraient le tumulte. Il y avait encore des réserves de gendarmerie à cheval, partie près la rue Saint-Dominique, partie dans la rue de Bourbon; ces détachemens devaient s'avancer au premier signal. Il en était de même sur la rive droite de la Seine, où deux corps de gendarmerie étaient stationnés du côté des Champs-Élysées, dans la rue Royale. Enfin, un commissaire de police, avec tous ses agens, était établi au ministère de la marine.

D'après ces précautions, on voit facilement que la préfecture de police avait pris toutes ses mesures. En outre, la garde royale et les troupes de la garnison de Paris devaient même prêter main-forte si cela devenait nécessaire.

Les journées qui suivirent offrirent les mêmes rassemblemens. Les curieux, qui encombraient toutes les issues qui avoisinent la Chambre, s'entretenaient de ce qui s'y passait.

Les jeunes gens continuaient également à s'y rendre, et manifestaient hautement leur opinion sur la conduite que l'on tenait envers M. Manuel; ils blâmaient l'acharnement de ses adversaires, en ajoutant que la persécution dont il était l'objet prenait sa source dans son attachement pour la Charte et les libertés publiques dont elle assurait la jouissance et le maintien.

La police, entièrement dévouée à la congrégation, vit cela d'un très-mauvais œil; elle ordonna à tous ses agens de surveiller plus que jamais tous ceux qui faisaient partie de ces rassemblemens.

La Chambre avait arrêté que la discussion qui devait avoir lieu pour l'exclusion de Manuel serait remise au 3 mars.

Elle eut lieu, en effet, et les deux partis y déployèrent une égale virulence. On était dans l'attente de ce qui se passait, et tous ceux qui étaient en dehors attendaient avec une sorte d'anxiété des nouvelles de ce qui se passait dans la Chambre. Si quelqu'un en sortait, il était entouré et pressé de questions. D'après sa réponse, les réflexions, les observations devenaient plus ou moins énergiques.

Les agens de police pénétraient dans les groupes, et, comme nous l'avons déjà fait observer, les rapports étaient aussitôt envoyés à la préfecture de police; le préfet Delavau informait le directeur Franchet de tout ce qui se passait.

Après s'être concertés, le préfet et le directeur

jugèrent que le danger était imminent. Ils décidèrent que le chef de la police centrale se rendrait sur les lieux, pour juger lui-même de l'importance des renseignemens qui avaient été transmis, et ensuite prendre telles mesures qu'il jugerait convenables.

On le vit bientôt arriver sur le champ de bataille; sitôt qu'on l'aperçut, le commissaire de police, les officiers de paix, enfin tous les agens subalternes s'empressèrent autour de lui; ils cherchaient à fixer ses regards afin de lui prouver qu'ils étaient tous à leur poste.

La gendarmerie, de son côté, montra plus d'activité; les jeunes gens qui circulaient autour du Palais-Bourbon semblaient y voir le présage d'un commencement d'hostilités; ils s'en expliquaient hautement et blâmaient la conduite de la police.

L'officier de paix Levasseur qui les entendit, croyant voir dans ces reproches un commencement de sédition et de révolte, donna l'ordre à un de ses agens de faire avancer le piquet de gendarmerie mis en réserve du côté de la place du Palais-Bourbon. L'agent eut la présence d'esprit d'en référer au chef de la police centrale Hinaux, qui désapprouva le zèle exagéré de l'officier de paix; il défendit d'employer l'intervention de la force armée, et avec d'autant plus de raison, que si la présence des agens de police causait du mécontentement, il n'y avait aucun tumulte.

Le chef de la police centrale avait le mot d'ordre, quoiqu'il ne fût pas le partisan du préfet; il était trop ami de la chose pour ne pas sacrifier, au moins pour le moment, ses petites passions personnelles aux intérêts de la congrégation.

Toutes les querelles particulières étaient ajournées. MM. Franchet et Delavau avaient rassemblé toutes leurs forces pour appuyer le coup d'état que l'on voulait porter.

L'exclusion de Manuel avait été décidée; il ne manquait plus que l'exécution, et le mode en avait ainsi été arrêté.

La garde nationale avait un poste à la chambre des députés; on devait d'abord la charger de s'emparer du député s'il refusait d'obéir à l'exclusion prononcée, et qui lui serait signifiée au nom de la chambre par l'organe du président.

Le parti dominant y trouvait un double avantage; si la garde nationale servait ses projets, elle se dépopularisait aux yeux de ses partisans; elle devenait ainsi l'auxiliaire de la police, et sanctionnait les vexations de l'arbitraire ministériel. C'était sur elle que retomberait l'odieux de cette violence; si elle refusait, sa désobéissance serait toujours une arme dont on se servirait tôt ou tard contre elle. Dans l'une ou l'autre hypothèse, afin de ne pas être en défaut, la gendarmerie avait fourni un piquet que le colonel de ce corps devait commander si les circonstances l'exigeaient.

Le député Manuel ne voulant point obtempérer à l'ordre qui lui fut signifié, la garde nationale refusa de prêter main-forte. A son refus, on appela la gendarmerie qui vint, ayant son colonel à la tête; celui-ci ordonna d'*empoigner* le député. Ce mot empoigner est devenu classique pour la gendarmerie, et les petits journaux donnèrent le surnom d'*empoigneur* au colonel de ce corps.

Le député Manuel, cédant à la violence, fut obligé de sortir. Cet événement causa la plus grande sensation; mais comme l'indignation et la stupeur sont muettes, la police et ses agens restèrent dans l'inaction; ce qui déconcerta un peu ceux qui croyaient enfin avoir trouvé une occasion favorable pour sévir contre le parti libéral. Quelques jeunes gens murmurèrent assez haut, ils furent signalés, et plusieurs furent arrêtés. La police voulut donner le nom de sédition à cette affaire. Plusieurs de ses agens, qui se trouvaient dans la foule avec intention, et qui jouaient le rôle de libéraux, ajoutèrent à leurs rapports beaucoup de choses et de faits controuvés qui servirent d'acte d'accusation contre ceux qui étaient détenus; mais l'instruction qui eut lieu ne fournissant aucune charge importante contre eux, ils furent mis en liberté.

Si la police ne tira pas de cet événement tout l'avantage qu'elle en attendait, elle y trouva cependant une espèce de compensation qui pouvait la dédommager dans l'avenir.

Elle reconnut que les discussions de la chambre et les élections agiteraient les esprits, et mettraient ensuite les individus en mouvement; dès-lors elle jugea convenable de se servir de ce moyen pour frapper à coup sûr, et anéantir, s'il était possible, le parti de l'opposition et ses sectateurs.

Le ministère et la congrégation voulaient tout diriger à leur gré; il fallait donc mettre leurs adversaires hors d'état de contrarier leurs vues et leurs intentions; enfin, tant que les soi-disant révolutionnaires pourraient élever la voix, ils n'obtiendraient de leur côté que des demi-succès: il leur fallait une victoire complette, et pour mieux assurer leur triomphe, voici comment on s'y prit d'un peu loin.

Dès ce moment des agens provocateurs furent lancés dans toutes les classes de la société, afin d'exciter la fermentation, répandre des bruits mensongers, calomnier les intentions du gouvernement, pour inspirer de la défiance et faire naître des craintes. Ils espéraient ainsi trouver des échos, ils espéraient que leurs calomnies trouveraient des partisans et des propagateurs.

Il serait trop long de retracer tous les abus

d'autorité dont se sont rendus coupables le directeur-général de la police Franchet, et le préfet de police Delavau ; nous les avons assez indiqués et prouvés dans les deux premiers volumes de cet ouvrage.

Nous avons fait connaître cette police qui ne régnait que par la crainte, qui ne se repaissait que de mensonges, de délations et de calomnies, qui, enfin, encourageait et salariait même ces vices corrupteurs, vampires de la société, pour cimenter sa puissance et celle d'une société qui fut constamment le fléau de la terre, en faisant intervenir le ciel au succès de ses projets et de son ambition.

Jamais on ne vit une alliance plus monstrueuse; jamais on ne fit jouer plus de ressorts pour parvenir à des résultats qui devaient frapper une partie de la population de la France, et renouveler des scènes sanglantes, dont plus de deux siècles n'ont point encore effacé le souvenir.

C'est par de tels moyens que la police voulait assurer son existence et perpétuer son pouvoir. Nous allons appuyer de preuves ce que nous avançons.

Les chefs suprêmes de la police, après en avoir mûrement délibéré, arrêtèrent qu'il fallait absolument trouver un moyen d'anéantir le parti libéral ou révolutionnaire; car pour les Franchet, les Delavau et consorts, ces deux mots étaient synonimes. Ils pensaient également que le meilleur mode à suivre était de profiter de la première circonstance où les libéraux montreraient de l'exaltation pour employer ce remède aussi efficace que souverain, qui, en écrasant la tête de l'hydre sans cesse renaissante, permettrait de rétablir et de remettre en vigueur toutes ces institutions ignobles, qui, disaient-ils, avaient fait pendant tant de siècles le bonheur de nos pères.

On cita l'exemple de plusieurs rois qui, pour punir des sujets rebelles, ennemis de la religion, avaient eu recours à des mesures vigoureuses et acerbes; on rappela ce qui s'était passé à Vassy, à Paris, en 1590, les massacres des Cévennes ou la mission bottée. Enfin tous les membres de ce sanhédrin politique furent d'avis de marcher sur les traces de ceux qui, sous prétexte de défendre l'autel et le trône, n'avaient pas craint de verser le sang de leurs compatriotes.

En conséquence, il fut résolu de profiter de la première occasion favorable qui se présenterait, et même d'avoir égard *aux provocations,* moyen nouveau et très-efficace qui avait été inconnu à nos ancêtres, mais dont les avantages avaient singulièrement été appréciés dans diverses circonstances moins importantes que celle qui faisait l'objet de la réunion.

Le mot d'ordre fut alors donné à tous les agens de la police, soit qu'ils fussent armés ou non;

on exerça de nouveau les soldats de cette armée noire et occulte, qui devait encore donner, au besoin, à la France et à la capitale le spectacle étrange et terrible de la procession de la ligue, et les effrayer par ses excès.

Ce corps était beaucoup plus nombreux qu'on ne le pensait, et des sommes immenses avaient été employées pour l'habiller et l'équiper *.

Les membres de cette association ténébreuse tressaillaient de joie en songeant que bientôt ils pourraient voir se réaliser leurs coupables espérances, et ils osaient invoquer l'assistance d'un dieu de paix et de bonté. C'est ainsi que Jacques Clément se préparait au meurtre et à l'assassinat, par le jeûne, les macérations et la prière.

On pouvait aisément remarquer l'accroissement de cette troupe à la fois ignorante, fanatique, imbécille et moutonnière, salariée par la congrégation. Cette dernière était dans la jubilation; quelques-uns de ses membres, plus indiscrets, ou mis en avant pour parler, disaient souvent,

* Nous ne fournirons qu'une preuve de ce fait, et elle paraîtra concluante. Un sieur l'E...., demeurant place de l'Estrapade, que l'on croit être le trésorier et le fournisseur de la congrégation, et qui, par conséquent, a la grande main sur les dépenses, a une chambre très-vaste, remplie des lisières du drap noir qui a servi à habiller les vieux soldats de cette levée nouvelle et merveilleuse; en portant la somme des draps à quinze à vingt mille aunes, on ne craint pas d'être taxé d'exagération.

d'un ton sottement prophétique : « On verra les impies ; les athées seront punis ; la colère de Dieu se manifestera contre la nouvelle Sodôme. »

Les gens sensés se moquaient de ces oracles sibyllins, et les niais, qui n'étaient pas dans le secret, étaient saisis d'une ridicule frayeur.

Les meneurs étaient satisfaits, la police augmentait ses surveillans politiques ; ses agens publics et secrets semaient la défiance et la crainte; on les trouvait partout ; ils semblaient se multiplier, et tous étaient dans l'attente des événemens qui devaient avoir lieu. Des gratifications tomberaient alors comme la manne sur ceux qui auraient montré du zèle, de l'activité et du dévouement, pour faire triompher ce qu'ils appellent la bonne cause.

L'opinion publique était tourmentée par les confidences insidieuses de ces agens de tout rang, de tout sexe et de tout âge.

Ils plaignaient les malheureux en leur rappelant d'autres temps où la classe ouvrière paraissait avoir plus de ressources, et de là ils induisaient qu'un changement devenait nécessaire ; que ce changement était difficile à opérer, parce qu'il n'existait pas assez d'union dans les esprits; qu'il fallait, en conséquence, se rallier, se réunir et demander le redressement de tous ces torts.

On écoutait ces orateurs, et ils trouvaient des partisans parmi des hommes qui, incapables de raisonner, ne découvraient pas le piége qu'on tendait à leur crédule ignorance.

On ajoutait que si les nominations de la Chambre étaient plus populaires, tout irait mieux; donc il devenait important qu'à l'époque des élections les voix fussent données à des hommes du parti libéral, qui défendraient avec énergie et avec succès les droits du peuple contre l'ambition de l'autre parti.

Les auditeurs applaudissaient et formaient des vœux pour la nomination de tel ou tel député.

L'agent provocateur connaissait les hommes dans lesquels la classe ouvrière, si utile et laborieuse, mettait ses espérances. Cet agent venait de remporter une petite victoire; il avait, en outre, des matériaux pour le rapport qu'il allait remettre à la préfecture de police.

Avant de quitter les personnes dont il enflammait l'imagination, l'agent provocateur insinuait encore que les élections pour la Chambre des députés ne tarderaient pas à avoir lieu, et qu'il convenait de s'entendre afin de parvenir au but désiré, qui était de faire en sorte que le côté gauche pût balancer le centre et la droite pour le vote, s'il ne pouvait l'emporter. Puis, dans le cas où la nomination des députés libéraux aurait lieu, il fallait que Paris témoignât sa joie et son allégresse par des réjouissances et des illuminations générales. Ils ajoutaient qu'il n'y avait rien de séditieux ni de contraire aux lois dans la manifestation de sentimens qui naissaient du bonheur public.

Ce fut dans ces dispositions que se trouvèrent les esprits à l'époque du mois de novembre 1827, où plusieurs membres de la Chambre des députés devaient être nommés, et les colléges électoraux se réunir pour procéder à ce renouvellement.

Le directeur-général de la police, Franchet, et le préfet de police, Delavau, après avoir pris les ordres des ministres de Villèle et Corbière, en composèrent une instruction pour les commissaires de police, pour le chef de la police centrale, le chef du cabinet particulier, les officiers de paix, les autres chefs secondaires, les agens publics et secrets. La gendarmerie ne fut point oubliée ; c'était particulièrement sur ce corps qu'on pouvait compter pour les grands moyens d'exécution. Enfin, tout était préparé pour que les événemens qui devaient naître donnassent les moyens d'arriver au but que l'on se proposait depuis long-temps. On avait mis à la disposition des meneurs l'argent nécessaire pour faire agir les ressorts que l'on voulait mettre en mouvement ; il n'y avait donc plus que le signal à donner pour marcher en avant.

La réunion des colléges électoraux ayant été terminée, ils s'ouvrirent, et les commissaires de police des divers arrondissemens, ayant des officiers de paix et des agens sous leurs ordres, furent spécialement chargés de surveiller tout ce qui se passerait dans les colléges et d'en rendre compte avec l'exactitude la plus scrupuleuse. On leur recommandait particulièrement de redoubler de zèle et d'activité, parce que, suivant le directeur-général et le préfet de police, on attachait beaucoup plus d'importance aux nominations de 1827 qu'à celles des années précédentes.

On insinua même que le bonheur et le repos de la France étaient attachés au succès des mesures que la police pourrait prendre, parce qu'il fallait mettre le parti libéral dans l'impossibilité de continuer ses intrigues, et de contrarier les intentions du gouvernement et la volonté du ministère.

On avait déjà porté un très-grand coup au parti libéral par le licenciement de la garde nationale; il se trouvait pour ainsi dire isolé. Cette masse de forces sur laquelle il comptait n'avait plus d'action, puisqu'elle ne pouvait plus se réunir; c'était un coup de maître que d'avoir présenté la garde nationale comme un corps séditieux, toujours prêt à renouveler les scènes du 14 juillet, et des 5 et 6 octobre 1789.

La garde nationale avait encore sous les yeux ce vétéran de la liberté et de la révolution qui lui retraçait sans cesse les exploits qui l'avaient illustrée dès son berceau, et il eût été à craindre qu'elle voulût cueillir de nouveaux lauriers. On avait paré à tous ces dangers; l'expulsion de Manuel avait prouvé d'ailleurs qu'on ne pouvait compter sur elle.

Il eût été très-important, disaient les congréganistes, que l'on eût opéré le désarmement de la garde nationale. Cependant l'exécution de cette mesure salutaire n'eût pas été sans danger, parce qu'il n'y avait pas eu de délit, que ceux qui avaient élevé la voix étaient en minorité, et que d'ailleurs on avait soupçonné qu'ils étaient étrangers à la garde nationale, et soufflés par le ministère et la police.

Telles étaient les expressions dont se servaient les agens d'un parti qui voulait plonger Paris et ensuite la France dans un abîme de maux dont les suites eussent été aussi funestes qu'incalculables. En calomniant les Français aux yeux du souverain, ils voulaient semer la discorde, faire naître des inimitiés que tous les cœurs repoussaient. C'est alors qu'ils se fussent donné carrière; ils étaient assez aveuglés par la haine et par la passion pour ne pas songer qu'ils eussent été les premières victimes de l'incendie qu'ils auraient voulu allumer.

Ce fut dans une telle disposition des esprits que l'on arriva aux élections du mois de novembre 1827.

L'amour du bien public, le désir de réparer tout ce qui pouvait encore exciter des maux qui avaient pesé sur la France étaient les seuls sentimens qui agitaient les cœurs vraiment français, les amis du roi et de la Charte. Mais cette même Charte, le palladium de nos libertés publiques, ne convenait pas à ceux qui prétendaient tout diriger dans leur intérêt personnel. On va montrer quels moyens ces ennemis de l'ordre social et de l'humanité employèrent pour nous replonger dans le cahos des révolutions.

Malgré tous les moyens de corruption et de séduction dont ils ont fait usage pour diriger l'opinion et maîtriser les élections, ils échouèrent dans leurs projets. Les noms d'hommes probes, vertueux, éclairés, qui pouvaient donner les meilleures garanties à la France et au gouvernement, sortirent de l'urne. La fortune les favorisa et la satisfaction devint générale. On la témoigna par une joie pure, calme, tranquille, exempte de ce bruyant enthousiasme qui ouvre la porte aux excès. Ce n'était pas ce que voulait la police; elle se mit de la partie. Ses jouissances et ses plaisirs étaient les précurseurs du plus affreux désordre, et, tranchons le mot, des proscriptions.

Les élections qui eurent lieu offrirent une précieuse garantie aux amis du gouvernement et du bon ordre. On reconnut aisément que le ministère perdait de son influence, quoiqu'il eût à sa disposition les grâces, les faveurs et les emplois.

Il fut dès-lors permis d'espérer une amélioration sensible dans toutes les parties de l'administration. On présuma que l'arbitraire persécuteur serait réduit à l'impuissance, que le commerce et l'industrie, source première et féconde de la prospérité des états, recevraient des encouragemens et briseraient ces funestes entraves qu'y mettaient chaque jour la morgue ignorante et la cupidité.

Dans la soirée du 19 novembre, nombre d'habitans de Paris voulurent manifester leur satisfaction pour honorer le choix des électeurs constitutionnels, et en conséquence illuminèrent leurs croisées.

Cet exemple trouva beaucoup d'imitateurs, principalement dans la rue Saint-Denis, qui est le centre du commerce de la capitale. Tout cela se passait tranquillement, sans tumulte, sans bruit; on entendit seulement, de temps à autres, l'explosion de quelques pétards qu'on eût pris pour des coups de fouet; en un mot, il n'y avait pas le moindre trouble.

La police avait disséminé ses agens publics et ses observateurs secrets sur tous les points où elle pensait que l'on manifestait son opinion avec plus ou moins d'éclat.

Après le compte rendu de ce qui se passait rue Saint-Denis, la police dressa alors ses batteries en conséquence.

Quelques-uns des agens secrets, qui n'avaient

d'autre mission que de corrompre et de séduire une multitude ignorante, reçurent de l'argent pour le distribuer ensuite à ces misérables des deux sexes qui vivent dans la débauche la plus honteuse, à cette crapule qui, gorgée de vin et de liqueurs spiritueuses, se porte ensuite machinalement à tous les excès, sans en connaître ou en prévoir les conséquences.

Ces sbires occultes de la police se transportèrent dans tous les sales repaires de la capitale, pour y trouver des acteurs. Bientôt ils sont recrutés, et en déposant dans leurs mains un salaire, non moins dégoûtant, ils les lancèrent comme des limiers ou des bêtes fauves dans les quartiers où ils espéraient que pourraient se réunir les curieux, les désœuvrés ou ceux qui avaient le desir de manifester leur opinion, par une démarche sans conséquence puisqu'elle n'avait rien d'hostile, et que la joie publique ne se déployait ni par des discours ni par des actions répréhensibles. La scène changea bientôt vers dix heures du soir; tous les gens qui avaient été soudoyés, salariés, excités et enivrés par les émissaires de la police, parurent dans la rue Saint-Denis par bandes de trente à quarante. Tous étaient étrangers au quartier de la rue Saint-Denis; on y remarquait des jeunes gens, des filles publiques, ayant des flambeaux à la main, même des pierres qu'ils portaient dans leurs poches et dans leurs tabliers. L'air retentissait de leurs cris et de leurs provocations. Abrutis par le vin, ils disaient dans leur ivresse : *Tirez des pétards, fêtez les élections, allumez des lampions*. Ils cassaient les vitres des appartemens des personnes qui ne s'empressaient pas de se conformer à leur exigence. Arrivés à la hauteur du Marché des Innocens, du passage du Grand-Cerf et de la rue Grenetat, ces individus, parmi lesquels on remarquait un assez grand nombre d'hommes en blouses, en bonnets de coton, en vestes et en tabliers blancs, enlevèrent des planches, des poutres, des pierres et autres matériaux qui se trouvaient dans des maisons en construction ; ces misérables en formèrent des barricades qui obstruaient la rue, interceptaient le passage et la libre circulation. La police ne leur opposa aucun obstacle ; ils travaillèrent librement ; nul membre de l'autorité civile, nul officier de la force armée ne se montra sur les lieux. On voyait seulement quelques individus qui paraissaient comme observateurs, et qui se retiraient ensuite comme pour aller rendre compte de ce qui se passait.

D'où pouvait donc provenir une telle apathie, une si grande indifférence de la part de cette police si active, si vigilante ; cette police à laquelle les plaisirs les plus innocens portaient souvent ombrage ? Il était facile de prévoir qu'elle se préparait d'avance les moyens de développer des forces imposantes, et de donner à son gré le signal du carnage et de la destruction.

Des détachemens de cavalerie et d'infanterie étaient placés sur différens points en réserve, et attendaient qu'on leur donnât l'ordre de marcher et de dissiper les rassemblemens qui devaient se former. C'était assez pour rétablir l'ordre, mais on voulait autre chose, il fallait du sang, et des cartouches avaient été distribués aux soldats. Le préfet de police avait fait charger les armes devant lui dans la cour de son hôtel, chose qui ne se pratique jamais, même en temps de guerre. On ne charge les armes qu'en présence de l'ennemi, et à coup sûr les habitans de Paris ne pouvaient être regardés comme tels; cependant on se disposait à les traiter comme des coupables et des révoltés.

Ces bandes dont il a été parlé parcouraient les divers quartiers de la capitale; on en rencontrait à la place Vendôme, à la Chaussée-d'Antin et du côté de la Bourse. Ces bandes se recrutaient sur leur passage de gens de leur espèce. Les habitans de Paris, proprement dits, ne prirent aucune part à ce désordre. On voyait seulement dans les rangs de cette canaille quelques individus mieux mis qui semblaient être les meneurs. Ils paraissaient agir par ordre, car à la place Vendôme le commissaire de police Demazugues en avait arrêté quelques-uns qu'il conduisit à la Préfecture, mais là ils furent relâchés presque aussitôt. D'après cette circonstance, on peut raisonnablement présumer que ces individus étaient les auxiliaires de la police.

Afin de ne pas se compromettre, on avait donné l'ordre de ne point faire de patrouilles avant onze heures du soir. Le préfet de police, Delavau, l'avait expressément recommandé, quoique les rassemblemens, les cris, la construction des barricades et les provocations, eussent eu lieu au commencement de la soirée.

On désirait que la partie s'engageât, et que des gens honnêtes, des industriels, des artisans, enfin des personnes étrangères aux machinations de la police, figurassent dans les rangs de ses sicaires.

Les chefs de la force armée, c'est-à-dire le général et les officiers supérieurs qui commandaient la troupe de ligne, n'étaient pas tout-à-fait dans la confidence de la police; et quoique la gendarmerie eût passé sous les ordres des chefs de la force armée, ce corps avait reçu des instructions particulières. C'était une nouvelle ruse des sieurs Franchet et Delavau; car, si les gendarmes se rendirent coupables de quelques excès, ou de quelques actes reprehensibles, ni le préfet, ni ses agens ne pouvaient en être responsables; on peut dire que dans cette manière d'agir il y avait une escobarderie bien digne de la congrégation.

Après avoir parcouru différens quartiers de la capitale, les bandits reparurent dans la rue Saint-

Denis, leur exaspération apparente avait attiré la foule sur leurs traces; ce fut alors que la force armée, provoquée de toutes les manières, crut convenable de faire usage de ses armes, et que plusieurs décharges de mousqueterie portèrent la mort et l'épouvante de tous côtés. Malheureusement ce ne furent point les coupables instigateurs qui furent frappés, ils avaient eu soin de s'esquiver; ce furent des ouvriers que le bruit et la curiosité avait rassemblés, ce furent des gens paisibles qui rentraient chez eux ou qui se montraient à leurs croisées pour voir ce qui se passait.

Dans cette circonstance fatale la gendarmerie se fit surtout remarquer par ses violences. Elle accablait les citoyens d'injures, elle les traitait de vile canaille et les sabrait même alors qu'ils étaient séparés et hors du lieu ou s'exécutaient les charges de cavalerie. On a retenu un mot qui peint tout le caractère de ces événemens. Un officier qui sans en avoir reçu l'ordre, avait fait charger les gendarmes qu'il commandait, leur dit lorsqu'ils rentrèrent au lieu d'où ils étaient partis : *Eh bien! mes enfans! vous vous êtes bien amusés.*

Quelle horrible ironie! Telles furent les scènes qui se renouvelèrent les 19 et 20 novembre. On ne peut calculer quel fut le nombre des morts et des blessés. Il y en aurait eu davantage encore si les intentions de la police eussent été tout à fait remplies, si les troupes de ligne eussent exécuté ponctuellement les ordres donnés ; toutes n'oublièrent pas qu'elles étaient au milieu de Français, de leurs frères, de leurs amis, de leurs parens. Elles voyaient, en outre, quels ressorts la police faisait jouer ; elles acquéraient la preuve que ses agens provoquaient au désordre, que les lois étaient violées, puisqu'il n'avait été publié aucune ordonnance contre les attroupemens. Leurs officiers, pleins de bravoure et de générosité, ne voulaient point être les instrumens de la haine et de l'esprit de parti ; ils étaient convaincus qu'ils ne servaient point le roi en menaçant les jours de ses paisibles sujets. Grâce à ces nobles sentimens les massacres ne furent ni aussi longs, ni aussi nombreux que l'avaient médité certains hommes. Si l'on eut trouvé dans la ligne un zèle aussi aveugle que dans la gendarmerie, la Sainte-Élisabeth et la Saint-Edmond eussent peut-être effacé la Saint-Barthélemi. Les libéraux, ou ceux qui avaient la réputation de partager cette opinion, eussent éprouvé le sort de Coligny et de tant d'autres victimes ; n'étaient-ils pas, ne sont-ils pas encore aux yeux de nos modernes ligueurs les huguenots et les hérétiques de notre époque*?

* Des précautions extraordinaires et inusitées avaient été prises de tous côtés et sur tous les points. Dans les diverses prisons on avait doublé les postes et les factionnaires. Il était défendu de laisser communiquer les détenus avec des personnes de l'extérieur, et surtout de laisser entrer aucun journal, afin qu'on ignorât ce qui se passait au dehors.

Tout était disposé en conséquence ; nous développerons cette opinion et démontrerons cette vérité avant de terminer cet article.

Le plan étant fixé et arrêté, tout fut disposé pour l'exécution. La police avait pris toutes les mesures, toutes les précautions pour ne pas échouer.

MM. de Pins et Brunat, chefs du cabinet particulier du préfet, avaient retiré les cartes à tous les agens de police qu'ils avaient dirigés sur les divers points de la capitale où les mouvemens devaient avoir lieu ; s'ils venaient à être arrêtés en remplissant leurs fonctions secrètes et provocatrices, on ne pouvait leur reprocher d'être des agens de la police et leur en administrer la preuve. D'ailleurs, la préfecture pouvait les soutenir ou les désavouer, selon que cela serait utile à ses vues et à ses intérêts.

Pendant ces jours de trouble et de confusion, le sieur de Pins, chef du cabinet particulier, rendit plusieurs visites à M. de Villèle, président du conseil des ministres. Il eut avec ce ministre des conférences très-longues et très-mystérieuses. Un jour que M. de Villèle s'entretenait, rue de Rivoli, sous ses plafonds dorés, des événemens désastreux de la rue Saint-Denis, il disait : « On aura beau faire, on ne connaîtra jamais les motifs et les causes des journées des 19 et 20 novembre 1827. C'est un secret d'état ; dont peu de personnes ont la clé. »

Il fallait que des motifs de la plus haute importance exigeassent ces entretiens, pour qu'un simple chef de bureau en fût chargé à la place du préfet; mais celui-ci prétendait ne pouvoir quitter son poste, afin de donner des ordres d'après les événemens qui se passeraient.

On citera un fait à l'appui de ce qui vient d'être dévoilé, et il est digne de remarque.

On avait retiré la carte dont l'agent secret Dupont était porteur; il ne devait ni ne pouvait se trouver dans les rassemblemens, puisqu'il était en quelque sorte sans fonctions, et n'ayant plus rien qui pût le faire reconnaître. Cet agent fut cependant rencontré dans la rue Saint-Denis, vers les dix heures du soir, par Froment, qui lui dit : « Eh bien! Dupont; que pensez-vous des » affaires? » Dupont répondit : « Si c'est de cette » manière que M. Delavau fait sa police, il a be- » soin d'être mis en apprentissage. »

A peine avait-il prononcé ces mots, qu'un individu revêtu d'une redingotte bleue entra dans une boutique et fit partir des pétards; il continua à entrer ainsi de maison en maison en agissant de même.

Froment fit à cet égard l'observation suivante : « Vous le voyez, M. Dupont, la rue Saint-De- » nis est tranquille; voilà un signal qui se donne, » pourquoi n'arrêtez-vous pas cet individu qui, » lui seul, cause du trouble, et qui, du moins,

» en manifeste l'intention. »—« Je ne le peux pas,
» répondit Dupont, je ne joue ici que le rôle
» d'observateur, puisque l'on m'a retiré ma carte,
» ainsi qu'à mes amis. »

A peine l'homme à la redingotte bleue eut-il achevé de donner ces divers signaux, qu'en moins de dix minutes les barricades furent construites. On entendit de toutes parts s'élever les cris *à bas la gendarmerie*, et autres provocations du même genre.

Pour prouver jusqu'à l'évidence que la police prenait la part la plus active dans tout ce qui se passait, on ajoutera que si les agens auxquels on avait retiré leurs cartes n'étaient point employés d'une manière officielle et publique, ils n'en agissaient pas moins en vertu d'ordres immédiats. Les agens avaient établi leur quartier-général chez le sieur Michel, marchand de vin, cour du Harlay ; ils y passèrent une partie de la nuit en racontant avec autant de jactance que d'emphase leurs exploits et leurs prouesses dans la rue Saint-Denis. Là ils s'encourageaient, ils s'excitaient entre eux pour se rendre dignes des gratifications que la préfecture accordait à ceux qui s'étaient distingués. Enfin, l'un de ces agens se glorifia d'avoir fait consolider les barricades, en ajoutant que pour n'être pas reconnu il avait croisé son habit.

M. de Pins lui-même, passa la nuit dans son

bureau, et comme il y a une porte de communication de la préfecture qui donne dans la cour du Harlay, sitôt qu'il avait besoin d'un agent pour l'envoyer en estafette ou en éclaireur, un garçon de bureau allait le chercher chez le marchand de vin Michel.

Tous les agens qui étaient en réserve chez Michel, briguaient l'honneur d'être les élus de M. de Pins; ils savaient qu'ils obtiendraient une récompense, et celui qui se trouvait le plus souvent favorisé du choix du comte de Pins, excitait la jalousie de ses collègues.

On voit qu'il existait aussi une espèce d'émulation dans la police, on voit également qu'elle avait encore ses courtisans et ses adorateurs. Et comment n'auraient-ils pas été pleins de zèle et d'amour pour cette mère si bonne et si tendre! M. Hinaux, chef de la police centrale, qui était dans son bureau pendant ces momens de crise, recommandait à ses agens de ne pas s'exposer et de rester près de lui.

Les agens ne prenaient pas autant de précautions lorsqu'il s'agissait de veiller à la sûreté des citoyens et à la conservation de leurs propriétés.

Le commissaire de police Roche s'étant présenté au domicile de M. Hamelin, rue Saint-Denis, pour y faire une perquisition à l'effet de découvrir l'individu qui avait lancé un morceau de bois par une croisée, répondit à M. Hamelin, qui se plaignait de la violation de son domicile et du dommage qu'il en éprouvait : « Tant » pis pour vous ; eh bien! vous en serez quitte pour » ce petit dégât. »

Que cette réponse administrative est paternelle et consolante! Le commissaire de police du quartier du sieur Hamelin refusa de recevoir la plainte de ce dernier lorsqu'il se présenta devant son bureau. Ce citoyen était accompagné de plusieurs témoins, et le commissaire fuyait la présence du plaignant qui lui devenait importune. Et c'est un magistrat, essentiellement chargé du maintien du bon ordre et de la tranquillité publique, qui donne ainsi l'exemple de la plus coupable indifférence et d'une insouciance qu'on ne pardonnerait même pas à un étranger!

Comment la police Delavau et Franchet pourra-t-elle jamais se laver de ces infâmes machinations? C'est une tache indélébile.

Ce serait en vain qu'elle chercherait à se disculper, à détruire les reproches qu'on peut lui adresser, les plus fortes accusations l'atteindront et la frapperont toujours. Quoi! ses commissaires, ses officiers de paix, ses agens, la gendarmerie voyaient tranquillement construire les barricades et n'y mettaient aucun obstacle. Des hommes qu'elle devait faire arrêter et qui lui avaient été désignés dirigeaient sans crainte et sans obstacles les travailleurs.

Les enfans qu'on avait mis en œuvre et qui criaient : « Laissez-nous gagner notre argent ; » avaient aussi un directeur ; aucun moyen de provocation ne fut oublié. Un individu, sous le costume d'un chasseur de l'ex-garde, foulait aux pieds son bonnet de police, faisait l'éloge de Napoléon, injuriait la garde royale. La police n'aurait-elle pas dû le savoir, prendre fait et cause dans cette affaire ? Qu'est-il arrivé à l'agent provocateur ?.... rien...... Un gendarme s'avança, regarda ce militaire avec attention, puis se retira. Il le connaissait donc, ou il lui avait sans doute donné le mot de *passe*, le mot de ralliement.

Tout ce ramas d'individus, ce rebut de la société, dont la police avait formé une espèce de corps de lazzaroni, se gorgeaient de vin en attendant qu'ils parcourussent les rues ; ils savaient qu'ils pouvaient le faire joyeusement jusqu'à onze heures ; c'était le moment où les troupes devaient paraître ; aussi disaient-ils dans un cabaret de la barrière de Rochechouard : « Nous avons encore quarante francs, buvons, chantons ; nous n'irons à la place Vendôme qu'à neuf heures. » Pendant ce temps on préparait des résistances par ordre de la police pour que la force armée eût à les vaincre, et fît usage de ses armes pour faire couler le sang.

Les chefs étaient à dîner chez le préfet de police, et c'était au milieu d'un festin qu'ils protestaient de leur dévouement, et c'est en sortant de table qu'ils firent charger les armes. Ainsi, tout avait été préparé, calculé de sang-froid pour pousser une partie de la population de Paris à la révolte et pour la massacrer ensuite. S'il y avait eu parmi les citoyens des élémens de sédition, on ne sait ou se seraient arrêtées ces scènes sanglantes. Demandez plutôt au commissaire Génaudet, cet intermédiaire de la direction générale de la police avec la préfecture; demandez à son chef de brigade Conssonet, qui devait tout voir, tout entendre et ne rien dire; demandez à son agent Barry, qui, pour avoir maladroitement joué son rôle de provocateur, fut rossé au point d'être obligé de prendre un cabriolet pour se rendre à son domicile, et après avoir raconté sa piteuse aventure à M. Génaudet; demandez encore à tous ces individus qui ont gardé le silence le plus absolu, lorsqu'ils ont vu qu'ils échouaient dans leurs coupables entreprises, demandez leur, si l'événement eût répondu à leurs desirs, ce qu'on attendait de leur zèle.

On n'a point oublié que le colonel de la gendarmerie de Paris, le marquis de Foucault de Malembert, annonçait dans son ordre du jour du 24 novembre qu'il avait eu des ailes pour franchir les soixante-quinze lieues qui le séparaient de ses braves frères d'armes dont il voulait partager la gloire, la fatigue et les dangers. Il les félicitait sur leur conduite contre les conspirateurs et les séditieux, et plus tard il désavoua tout; elle n'avait pas fait son devoir; on la calomniait cette bonne gendarmerie, et cependant elle frappait sur les masses comme sur les individus, elle sabrait impitoyablement, elle agissait en sous-ordre, et sans commandement. Pour le prouver, on citera :

1° Le jeune Catillon, blessé d'une balle, à une croisée au deuxième étage, où il était auprès de sa mère.

2° Cabanis, estropié d'un coup de sabre.
3° Denis, auquel on a amputé la cuisse.
4° Dallet, qui reçut un coup de baïonnette.
5° Dudon et Gleize, un coup de sabre.
6° Blanqui, un coup de feu.
7° Guilbert, un coup de sabre.
8° Cellier, trois coups de sabre.
9° Henot, un coup de feu.
10° Guyard père et fils, tués.
11° Legrand, un coup de feu.
12° Lemoine, blessé.
13° Morpurgo, deux coups de baïonnette.
14° Bassy, deux coups de sabre par un officier.
15° Bignon, un coup de sabre.
16° Garnier, un coup de feu.
17° Alphonse Foy, un coup de sabre.

18° Douez, un coup de feu.
19° Parisot, un coup de feu.

On vient de parler de ceux qui ont survécu à leurs blessures; que dirait-on si l'on représentait tous les infortunés qui sont ensevelis dans la nuit du tombeau, et que M. le commissaire Foulard fit enlever par des agens de police qui reçurent chacun huit francs en gratification pour ce service funéraire, et qui, ayant fait une réclamation, obtinrent deux francs de plus?

Tous ces citoyens ont été frappés par les gendarmes qui ne voulaient rien écouter, rien entendre, et qui trouvaient une sorte d'amusement à massacrer leurs concitoyens, leurs frères, pour complaire à la police. Ces soldats, que leur colonel regardait comme l'élite et les vétérans valides de l'armée, excitaient la canaille contre les habitans de Paris qui tombaient sous le tranchant de leurs sabres. On les vit ménager et protéger cette canaille; car les misérables qui avaient élevé les barricades ou qui avaient lancé des pierres se retirèrent sains et saufs; la gendarmerie était donc dans la confidence et savait que tous ces individus appartenaient à la police ou étaient salariés par elle.

Dans ces jours désastreux, les agens de la préfecture, en chef ou en sous-ordre, n'avaient plus de moyens répressifs à employer; tous étaient devenus partisans de la provocation. Plusieurs commissaires de police connaissaient tous les membres de ces bandes qui parcouraient les rues avec des flambeaux, des pierres et des pétards. Ils ne pouvaient ni ne voulaient sévir contre ceux qui servaient si bien les projets de leur infernale administration.

Le commissaire Galleton voyait construire les barricades, mais il était tellement tourmenté de l'idée des malheurs qui pouvaient arriver qu'il n'osait y penser. Ce commissaire montrait la plus grande activité, et était porteur des ordres secrets de M. Delavau.

Le commissaire Vaissade n'avait pas cru devoir exécuter l'ordre qui lui avait été donné de faire enlever tout ce qui pouvait servir à élever des barricades, car sans ces barricades, qu'eussent été les journées des 19 et 20 novembre.

Le commissaire de police Fumbert est resté chez lui avec une réserve d'agens.

Le commissaire Roche s'est borné à une visite un peu brusque chez M. Hamelin, qu'il avait l'air de plaisanter.

Eh quoi! la police se faisait un jeu de ces scènes d'horreur.

Le commissaire Boniface avait soin de n'arrêter qui que ce soit, et de ne constater aucun délit.

La police n'avait donc d'action, dans ce moment, que pour exterminer avec le sabre des gendarmes? Cependant ses agens y étaient en foule, afin de tout voir et de présider à tout;

semblables à ces oiseaux de proie qui ne vivent que des suites du carnage, ils n'étaient venus que pour assister à des funérailles et pour pousser des cris d'allégresse sur des tombeaux.

Toutes les polices, soit civile, militaire, secrète, particulière, ancienne même, s'étaient réunies pour ensevelir dans l'ombre et dans le silence les tristes et déplorables victimes des provocations. Signalons, c'est notre devoir, nous en avons pris l'engagement, tous ces agens subalternes du meurtre et de la perfidie. Voici leurs noms : Hirton, agent du commissaire de police Lecrosnier; Gros-Claude, agent observateur; Thiriot et Harton, agens du commissaire Vaissade; ce dernier fut d'abord étudiant en droit; protégé par M. Brunat, il devint successivement, grâces à ces confidences, secrétaire du commissaire de police Guérard; par suite il passa à la halle aux draps avec le même titre sous M. Masson, enfin il devint commissaire du grand agent; il voyait construire les barricades, et ne disait mot, car il avait aussi sa consigne.

Radiguet, autre agent, ramassa les corps de quatre individus qui furent tués rue Saint-Denis.

Duchemin, Marin, Vannier, agens; ce dernier disait à son confrère Leclerc, c'est moi qui cassai ma canne sur la tête d'un pauvre diable qui se trouvait là par hasard; *mais il n'y fera pas bon ce soir.*

Cossonnet, agent de M. Genaudet, commissaire

de police aux ordres du directeur-général Franchet. Fargue, agent, chef de la brigade de M. de Pins; Lendon, agent; Touselin, agent, furent envoyés près du chef de la police centrale Hinaux, pour lui annoncer que les barricades avaient été édifiées. A cette nouvelle, le sensible M. Hinaux dit à Touselin : *Vous n'avez plus rien à faire, restez auprès de moi.*

Barré, officier de paix, estafette du préfet de police, égarait le général Montgardé, et l'éloignait des barricades, aidé de son agent Delagrave.

Flavy, Dupont, Vautray, Bijoutier, Rougemont et Brebis, agent militaire, étaient également sur les lieux ; d'autres agens s'y trouvaient aussi, non pour arrêter le désordre, le réprimer, mais pour l'exciter et enlever les cadavres qui seraient tombés sous le plomb meurtrier, ou sous les coups de sabres et de baïonnettes.

Eh quoi, la police a pu tourmenter, vexer, torturer et frapper les citoyens de la capitale, et n'a pas su découvrir les gendarmes qui avaient fait feu sur ses paisibles habitans; loin de là, elle a trouvé les moyens de les envoyer aux colonies et dans les Vosges pour faire perdre leurs traces. Ah ! si la police eût triomphé dans ses coupables projets, ses commissaires n'eussent pas écrit qu'ils n'avaient point participé aux troubles de la rue

Saint-Denis, ils n'eussent pas avoué des gratifications, puis des indemnités de logement; mais prosternés devant les idoles et les fétiches de Montrouge, ils eussent vanté leur zèle, leur dévouement, et ils en eussent administré les preuves par des extraits mortuaires.

Heureusement qu'aux époques les plus désastreuses il se rencontre encore de nobles caractères. En 1572, sous Charles IX, des militaires, des hommes dignes de porter l'uniforme, répondirent à ce jeune roi qu'ils ne savaient combattre qu'au champ d'honneur. Nous avons vu des soldats français renouveler cet exemple. Honneur au général Montgardé. « *Il n'est pas habitué au commandement*, » disait le directeur-général de la police Franchet, le 19 novembre 1827, en écrivant au préfet de police Delavau. Il ajoutait « qu'il serait possible que le mouvement imprimé par les révolutionnaires allât plus loin qu'on aurait pu le prévoir. » Non certainement ce brave militaire ne savait pas commander au nom de la police, et aurait rougi d'être l'instrument de ses provocations. Il aurait fallu à M. Franchet des hommes plus dévoués, qui eussent fait leurs preuves congréganistes; mais ils étaient alors loin de Paris, pour influencer les élections et se faire nommer afin d'appuyer le budget.

Encore une fois hommage au général Montgardé, aux braves qui ont marché sous ses ordres; ils ont conservé pur et intact leur honneur et celui de leurs drapeaux; la reconnaissance de la France les entoure, et le plus beau laurier qui puisse orner leur tête, c'est d'avoir mérité la haine de la police Franchet et Delavau.

Les tribunaux chargés par le roi de connaître et de découvrir la vérité, ont rempli leur devoir: mais ils n'ont pu soulever entièrement ce voile ourdi par la provocation, la vénalité et la perfidie. Les juges en ont gémi, et ils en ont suffisamment exprimé leurs regrets, en disant : « qu'ils avaient connu la vérité autant que le per-
» mettaient d'invincibles obstacles et le silence
» de certains témoins. »

L'arrêt mémorable rendu dans cette occasion par la Cour royale de Paris deviendra un monument précieux pour l'histoire. Rapproché des faits de l'accusation, des révélations que nous venons de faire et de celles que le temps ne peut manquer d'amener, il ne laissera aucun doute sur la part coupable que la police a prise dans les journées des 19 et 20 novembre. On tiendra compte de la position de la magistrature. Elle ne pouvait, sans sortir de son caractère d'impartialité, condamner que sur des preuves matérielles, et il n'a pas été en son pouvoir d'en acquérir de semblables; soit à cause *d'obstacles invincibles,* soit par l'effet *du silence de cer-*

tains témoins. Mais ces preuves n'en existaient pas moins, et l'avenir les mettra de plus en plus en évidence.

Une autre pièce qui contribuera beaucoup aussi à jeter quelque jour sur cette déplorable affaire, est la requête présentée au conseil d'État, pour en obtenir l'autorisation de poursuivre MM. Franchet et Delavau. Bien qu'elle n'ait point été suivie de l'effet qu'en bonne justice on pouvait en attendre, elle n'en paraît pas moins de nature à faire naître dans les esprits une grande conviction morale. Les faits y sont reproduits sous leur véritable aspect, les scrupules de la Cour royale examinés et sagement combattus, enfin, les fins de non-recevoir du conseil prévus et repoussés à l'avance. Il nous a semblé d'autant plus important de joindre ici ce document qu'il n'a point encore été rendu public, comme la requête adressée à la Cour royale et l'arrêt de cette Cour souveraine. Nos lecteurs nous sauront gré sans doute de le leur avoir mis sous les yeux, et comme pièce justificative à l'appui de notre relation, et comme pièce historique propre à établir la vérité.

AU ROI EN SON CONSEIL.

REQUÊTE et Conclusions pour MM. Foy, Douez, Dallet, Catillon, Cabanis, Denis, Gleize, Dudon, Blanqui, Guilbert, Cellier, Henot, Hamelin, veuve Henry (Jean-Baptiste), et veuve Henry (Auguste), Legrand, Lemoine, Morpurgo, Bassy, Bignon, Garnier, Parizot, et pour Anne-Victoire Guerin, veuve de Claire Lasoussois, femme de journée, demeurant à Paris, rue du Grand-Hurleur, n° 14, intervenante.

Sire,

Un arrêt solennel rendu par deux chambres réunies de la première Cour royale du royaume, après quatre mois de recherches, a déclaré constans les faits suivans:

A l'égard de la soirée du 19 novembre, que des pétards ont été tirées principalement dans les rues Saint-Denis et Saint-Martin, en contravention aux lois; cette atteinte à la paix publique, à la libre circulation et à la sûreté des personnes, qui a été le signal de plus graves désordres, n'a été ni réprimée ni même constatée par les agens et commissaires de police.

Deux bandes d'enfans et d'ouvriers mal vêtus,

dirigés par quelques personnes mieux habillées, dont une bien reconnaissable par sa couleur, et par conséquent bien connue de la police, ont impunément parcouru pendant des heures entières l'espace immense qui sépare la cour Saint-Martin de la place Vendôme, criant d'illuminer, et attaquant par des pierres les fenêtres des maisons de ceux qui n'avaient pas prévu leurs injonctions, ou qui n'y déféraient pas sur-le-champ, sans que ni les postes devant lesquels ils sont passés, ni les nombreux agents de police, circulant sur la voie publique, ni les officiers de paix et les commissaires qui ont droit d'arrestation sur les gens sans aveu, et de requérir main-forte, aient rien fait pour empêcher de si graves désordres, pour en saisir les auteurs et les livrer à la justice.

L'une de ces bandes s'est détournée de sa route, et a violé impunément le domicile de M. Lafitte.

L'arrêt constate, que sur les cent trente personnes environ de ces bandes, arrêtées par les soins de l'état-major à la place Vendôme, le commissaire de police qui avait accompagné, remarqué et suivi quelque temps l'une des bandes, n'a pas dressé procès-verbal des interrogatoires qu'il leur a fait subir; il en renvoya le plus grand nombre (malgré les observations de M. le baron Gazan, officier d'état-major, qui en témoignait sa surprise), disant qu'il les reconnaissait, ou qu'ils n'étaient pas coupables; ceux qui furent renvoyés à la préfecture de police n'étaient presque que des enfans, et durent être relâchés par le premier juge d'instruction. Un enfant de cette bande avait déclaré, en pleurant, avoir reçu de l'argent; il pouvait faire d'importantes révélations; il a été renvoyé par le commissaire de police Mazug, et la justice n'a pu l'interroger.

La gendarmerie, mise pour la première fois en mouvement par ordre du préfet de police, qui n'avait pas, quoiqu'il en dise, abdiqué ni pu abdiquer son pouvoir en faveur de l'autorité militaire, se rendit sous le commandement du chef d'escadron Roësch, dans la rue Saint-Denis, à la nouvelle de l'investissement du poste de la rue Mauconseil, où le nommé Durupt s'était réfugié après avoir essayé d'arrêter un malfaiteur qui jettait des pierres à la fenêtre de la maison de son gendre, dont l'illumination venait de s'éteindre.

On devait s'attendre à la plus grande modération de la part de ce corps habitué aux mouvemens irréguliers d'une population nombreuse, avec laquelle il est tous les jours en contact, et dirigé en ce moment par un officier supérieur tenant la place du colonel.

Mais, soit que des ordres extraordinaires lui eussent été donnés à la préfecture de police, soit que dans ces derniers temps ce corps ait contracté des habitudes de violence, à cause des encouragemens et gratifications qu'il reçoit dans les graves occurrences, il mit le sabre à la main dès le marché des Innocens, pour répondre à de vaines clameurs, et ce fut un signal pour les gendarmes de se débander, et de faire des charges à droite et à gauche.

Il n'y avait rien de sérieux dans l'attaque prétendue du poste de la rue Mauconseil; l'arrêt constate que le peuple ne s'est livré à aucune violence, et n'a marqué aucune disposition hostile contre le petit nombre de soldats qui l'occupaient. Les rédacteurs officiels du *Moniteur* et de la *Gazette de France*, qui ont semé à ce sujet des accusations, le 20 et 21 novembre, savaient bien à cet égard la vérité; mais ils avaient intérêt à la dissimuler à leurs lecteurs, pour justifier les violences criminelles qui ont suivi, et pour jeter l'alarme parmi les électeurs des grands colléges, en leur faisant croire au retour prochain des scènes de la révolution.

Le poste se trouva dégagé, sans que Roësch et sa force eussent aucune démonstration à faire; il en convient, et cela résulte d'ailleurs des dépositions des commissaires de police Boniface, Lecrosnier et autres, qui se trouvaient alors sur les lieux. Roësch ne demanda l'assistance d'aucun d'eux; ils ne la lui offrirent pas, et cependant dans sa patrouille jusqu'à la porte Saint-Denis, et à son retour place du Châtelet, les violences de la troupe augmentèrent; plusieurs citoyens en ont été blessés, notamment le jeune Cabanis, frappé de trois coups de sabre, qui ont entraîné une incapacité de travail de plus de vingt jours, et lui ôtent l'usage de la main droite, et le tailleur Gleize qui a reçu un coup de sabre, en face de la cour Batave.

Le gendarme Magnat, qui faisait partie de cette expédition sous les ordres du lieutenant Humbert, interrogé (le 7 janvier) sur les charges qui ont causé ces blessures, s'il connaissait le nombre des victimes, répond qu'on ne s'en est pas occupé; interrogé si les officiers lui ont donné l'ordre de sabrer les citoyens, répond qu'il ne le sait pas. « Autant ne pas avoir d'armes, ajoute-t-il, que » de ne pas s'en servir quand l'occasion se pré- » sente. » Le magistrat lui objecte « que les lois » civiles, comme les lois militaires, défendent à » la force armée de faire usage de ses armes contre » des rassemblemens, avant qu'un officier civil » leur ait fait des sommations de se disperser. »
« On paraissait se moquer de nous! » C'est la réponse du gendarme.

La Cour royale, dans son arrêt, n'a pas insisté sur ces faits, dans l'impossibilité où elle s'est trouvée de consulter quelles violences avaient été commises, et par qui. Si le gendarme Magnat eût été renvoyé à la Cour d'assises, peut-être qu'un examen contradictoire eût amené des révélations.

Roësch a déclaré qu'à son retour il avait le soupçon qu'on élevait des barricades derrière lui; il n'est pas retourné sur ses pas de peur d'exposer ses cinquante hommes de cavalerie. La gendarmerie de Paris n'a-t elle donc de courage que quand il s'agit de frapper des citoyens désarmés? Le commissaire de police Galeton a déclaré, ce qui sera d'ailleurs évident pour tous, que l'on n'aurait pas à déplorer ces tristes événemens, si un corps de cinquante hommes était resté stationné entre les deux maisons qui ont servi de point d'appui aux barricades.

Construire des barricades pour empêcher l'action légitime de la force publique, est assurément un acte de rébellion. C'était donc devant la rébellion elle-même que le commandant Roësch et sa troupe reculaient.

Roësch alla rendre compte au préfet de police de sa mission, et revint sur la place du Châtelet, où des troupes nombreuses étaient concentrées. Si la foule, débouchant de la rue Saint-Denis, se porta sur cette place et nécessita quelques patrouilles, aucune aggression n'est reprochée à la population, malgré l'irritation produite par la mauvaise conduite des gendarmes. Cependant c'est sur le trottoir de la place du Châtelet que Guilbert, l'une des parties civiles, a reçu, d'un gendarme à cheval, un coup de sabre dans la figure qui lui a coupé le nez. C'est là que Leclerc, agent de police, arrêta le tailleur Plassing, après avoir usé de violences graves envers lui, sans motif, puisque le poste de gendarmerie remit sur-le-champ Plassing en liberté.

Guilbert n'a pu fournir aucun témoin, parce que dans ces mouvemens tout le monde fuit devant la force armée; parmi des gens à uniformes qui vous frappent dans la figure, du haut d'un cheval, comment reconnaître les coupables.

Quant à l'agent de police Leclerc, sans doute qu'il n'échappera pas à la vindicte des lois.

A peine la gendarmerie était retirée, que des individus, bien reconnaissables par les bonnets, vestes et tabliers *blancs* dont ils étaient vêtus, que cependant les nombreux agens de police qui étaient sur les lieux (notamment ceux de la brigade secrète de M. Franchet et ceux de la brigade secrète de M. Delavau, dirigées par Cossonet et Fargues.) disent n'avoir pas vus, que depuis ils n'ont ni découverts ni signalés, ont dressé trois barricades, et c'est ainsi que la rébellion a commencé.

On opérait avec une si grande sécurité, que l'on a dit que cela se faisait comme à l'entreprise.

Cependant les commissaires de police Boniface, Lecrosnier, Vaissade et autres, étaient de service et en surveillance au poste de la rue Mauconseil et dans ces quartiers.

Les rues et passages intermédiaires entre ces barricades sont restés libres.

Une patrouille de gendarmerie à cheval de vingt-cinq hommes, commandée par le lieutenant Lémire, arriva sur l'une et sur l'autre de ces barricades; au lieu de s'en emparer et de les détruire, et de faire des sommations, elle fit, comme le commandant Roësch, demi-tour devant la rébellion.

Presque au même moment, un corps considérable, *requis par le préfet de police*, et non par l'autorité militaire, descendit de la caserne rue du Faubourg-Saint-Martin et franchit deux des barricades; cette gendarmerie recula devant la troisième, quoiqu'elle eût la force nécessaire pour vaincre tous les obstacles, pour reconnaître et pour saisir les séditieux.

La gendarmerie de Paris, ce corps d'élite dont M. le vicomte de Foucault célèbre si hautement la bravoure et le courage, se retire une troisième fois devant la rébellion, devant les ennemis du roi! L'arrêt constate qu'aucun de ceux qu'elle trouva sous ses pas ne fut saisi ni livré à la justice, l'arrêt ajoute :

« Il y eut des violences exercées par quelques
» gendarmes, mais les résultats de ces violences
» ne sont pas connus, ceux qui en auraient été
» l'objet n'ayant fait aucune déclaration. »

Ce silence n'a rien d'étonnant, la police était parvenue à inspirer une terreur profonde; on a toujours désespéré d'obtenir d'elle aucune satisfaction, et il n'a pas moins fallu que le patriotisme de quelques-unes des principales victimes, pour en déterminer une huitaine à se faire connaître et à se porter parties civiles.

D'autres ont d'excellentes raisons pour ne pas paraître; ce sont des agens de police, des agens provocateurs.

Le gendarme Monchenu, interrogé le 5 janvier sur les causes de ces violences, dit :

« On chargeait malgré soi; on n'était pas maître » des chevaux. »

« Je croyais, lui dit le magistrat, qu'un bon » cavalier est toujours maître de son cheval ? »

« Mon cheval est à moi, répond brusquement » le gendarme, et *j'aime mieux écraser dix à » douze faubouriens* que d'abîmer mon cheval. »

Après une mercuriale sévère du magistrat, interpellé de dire qui lui avait donné l'ordre de charger, sinon qu'il sera personnellement responsable; dit qu'il ne sait, que le maréchal-des-logis Lucas était avec lui, et que le chef d'escadron Marquis commandait le détachement. Si ce maréchal-des-logis et ce gendarme, qui préfère son cheval aux citoyens qu'il est payé pour protéger, avaient été renvoyés à la Cour d'assises, peut-être que la criminalité de l'un ou de l'autre eût été éclaircie.

Après le passage du chef d'escadron Marquis, une force plus imposante encore se déploya sur la place du Châtelet, commandée par le comte Divonne, chef d'état-major, sur trois colonnes.

L'une de ces colonnes, commandée par le capitaine de la place, Bouvyer (sur le refus de l'aide-major Laboulerie), au débouché de la rue Grenetat, ayant trouvé de la résistance dans les barricades du passage du Grand-Cerf, ordonna de son chef un feu de peloton qui a blessé dangereusement le jeune Catillon, auprès de sa mère, au deuxième étage d'une maison qui fait le coin de la rue aux Ours, et le soldat Landrin, du 18°, appartenant au corps occupé à s'emparer de la première barricade à l'opposite.

Les autres victimes sont inconnues. L'excuse du capitaine Bouvyer paraît avoir été puisée dans une fausse interprétation de l'art. 25 de la loi du mois d'août 1791.

Cette loi dispense de la formalité des sommations dans deux cas, lorsque la troupe est obligée de céder le terrain qu'elle occupe aux rebelles, et lorsque les dépositaires de la force publique sont personnellement l'objet de violences plus ou moins graves.

La troupe de Bouvyer ne se trouvait pas dans le premier cas; si elle ne pouvait avancer, elle n'était pas obligée de reculer; les sommations pouvaient donc être faites, afin de laisser aux bons citoyens et aux citoyens égarés le temps de se retirer.

Bouvyer ne se trouvait pas personnellement

dans l'impossibilité de faire ou faire faire la sommation ; il n'a pas été atteint dans sa personne. Or, c'est la personne seule du chef que le 1er § de l'art. 25 de la loi a en vue ; s'il n'en était pas ainsi, une seule pierre jetée sur le dernier soldat suffirait pour autoriser la fusillade ! Ce n'est pas ainsi que l'a entendu le chef de bataillon Darracq ; ce n'est pas ainsi qu'on entend en Angleterre la loi martiale ; ce n'est pas ainsi non plus que l'entend la loi française ; celle-ci parle des *dépositaires de la force publique ;* or, d'après le principe de l'obéissance passive, cette autorité réside tout entière dans le chef. Il n'y a donc que la violence exercée contre la personne du chef qui puisse dispenser de la formalité ; car il n'y a que l'impossibilité de satisfaire aux précautions établies par la loi, qui puisse l'affranchir de la responsabilité toujours terrible du sang versé.

Si Bouvyer n'est pas *criminellement* coupable, il est au moins évidemment responsable, comme ayant, *par imprudence et inobservation des réglemens,* causé des blessures graves au jeune Catillon, au soldat Landrin, et un homicide (art. 319 du Code pénal) sur la personne du bottier Henry, qui laisse une mère et une veuve dans la plus profonde misère.

Le commissaire de police Lecrosnier avait quitté le capitaine Bouvyer qu'il avait la mission d'accompagner pour faire la sommation ; à une première faute aussi grave, il ajouta celle relevée séparément par l'arrêt, de n'avoir ni saisi les perturbateurs, ni dressé procès-verbal des effets de la fusillade. Sa négligence a été telle que le malheureux Henry, qui peut-être respirait encore, n'a été trouvé que le lendemain matin, au deuxième étage de la maison en construction qui fait face au passage du Grand-Cerf.

Le commissaire a dit pour son excuse le 17 mars, « que le feu qui venait d'avoir lieu et ses » conséquences l'avaient entièrement absorbé. » Il ne revint à lui que quelque temps après.

Mais lors du passage du détachement de Roësch, lors de la formation des barricades, il n'avait pris aucune mesure pour protéger l'ordre public.

Il déclare n'avoir pas eu d'instruction du préfet à ce sujet; quant au capitaine Bouvyer, il avait l'ordre, en cas de résistance, de *passer outre*. On lui a demandé ce qu'il avait compris d'une expression aussi vague : c'est de *faire feu,* a-t-il répondu. Celui qui a donné l'ordre, sans ajouter de prendre les précautions convenables, est M. le comte de Divonne.

L'arrêt constate que, pour excuser cette fusillade, les chefs de la force armée ont prétendu que des coups de feu avaient été tirés sur la troupe; ils citaient en preuve le sac et la capote du soldat Florenty, du 37°; mais l'instruction a constaté que le mauvais état de la capote et du sac provenaient d'une autre cause.

Pour justifier le commandement de faire feu,

donné à la barricade Saint-Leu, au 18ᵉ régiment de ligne, commandé en chef par M. de Divonne, en sous-ordre par le chef de bataillon Darracq, les chefs militaires ont d'abord prétendu que des coups de feu étaient partis de la maison en construction. Divonne, Roësch, le lieutenant d'Aux et autres avaient affirmé en avoir vu tirer; l'instruction a démontré qu'il n'y avait eu d'autres coups de feu que ceux tirés par le capitaine Bouvyer et son régiment.

Le gendarme Lagier qui, d'après l'impulsion de ses chefs, avait déclaré que son chapeau avait été percé d'une balle, n'a pas pu justifier son allégation; il a, au contraire, été constaté que le trou fait à son chapeau l'avait été par une baïonnette, conséquemment par les militaires eux-mêmes : on avait intérêt à supposer des provocations graves.

C'est le commissaire de police Vaissade, dont le caractère était tout pacifique, ou selon les dépositions des officiers du 18ᵉ régiment de ligne, le colonel Divonne, qui donna l'ordre d'apprêter les armes et de mettre en joue; mais le commandant Darracq s'opposa à temps à cette décharge qui eût été la plus meurtrière de toutes. L'arrêt signale la bonne et courageuse conduite de Douez, l'une des parties civiles; il était sur les marches de l'église Saint-Leu, au moment où il vit faire les dispositions pour tirer; il se jetta aux premiers rangs, il négocia avec les individus en état de résistance, derrière les barricades, et les troupes en furent mises en possession sans coup-férir. Pour prix de cette généreuse conduite, les gendarmes du comte d'Aux l'ont, quelques momens après, frappé d'un coup de feu, comme il se retirait paisiblement dans la rue aux Ours.

C'est le sous-lieutenant Suau, du 18e, qui formait le péloton d'avant-garde, c'est lui qui, dans la barricade, trouva un *agent de police* qui y avait travaillé, et qui se fit connaître à lui ; les autres officiers du régiment crurent remarquer que ceux qui se rangeaient au passage des troupes étaient des agens de police. L'arrêt n'a pas mentionné la circonstance très-importante qu'un des agens de la police secrète de M. Franchet, cantonnée chez le marchand de vin, qui fait le coin de la rue Montorgueil et de la rue Mauconseil, a été frappé par la force armée, dans la partie de la rue Mauconseil, qui débouche dans la rue Saint-Denis, près de la première barricade, et que cet individu, nommé Chéry, s'est bien donné garde de rendre plainte et de se constituer partie civile.

La Cour royale n'a pu éclaircir quelle fut la conduite des autres agens de police; ceux de la police *secrète* de M. Delavau, de la police centrale, et même de la police militaire, qui étaient sur les lieux de très-bonne heure. Ces investigations auraient pu soulever un coin du voile qui couvre ces journées.

La Cour n'a pas parlé des notes écrites sur les lieux par le chef de police Cossonet, et des rapports adressés par le commissaire Genaudet, d'après ces notes, à M. Franchet; ces agens les avouent; ainsi il paraît que tout est adhiré ou a disparu.

La Cour ne s'attache qu'aux faits extérieurs et matériels; ainsi, quoique la première barricade fût dépassée par la troupe de ligne, les gendarmes tirèrent des coups de feu dans la rue aux Ours, dans les fenêtres de plusieurs maisons qui ne se fermaient pas assez vite, et dans la maison en construction. On avoue l'ordre de faire feu sur cette maison, parce que les provocations et les pierres provenant de ceux qui y étaient réfugiés, justifient l'action; mais on a essayé de nier les coups de feu tirés aux fenêtres des autres maisons, et surtout ceux tirés dans la rue aux Ours, qui ont tué le jeune Lasoussois, qui ont causé au cordonnier Denis une blessure qui a nécessité l'amputation de la cuisse, à une femme nommée Ravizard, l'amputation d'un doigt, et qui ont blessé très-grièvement le courageux Douez et le jeune Blanqui. La criminalité de ces actes est constatée de la manière la plus authentique.

Il n'y avait pas de rassemblement ni de résistance dans la rue aux Ours; aucun officier civil n'a fait de sommation; les officiers de gendarmerie se défendent d'avoir donné l'ordre de tirer dans cette rue; le comte d'Aux, chef immédiat, dit qu'il ne connaît pas les gendarmes qui ont tiré, parce qu'ils ne font pas partie de sa compagnie, quoique le gendarme Monchenu déclare qu'ils se connaissent tous dans le régiment.

Ainsi l'uniforme de gendarme couvre des meurtriers, à moins que les coupables ne soient ceux qui, d'après l'ordre du colonel Foucauld, ont été expédiés à Brest pour les Colonies, avec celui qui a été expédié dans les Vosges, ou ceux qui ont été licenciés; mais on a dissimulé les véritables causes des mutations.

Aucun gendarme n'a été puni par l'ordre de ses chefs; tous, au contraire, ont reçu des gratifications le 26 novembre, avant l'époque semestrielle. L'état des cartouches n'a pas été vérifié à la rentrée dans la caserne, ou on ne veut pas faire connaître le résultat de cette vérification.

Le gendarme Paap ou Pape est convaincu par la déposition d'un agent de police, de plusieurs de ses camarades, et par son aveu, d'avoir tiré; mais comme son renvoi à la cour d'assises eût été inévitable, s'il était constant que les coups ont été déchargés dans la rue aux Ours, c'est dans la maison en construction que l'on prétend qu'il a tiré.

Le crime existe, il restera donc impuni faute de preuves suffisantes. Il était des devoirs des agens de police, des officiers de paix, surtout du commissaire Vaissade, si ardent dans son zèle, de constater, par un procès-verbal, ce qui se passait sous ses yeux ; de fouiller la maison en construction où s'étaient réfugiés les perturbateurs, d'arrêter ceux que les officiers du 18e ont surpris dans les barricades.

Rien de tout cela n'a été fait, l'ordre eût été donné par le préfet de police de laisser impunis tous les artisans de trouble, de ne recueillir que les faits qui paraissaient accuser une population paisible et soumise aux lois, qu'il n'eût pas été mieux exécuté.

La police tout entière eût conspiré contre l'ordre établi ; l'ordre eût été donné à la gendarmerie de Paris de massacrer les citoyens paisibles et sans défense, qu'il n'en aurait pas été autrement.

Un fait à remarquer est que les gendarmes qui ont commis ces crimes sont ceux partis de la préfecture de police, et dont les armes, contre l'usage adopté par la gendarmerie depuis dix ans, et contre celui qui fut observé par le chef d'escadron Marquis et par d'autres, ont été chargées dans la cour de la préfecture et en la présence du préfet.

L'adjudant-major de Fromont, qui a donné cet ordre, avait dîné ce jour-là chez M. Delavau, avec le commandant Roësch et le colonel de Divonne.

Il est permis de penser que dans ce dîner il fut question des dispositions prises ou commandées pour la soirée, et de la conduite qu'il y aurait à tenir.

La justice, réduite à avouer son impuissance sur les auteurs de ces violences, et de tous les désordres de cette soirée, a heureusement réservé l'action civile aux victimes ; elle l'a réservée envers et contre tous.

Ce ne sont pas seulement Lecrosnier et Vaissade qui ont manqué à tous leurs devoirs ; leur collègue Boniface, qui a déclaré avoir reçu de M. Delavau l'ordre de ne pas constater dans cette soirée les légères infractions à l'ordre public, a pensé sans doute que relever des barricades déjà ensanglantées, sur lesquelles se précipitaient des malheureux aigris par les violences criminelles de la gendarmerie, qui sans doute étaient conseillés et dirigés à leur inçu par des agens provocateurs de deux polices, que leurs maîtres n'ont osé avouer à la justice, n'était pas une chose que l'on dût empêcher. Il était bon peut-être de fomenter la sédition, afin que la répression fût plus terrible.

L'arrêt constate que le capitaine Mouiller, du 18e, qui commandait le 3e détachement stationné rue Mauconseil, près la rue Saint-Denis, et qui a déclaré lui-même à la justice, qu'il pouvait facilement et qu'il devait empêcher la réédification des barricades qui se formaient à sa droite et à sa gauche, a été retenu à son poste pendant tout le reste de la soirée, par le commissaire de police Boniface, et M. Delavau prétend que tout, dans cette soirée, dépendait de l'autorité militaire, et il s'est écrié que c'était la force armée et non la police qui avait tout fait, tandis que le 18ᵉ régiment et ses officiers appelés par le peuple, ont été partout aussi pacifiques et protecteurs que la gendarmerie de Paris a été lâche et cruelle.

Après la prise de la première barricade par les troupes de ligne, Roësch, au lieu de la faire détruire de fond en comble par les gendarmes à pied et à cheval dont il avait le commandement, a fait tourner bride à sa cavalerie pour la seconde fois, et a été se perdre par des rues détournées, rue Saint-Martin jusqu'à la porte Saint-Denis, prétendant qu'il n'avait pas une connaissance suffisante des rues.

Mais dans ces intervalles les sabres de ses gendarmes ont encore pris connaissance du sang des citoyens.

Dans une petite rue du voisinage, ils ont blessé grièvement un citoyen qui s'est constitué trop tard partie civile, et n'est pas nommé dans l'arrêt de la Cour, et d'autre part, rue Bourbon-Villeneuve, le jeune Adolphe Dudon, qu'ils ont poursuivi près de son domicile, bien loin assurément du lieu des rassemblemens et des points de résistance.

Le gendarme Monchenu a déclaré qu'ils marchaient en désordre et se détachaient fréquemment de leurs pelotons ; est-ce là cette discipline si vantée par le colonel de Foucauld ? Les gendarmes et leurs chefs pourront-ils donc ainsi se réfugier devant leur indiscipline, pour échapper à la vindicte des lois, quand ils auront tourné contre les citoyens les armes qui leur sont confiées pour les protéger?

Sur la place du Châtelet, l'aide-major Labouterie a maintenu, sans aucun acte de violence, la paix publique dans ces quartiers et dans les rues avoisinantes ; ses patrouilles ont imité sa conduite, tant il est vrai que la modération du chef suffit pour maintenir les subalternes dans leur devoir. Il est vrai que les agens de police qui devaient diriger ces patrouilles, et qui avaient conseillé partout où ils se trouvaient l'emploi de la force armée, à l'imitation du commissaire Vaissade, les avaient abandonnées aussitôt le départ des trois colonnes dirigées par le colonel Divonne. Sans doute ils avaient la mission de se trouver au moment le plus critique dans les barricades elles-mêmes.

Le dernier fait relatif à cette journée, met en scène le baron de Montgardé, maréchal-de-camp, commandant la première division par *intérim*. M. le conseiller d'état Franchet, par sa lettre du 18 novembre, déclare cet officier-général, inapte au commandement, et c'est le seul qui, avec le chef de bataillon Darracq, l'aide-major Labouterie, et le capitaine Mouiller, ait agi avec la prudence et la fermeté que les circonstances commandaient.

Arrivé devant la première barricade, et quoique assailli de pierres de la maison en construction, ce général ne commanda pas sur-le-champ de tirer dessus, comme l'avait fait de son aveu le chef de la gendarmerie, comme l'avait prescrit imprudemment M. Divonne, ou le commissaire Vaissade, et comme l'a exécuté le capitaine Bouvyer.

Cet officier-général fit un peu reculer ses troupes, s'avança seul, somma les mutins, obtint un plein succès de sa fermeté. Il ne se contenta pas, comme l'avaient fait ceux qui l'avaient précédé, de se faire un passage à travers la barricade, il la fit détruire tout-à-fait, plus prévoyant que les commissaires de police. Il fit plus encore, il fit fouiller la maison en construction ; s'il n'y fit arrêter que des individus depuis relâchés par la justice, c'est parce que cette maison avait une issue par la rue du Cygne : c'est par là que les véritables coupables se sont échappés. Sans doute ils avaient choisi ce poste à dessein.

Il fit également fouiller la maison en construction en face le passage du Grand-Cerf. Si l'on n'atteignit pas ceux qui avaient gagné les étages supérieurs et les toits, est-ce à lui qu'on doit l'imputer, ou aux commissaires qui, quoique éclairés par une expérience bien funeste, n'ont pas pris les mesures nécessaires pour empêcher cette double invasion, et qui, d'ailleurs, comme l'arrêt le constate, n'ont dressé aucuns procès-verbaux des arrestations, ce qui a mis la justice dans l'impossibilité de prouver la connaissance de cause.

Des agens de police étaient en permanence dans la rue de la Féronnerie, dans le Marché des Innocens, dans tous les points aboutissant à la rue Saint-Denis; aucun d'eux n'a pu fournir des renseignemens sur les blessures graves portées à MM. Dallet, Janin, Cellier, Lemoine, Bignon et autres.

Cette triste journée finit vers une heure après minuit, M. le comte Divonne et l'aide-major Labouterie allèrent en prévenir le préfet de police, et lui raconter tout ce qui s'est passé. C'est après avoir entendu ce récit qu'il s'écria avec un air de satisfaction : « On ne dira pas cette fois que c'est » la police ; c'est bien vous, messieurs, qui avez » tout fait; » comme s'il prévoyait que ces événemens donneraient lieu à une responsabilité qu'il lui importait de détourner, et comme si sa conscience lui criait, qu'en effet la police pouvait, d'après ses antécédens, être naturellement suspectée.

JOURNÉE DU 20 NOVEMBRE.

En quittant M. le préfet de police, les chefs

militaires l'avaient informé de la nécessité de faire murer les deux maisons en construction. L'arrêt constate qu'on se borna à renfermer les matériaux déplacés la veille dans ces maisons, et qu'ils restèrent ainsi à la disposition des perturbateurs. Selon l'arrêt, la faute en serait au commissaire de police Vaissade et à l'inspecteur de la salubrité, Parton, qui n'auraient pas exécuté les ordres donnés par M. Delavau.

Ceux-ci, au contraire, se défendent en disant que l'ordre du préfet a été exécuté tel qu'il a été donné, et que, d'ailleurs, il a approuvé l'exécution d'après le compte qui lui a été rendu.

L'autorité était avertie de toutes parts que les scènes de la veille seraient renouvelées; le conseiller d'état Franchet, directeur de la police générale, en fut prévenu par *écrit;* il ne donna ni ordres ni instructions *écrites*, mais il eut une conférence avec M. Delavau.

Celui-ci ne publia aucune ordonnance contre les attroupemens, quoiqu'il fût informé que le seul fait d'avoir fait partie des rassemblemens avait été pour les gendarmes, dans la soirée du 19, un motif pour charger, pour sabrer et pour fusiller les citoyens.

Mais, dès le matin, le préfet plaça la gendarmerie de Paris sous les ordres de l'autorité militaire. L'arrêt dit qu'il en avait été ainsi la veille. Il est vrai qu'un ordre semblable, pour la soirée du 19, existe matériellement dans les pièces de la procédure, mais aucune instruction n'a été faite pour s'assurer que cet ordre a véritablement existé. Tout prouve qu'il est supposé; s'il eût existé, sur le compte qui lui en aurait été rendu, S. Exc. le marquis de Clermont-Tonnerre, ministre de la guerre, eût donné les instructions au général Montgardé; le préfet de police n'eût point adressé *directement* sa réquisition au comte d'Aux, au chef d'escadron Marquis, au commandant Roësch; le chef d'état-major Divonne ne fût pas venu prendre ses ordres à la préfecture, il n'aurait obéi qu'à ceux de son chef immédiat.

Un ordre du 19, qui a été inconnu de l'état-major, a été fabriqué après coup, pour mettre sa responsabilité à couvert sur les événemens du 19, et pour justifier ces paroles : *On ne dira pas que c'est la police;* c'est bien vous (chefs militaires), qui avez tout fait.

Dans la lettre au général Mongardé, on voit percer à chaque ligne le désir d'un engagement qui amène un coup *décisif*, afin de procurer aux *soldats du roi* une victoire sur ses *ennemis*. C'est ainsi qu'un ministre du roi qualifie des Français égarés par des agens provocateurs, ou par le ressentiment de l'indigne conduite de la gendarmerie envers toutes les classes de la population.

« Vous vous concerterez avec M. le préfet de
» police pour que toutes les formes légales pro-

» tectrices soient observées, quoique le délit *soit*
» *flagrant*. »

Nous avons bien lu dans nos lois, que quand le délit est flagrant, les officiers de police judiciaire ont droit d'arrestation, même pour un simple délit envers les non-domiciliés, mais nous ne savions pas encore que ce fût un motif suffisant pour opérer un coup décisif, en envoyant à la mort les innocens et les coupables.

Au reste, M. le général Montgardé, dans ses instructions écrites, s'exprime avec une modération qui contraste avec la lettre de son supérieur.

Avec les forces nombreuses mises à la disposition des autorités civile et militaire (la garde royale et les troupes de la garnison composent une armée), et avec l'armée des agens de police, il était facile sans doute d'empêcher la réédification des barricades, et de protéger l'ordre public et les propriétés contre cette horde de malfaiteurs qui, vers sept heures et demie du soir, envahirent la rue Saint-Denis et les rues adjacentes, criant d'illuminer, vociférant, et cassant des vitres, inspirant une telle terreur que toutes les boutiques furent fermées, et que les habitans s'apprêtèrent à se défendre chez eux de toute aggression. Des patrouilles, si faibles qu'elles fussent, pourvu qu'elles eussent été multipliées, suffisaient pour dissiper ces groupes menaçans.

Il n'y avait rien à craindre pour ces patrouilles, puisqu'aux deux extrémités de la rue Saint-Denis, sur le boulevard et à la porte de ce nom, et place du Châtelet, il y avait des forces imposantes stationnées, et qu'elles s'appuyaient à la garde royale ; l'appareil était si formidable, que la résidence royale elle-même en était environnée.

Cependant, le post-scriptum d'une lettre écrite au commencement de la soirée, reproche au général Montgardé d'avoir laissé circuler une patrouille de huit hommes de ligne, qui aurait été insultée.

« Il avait été convenu, dit-il, qu'il ne serait pas
» fait de patrouilles de police avant onze heures
» du soir. »

Comment, avec qui, et à quelle heure cette convention avait-elle été faite ? C'est ce que l'instruction ne fait pas connaître. Le général Montgardé n'a point conféré en personne avec M. Delavau : serait-ce M. Franchet qui, prenant l'initiative, comme dans la journée du 18, se serait rendu l'intermédiaire entre la préfecture de police et l'autorité militaire ? Nous l'ignorons. Comme on n'a pu interroger M. Franchet, et comme aucune question n'a été adressée au général Montgardé, ni au préfet de police, à ce sujet, on est réduit à de simples conjectures.

M. Delavau s'est borné à justifier la mesure ; *il ne voulait pas comprimer la manifestation des joies populaires;* comme si les cris provocateurs et le brisement des vitres étaient la manifestation d'une joie licite; comme si ces patrouilles se soutenant les unes les autres, et s'appuyant à des troupes aussi nombreuses, avaient rien à craindre de quelques individus déguenillés et désarmés. Le poste de la rue Mauconseil, commandé par un caporal qui se trouvait au milieu du feu des barricades, a-t-il eu à souffrir d'aucune aggression? nullement, et au contraire les soldats du poste ont été, pour la plupart, spectateurs de la formation des barricades.

Suivant l'arrêt, elles commencèrent sur les huit heures; un agent de police, témoin oculaire, déclare qu'elles ont duré deux heures ou une heure et demie; il est certain qu'elles étaient terminées à dix heures, et que les troupes stationnées à la porte Saint-Denis, sous le commandement de M. de Divonne, qui en avait l'avis, ne s'ébranlaient pas; il fallait, a-t-il dit, du temps pour échelonner les troupes.

Que faisait cependant la troupe stationnée à la place du Châtelet, cinq minutes à peine du chemin la séparait de la barricade Saint-Leu.

Au moment de son arrivée sur la place du Châtelet, le général Montgardé qui allait marcher dans la rue Saint-Denis, reçoit du préfet de police le faux avis qu'une patrouille (dont l'instruction n'a pas fait connaître le chef) avait été insultée, et que les groupes de la rue Saint-Denis se portaient sur la rue Saint-Honoré. Cette lettre lui fut portée par l'officier de paix Hubert, qui ne fit pas connaître au général, et qu'on savait déjà à la préfecture, que les barricades se formaient. Ce secret a été gardé jusqu'à la fin de la *longue* et inutile patrouille faite par cet officier général, c'est-à-dire pendant une heure et demie; elle lui fut remise avec tant de précaution et de mystère, qu'il crut que les bandes pourraient se diriger vers les Tuileries; il divisa sa troupe en deux parties: l'une commandée par le chef de bataillon Deshortier, se dirigea par les quais jusqu'à l'Oratoire; lui-même se porta de sa personne par la rue Saint-Denis, au commencement de la rue Saint-Honoré, et s'y engagea, sans envoyer un seul détachement dans la rue Saint-Denis; en ce moment la troupe n'était qu'à deux minutes de chemin de la première barricade.

Ce corps parti, il restait sur la place du Châtelet, une force assez imposante encore, commandée par M. de Breu, officier d'état-major, qui en mobilisa une partie en la mettant sous les ordres du chef de bataillon Neuville.

En effet l'existence de ces barricades avait été reconnue par l'officier d'état-major en personne, M. de Breu, qui se retira sans avoir été insulté.

On ne fut en mesure d'attaquer les barricades que sur les dix heures, d'un côté au midi le chef de bataillon, du 37º, M. Deshorties, résista courageusement aux conseils sanguinaires du commissaire de police Roche, qui lui criait : *Commandant on vous insulte, et vous ne faites pas feu;* comme si un soldat devait répondre à des injures qui ne l'atteignent pas, par une fusillade. Le capitaine *Abbadie,* fidèle au système de modération, dont les officiers de la ligne, excepté le colonel de Fitz-James, ne se sont pas départis dans ces journées, répondit à son tour aux provocations dont lui et sa troupe étaient l'objet, qu'il n'avait pas cru qu'*on dût échanger des balles contre des pierres.*

Ce système de modération eut un plein succès; comme la veille, la barricade Saint-Leu fut prise sans effusion de sang.

Honneur à ces braves militaires, dont l'éducation, quoique dirigée vers l'emploi non raisonné de la force, trouvent dans leur raison et dans leur conscience des inspirations que la gendarmerie, force essentiellement civile et pacifique, n'a ni ressenties ni mises en pratique.

D'un autre côté, le général Montgardé, après une heure et demie de marche, en débouchant de la rue du Caire, remonta encore jusqu'à la porte Saint-Denis, il rencontra le colonel de Divonne, qui était resté immobile avec sa troupe pendant plus d'une *heure,* l'arrêt le constate, et prit des rues latérales pour se rendre au marché des Innocens, où il n'existait pas de point de résistance, et où le chef de bataillon Deshorties se trouvait déjà, pour maintenir la communication avec la place du Châtelet.

Cependant le colonel Fitz-James, commandant en second le corps principal, s'approchait avec lui de la première barricade; il fut rejoint, dit l'arrêt, en cet endroit, par le commissaire de police *Galleton, qui était là depuis long-temps,* et qui, par conséquent, avait dû être témoin de l'élévation des barricades, fait dont a déposé entr'autres, avec beaucoup de précision, M. Placide Justin.

Ce commissaire a fait des sommations, mais sans en attendre l'effet ni l'ordre de son général, qui accourut bientôt pour en empêcher les suites. M. le colonel de Fitz-James ordonna au sous-lieutenant Courtray, du 37e, un feu de peloton.

Cette décharge a été meurtrière, cinq personnes, dont deux sont restées inconnues, le jeune Duclos, et Benoit, ouvrier couvreur, ont expiré sur-le-champ; la cinquième victime, le jeune Masson, est mort quatorze jours après à l'hôpital.

La nécessité absolue de cette décharge est-elle constatée judiciairement?

Le colonel, dit l'arrêt, a cru qu'on tirait sur la troupe; mais le contraire est démontré par l'instruction et par l'arrêt: c'était tout au plus des pétards.

On jettait des pierres de derrière les barricades, mais le commissaire de police Galleton, dit qu'étant le plus avancé à cause des sommations, il n'en fut pas même blessé. *Ces pierres,* ajoute-t-il, *étaient peu de chose; cela n'en valait pas la peine.*

Ainsi le colonel de Fitz-James a versé le sang français au moins imprudemment; il devait, comme le capitaine Abbadic, ne pas répondre par des balles, à des pierres. Il devait imiter les chefs de bataillon Deshorties et Darracq, qui lui avaient tracé de beaux exemples : la témérité du capitaine Bouvyer devait être une leçon pour lui.

Mais on a fait des sommations! ces sommations n'ont pas été accompagnées d'un roulement de tambour, selon la loi, et d'ailleurs selon le commissaire Galleton lui-même, au moment où la fusillade fut exécutée; on avait déféré à ces sommations; il ne se trouvait plus entre les deux barricades que *les gens qui ont été tués;* l'agent de police Grosclaude atteste la même chose; mais il y a plus, les sapeurs du régiment, notamment Michel, Boulogne, Subirau, qui ont détruit cette barricade, attestent qu'en effet tout fuyait, et que la résistance *avait cessé* au moment du feu.

Rouède, chef des sapeurs, sur la demande du magistrat, s'il n'a pas remarqué que les individus qui paraissaient avoir travaillé aux barricades, en étaient sortis pour venir se ranger derrière la troupe, a répondu qu'il en est sorti plusieurs. (Interrogatoire du 7 décembre). Cette déposition importante est confirmée par celles de Michel, de Boulogne, de Cherbal.

Ainsi ce que le lieutenant *Suau* avait remarqué la veille dans la barricade Saint-Leu, de l'intervention active des agens de police, se reproduit ici d'une manière non moins positive, et la police prétend qu'elle est innocente de tout ce qui s'est passé!

Le commissaire de police Galleton, traversant avec la troupe la première barricade, n'a point interrogé les agens de police; il n'a pas dressé procès-verbal des effets de la mousqueterie; et ce n'est que deux heures après, sur les minuit, que le commissaire Foubert intervint pour faire enlever les victimes dans un fiacre. La mère du jeune Duclos fut obligée de payer le rachat du corps de son fils, porté avec les autres à la morgue; long-temps elle éprouva des refus, et dans son désespoir maternel elle s'écriait douloureusement : Encore s'il m'était permis de le baigner de mes larmes! Cette malheureuse famille sollicite en vain depuis quatre mois des secours et indemnités, on lui fit d'abord des promesses pour acheter son silence; aujourd'hui que tout paraît jugé, on ne veut pas les tenir.

Les torts de M. Fitz-James ne se renferment pas dans la fusillade par lui ordonnée, pour la prise d'une barricade qu'on ne défendait pas. L'arrêt constate que, malgré les défenses du général, et sans qu'il ait été fait de sommations ultérieures, la fusillade continua à l'attaque de la barricade du Grand-Cerf, qui ce jour-là était la seconde; cependant tout le monde fuyait; la résistance était concentrée dans la maison en construction. Il est vrai que l'on continua de jeter des pierres; mais la personne de M. le colonel n'a pas eu à en souffrir, et dès-lors il ne se trouvait pas dispensé des sommations; il n'était pas dans le cas d'exception prévu par le 1er § de l'art. 25 de la loi du 3 août 1791. Sa responsabilité demeure donc tout entière à l'égard des parties civiles, Parizot, Henot et Garnier, qui furent atteints par ces coups de feu.

M. de Fitz-James est sans doute du nombre de ces militaires dont toute la vie a été honorable, qui n'a jamais encouru le blâme de son ordre, ni mérité aucune suspension de son grade; nous ne lui supposons pas des intentions criminelles. La première partie de son rapport du 21 novembre, qui, au reste, n'est qu'une apologie, rend justice aux dispositions pacifiques de la population de Paris. Mais M. le colonel s'irrite à la première désobéissance à ses ordres; il se laisse quelquefois entraîner par son zèle. Lorsqu'il commandait la place de Foix, chef-lieu du département de l'Arriège, en 1815, un ordre du jour publié par lui, le 27 juillet, et imprimé pour réprimer les mauvais propos tenus par des officiers, a ordonné pour être exécutées sur-le-champ les mesures suivantes :

« Art. 1er. Tout individu qui colportera ou ré-
» pandra dans tel lieu public ou *particulier* que
» ce soit, des écrits insidieux et mensongers, ve-
» nant soit de l'armée rebelle, soit de tout *autre*
» endroit, et qui ne seront pas revêtues de la si-
» gnature d'une autorité reconnue par le roi, sera
» arrêté, jugé et fusillé dans les vingt-quatre
» heures comme rebelle.

« Art. 4. Il est ordonné à tous les ex-fédérés
» de remettre de suite, chez le commandant de
» la place, les armes, soit de munition, soit de
» chasse, toutes les munitions de guerre et la
» poudre ou plomb qu'ils ont dans leurs mai-
» sons ; celui chez lequel on parviendra à en dé-
» couvrir sera arrêté et traduit devant la com-
» mission militaire, qui le jugera *d'après les in-
» tentions qu'il plaira* de lui supposer, pour
» s'être trouvé en contravention au présent ordre.

» Art. 5. Tout individu qui aura répandu une
» nouvelle alarmante sera arrêté si on le connaît,
» et obligé de prouver de qui il la tient ; faute de
» quoi, il sera renfermé, et jugé comme pertur-
» bateur de la tranquillité publique.

» Art. 6. Il est expressément défendu à tous
» les fédérés de sortir de la ville et d'en dépasser

» les limites sans un ordre positif du maire, visé
» par le commandant de la place. Tous ceux qui
» seront pris passant sur le pont ou à d'autres
» issues, seront renfermés à la Tour et jugés
» comme *mal-intentionnés.* »

Cet ordre se termine par une invitation à tous les habitans honnêtes, d'avoir les yeux sur les mal-intentionnés, de les arrêter eux-mêmes, ou au moins de les dénoncer.

L'ordre écrit donné par M. le général Montgardé défendait expressément de tirer aux fenêtres, à moins d'aggression évidente; cependant, M. Galleton, commissaire, a déclaré que les gendarmes à pied sous les ordres de M. le colonel de Fitz-James, et l'arrêt constate aussi que les soldats du 37° de ligne qu'il commandait, ont tiré sur les fenêtres, comme si Paris eût été une ville prise d'assaut. Tous les habitans furent obligés de se retirer au fond de leurs appartemens, et n'y étaient pas en sûreté. M. Goglet a été frappé au deuxième étage de sa maison dans cette soirée, comme le jeune Catillon l'avait été à côté de sa mère dans la soirée précédente. Nous n'avons pas été exposés à ces horreurs lors de l'entrée des Russes, des Prussiens et des Autrichiens, en 1814 et en 1815!

Les charges de gendarmes à cheval se sont multipliées dans cette soirée. M. Foy en a été l'une des victimes; le fait qui le concerne a tout le caractère d'un assassinat, et il n'est pas possible de découvrir le gendarme qui l'a frappé de son sabre, ni l'officier commandant. L'autorité militaire ne les a pas fait connaître! Telle est la réponse de l'arrêt; et elle seule pouvait le faire, car on fuyait devant les coups de sabre; et comment veut-on que les *piétons* aient pu, sous l'uniforme, reconnaître leurs meurtriers!

Si ces faits restent sans réparation, la société a droit de s'alarmer; car on n'a pas, pour se défendre contre les excès de la force armée, les mêmes moyens que contre les malfaiteurs ordinaires. Ceux-ci se cachent dans l'ombre; mille signes les font reconnaître, tout les trahit; tandis qu'ici tous les gendarmes coupables trouvent un abri derrière l'esprit de corps, qui empêche leurs chefs ou leurs camarades de les nommer.

D'autres personnes que M. Foy, dit l'arrêt, ont aussi été blessées par des coups de feu, ou des coups de sabre ou de baïonnette; on ne les connaît pas. Les commissaires, officiers de paix et agens de police ont oublié que leur premier devoir était de constater les faits, et de veiller à la sûreté des personnes. Leur consigne était uniquement *d'observer*, et pas un d'eux (si nombreux qu'ils aient été) n'a mis sur la trace d'aucuns des coupables de ces journées? N'est-on pas en droit de dire qu'ils en étaient les complices, qu'ils en étaient même les provocateurs; car c'est un fait constant au procès, qu'ils se trouvaient dans les barricades et qu'ils y ont mis la main.

Est-ce vous brigades secrètes Fargues et Cossonnét ? Est-ce d'après les ordres ou instructions de MM. Franchet et Delavau, vos maîtres ? L'arrêt constate que vous étiez en grand nombre, surtout le mardi où le trouble était prévu par la police, sur les lieux où s'accomplissaient ces tristes événemens si bien exploités par les feuilles, et surtout par les correspondances ministérielles auprès des grands colléges de départemens !

Accuserez-vous encore la population de Paris ? L'arrêt vous répond « que les habitans de la rue
» Saint-Denis, étrangers au désordre dont ils
» étaient les victimes, se tenaient presque tous
» renfermés chez eux, et que si quelques objets
» ont été jetés par des fenêtres, ce n'était que des
» étages supérieurs, occupés par des personnes
» moins intéressées au maintien de l'ordre public,
» que disposées à se venger des violences exercées
» la veille et des fusillades qui avaient signalé
» cette soirée, ou des maisons occupées par des
» marchands de vin et limonadiers, » où les provocateurs avaient pu se réfugier.

Des distributions d'argent ont été faites pour exciter les troubles, pour lancer des pétards, pour parcourir les rues, pour vociférer des menaces, pour attaquer les propriétés !

Sont-ce les électeurs triomphans dans les élections de Paris qui avaient intérêt à fomenter les désordres, et à s'enlever à eux-mêmes toute chance de succès dans le grand-collége?

Si la confiance publique n'avait pas sur-le-champ rejeté sur la police la provocation ou la complicité de ces désordres, le corps électoral, composé des deux mille citoyens les plus imposés de Paris, n'aurait-il pas exprimé sa désapprobation, en faisant ses choix parmi les candidats du ministère?

L'impuissance de la justice elle même, est une des circonstances qui accuse le plus l'ancienne administration de la police; car c'est à celle-ci qu'on doit ordinairement ses premières lumières; c'est même par elle seule qu'elle peut connaître les faits qui se passent sur la voie publique; car, à Paris, les juges d'instruction, les membres du ministère public, les juges de paix, les maires et adjoints, et autres officiers de police judiciaire, ont remis toutes leurs attributions entre les mains du préfet de police, des commissaires de police et de ses agens.

Tant que cet état de choses, qui n'a rien de légal, durera, on peut affirmer que la police, si elle retombait dans des mains hostiles, pourrait impunément se livrer à toutes les provocations, à toutes les aggressions possibles envers la population.

On a osé dire que la population de Paris nourrissait une défiance injurieuse envers l'autorité, et que c'est là le motif qui a empêché l'action, en temps opportun, de la force armée !

Sans doute cette population est payée pour ne pas accorder sa confiance à cette gendarmerie qui se précipite sur elle sans aucune des précautions légales, et qui préfère un cheval à dix ou douze faubouriens. Mais, dans les soirées des 19 et 20 novembre, la troupe de ligne fut reçue partout avec confiance; M. de Neuville et d'autres officiers du 18ᵉ déclarent qu'ils ont été vus, le 21, avec des transports de joie.

Des habitans notables de la rue Saint-Denis se sont transportés le même jour chez M. le préfet de police, pour lui demander un grand déploiement de forces, et pour se plaindre de l'inaction de ces forces dans les journées précédentes.

Mal reçus de ce fonctionnaire, ils se sont adressés à la députation de Paris, qui s'est retirée devant M. le président du conseil, et c'est à cette intervention seule qu'est due la cessation des massacres : on peut qualifier ainsi l'action de la gendarmerie de Paris.

Dans cette conférence, M. le président du conseil prophétisait déjà l'impuissance de la justice. « Ce n'est ni vous, ni moi, disait-il, qui avons provoqué ces troubles (car il reconnaissait comme nous des agens provocateurs; mais vous ne les découvrirez pas ! » Nous invoquons ces paroles, car nous savons qu'il en a été dressé *memoran-*

dum, afin qu'elles ne fussent pas perdues pour l'histoire.

De quels antres secrets étaient donc sortis ces provocateurs, que M. de Villèle lui-même désespérait de démasquer? Quelle main mystérieuse les protége?

Après avoir rendu aux deux chambres de la Cour royale le juste hommage qui leur est dû pour ce qu'elles ont fait de bien, en éclairant les faits et en préparant la justice du pays, qu'il soit permis aux parties civiles, menacées de rester sans réparation, de se plaindre de l'excessive indulgence à l'égard des coupables, en acquiesçant aux conclusions du procureur-général tendant à ce qu'il fût mis fin à l'instruction.

Si elle eût continué d'instruire après avoir constaté les faits importans signalés dans son arrêt, elle eût, nous osons le croire, atteint plus d'un coupable; plus d'une révélation lui serait parvenue; et, dans tous les cas, elle n'a pas épuisé tous les moyens que la loi lui donnait pour découvrir la vérité.

Elle n'a décerné de mandat d'arrêt contre personne, ce qui a permis aux coupables de se concerter : les individus les plus soupçonnés n'ont pas été confrontés avec les faits accusateurs; le capitaine Bouvyer avec le commissaire Lecrosnier; le commissaire Vaissade avec le chef de bataillon Darracq; le commissaire Boniface avec le capitaine Mouiller ; le lieutenant Suau et les sapeurs de Rouède avec les agens de la police secrète ; Roësch et d'Aux avec Douez, Blanqui et autres ; le comte de Divonne avec l'aide-major Laboùterie ; le colonel Fitz-James avec le commissaire Galleton.

La confrontation est une des mesures les plus efficaces pour arriver à la découverte de la vérité. Celle qui a eu lieu entre le commissaire de police Galleton et M. Placide Justin, a éclairci un fait important.

On n'a pris aucuns renseignemens sur les noms des gendarmes expédiés à Brest, pour les colonies, et à Épinal, pour les Vosges, et sur les véritables causes des mutations.

L'agent de police Leclercq n'a pas été confronté avec le tailleur Plassing sur les causes de l'arrestation.

Rarement des questions ont été adressées aux chefs militaires ou fonctionnaires publics, pour leur faire remarquer la contradiction existante entre leurs dépositions et celles des officiers du 18e ou autres.

Mais l'instruction s'est trouvée incomplète, surtout à l'égard des deux chefs de la police. M. le conseiller d'état Franchet n'a pas même été cité comme témoin. Il n'existe, dit-on, au procès aucun indice d'une participation quelconque de sa part aux faits qui ont donné lieu aux poursuites.

Mais n'est-ce pas lui qui a pris l'initiative des mesures rigoureuses par sa lettre du 18 novembre, transcrite dans l'arrêt, qui délivre un brevet d'incapacité à un officier-général, dont la conduite a été la seule légale, ferme et prudente; afin, sans doute, de laisser toute la direction à M. le colonel de Divonne, dont l'imprévoyance, l'inaction et l'imprudence ressortent à chaque pas de l'arrêt dont il s'agit.

N'y a-t-il pas aveu dans l'arrêt que le commissaire de police Genaudet avait informé le directeur de la police générale de l'intention où l'on était de faire des barricades?

N'est-il pas établi, par les dépositions que ce commissaire, quoique dépendant du préfet de police, agissait par les ordres directs de M. Franchet, qu'il dirigeait une brigade de police secrète, dont il recevait et transmettait les rapports; que cette brigade de police, ayant pour chef Cossonnet, a été envoyée sur les lieux dès sept heures du soir; qu'elle a vu faire les barricades, si même elle n'y a participé? qu'elle a adressé des notes écrites sur ce qui se passait au commissaire Genaudet; que ce commissaire lui-même a fait des rapports, non à M. Delavau, mais à M. Franchet; qu'il a été porteur des instructions et avis donnés par le directeur de la police générale au préfet; qu'un de ces avis se trouvait le conseil de sonner le tocsin, donné dans les barricades?

M. Franchet n'a-t-il pas eu plusieurs conférences avec M. Delavau? n'est-ce pas lui qui a provoqué l'ordre donné par M. de Clermont-Tonnerre le 20 au matin ?

De qui vient la défense de publier une ordonnance de police contre les rassemblemens? N'est-ce pas dans la lettre du 18 novembre qu'on doit voir le germe de l'ordre supposé le 19, mais exécuté le 20, de mettre la gendarmerie de Paris sous les ordres de l'autorité militaire, afin de justifier l'excuse : « Ce n'est pas la police, c'est la force armée dirigée par MM. Divonne et la Bouterie qui a tout fait. »

On a caché à la justice les notes écrites par Cossonnet; les rapports originaux de Genaudet, et ceux du préfet de police lui-même.

N'y avait-il pas, dans ces circonstances, et dans l'impossibilité morale de l'inaction absolue et personnelle de M. Franchet pendant ces journées, motifs suffisans; sinon pour le considérer comme inculpé, au moins pour le faire citer comme témoin, et pour ordonner un supplément d'instruction semblable à celui qui avait été ordonné le 26 février à l'égard de M. Delavau.

Les investigations à l'égard de M. le préfet se sont bornées à un nouvel interrogatoire; point de perquisition de papiers, point de questions sur l'absence d'ordonnances de police et des mesures administratives convenables et nécessaires. La Cour s'est arrêtée devant cette idée, qu'elle ne pouvait examiner ou apprécier les mesures administratives que M. Delavau a ordonnées en sa qualité de préfet de police, qu'autant qu'elles auraient été prescrites dans une intention criminelle ; mais, pour savoir si une intention de cette nature, formellement imputée par les parties civiles à M. Delavau, était ou non justifiée, il aurait fallu apprécier la suffisance ou l'insuffisance de ces mesures; il fallait connaître les ordres et instructions donnés aux agens de la police secrète dirigée par le comte de Pins, secrétaire particulier, et commandée par le nommé Fargues ; confondre les réticences évidentes de ces agens par les révélations de la brigade Cossonnet, et par celles des agens de la police centrale.

Il fallait demander à M. Delavau par quel motif il a dissimulé à la justice l'existence et l'action de cette police, avec qui avait été concertée la défense de faire des patrouilles, avec qui avait eu lieu sa conférence au ministère de l'intérieur, pendant la maladie de M. de Corbière? il paraît qu'elle n'eut pas lieu avec M. de Villèle, sans quoi ce ministre eût été mieux informé qu'il n'a paru l'être dans sa conférence du 21 novembre avec MM. Laffitte, De Schonen, Benjamin Constant, Casimir Perrier, et baron Louis.

On devait lui demander les causes de la disparution de ses rapports originaux des 18, 19 et

20 novembre; pourquoi il ne s'était pas transporté de sa personne sur les lieux; on devait surtout lui demander les motifs du secret imposé à l'officier de paix Hébert, porteur de l'ordre qui a égaré le général Montgardé dans sa longue patrouille, le silence gardé à son égard sur l'existence *déjà connue* des barricades.

Les deux chambres de la Cour royale n'ont peut-être pas fait assez d'attention à cette circonstance capitale, que tout dans Paris dépend des chefs de la police, de qui *seule* la justice tient les dénonciations et les commencemens de preuve dans les affaires qui intéressent le plus l'ordre public.

Que si de graves désordres, des délits et même des crimes ne sont pas constatés ni déférés à la justice, c'est que la police n'a pas fait son devoir, ou qu'elle protège les coupables.

Dès-lors la responsabilité de la police doit être d'autant plus grande, qu'elle a usurpé les fonctions des officiers de police judiciaire ordinaires.

N'est-ce pas une chose illégale et frauduleuse, qu'un citoyen dans Paris ne puisse avoir affaire ni aux magistrats d'instruction, ni aux membres du ministère public, ni aux juges de paix, ni aux maires, dans les cas de flagrant délit; qu'ils soient forcés de s'adresser *exclusivement* aux commissaires de police; tandis que, dans tout le reste de la France, c'est en premier lieu aux magistrats, aux juges de paix, aux maires, que les citoyens sont dans l'usage de s'adresser ?

Toutes les fois qu'on veut arrêter l'action de la justice, on s'écrie : prenez garde, *ceci est administratif;* les administrateurs sont indépendans de la justice; si vous passez outre, vous serez frappés d'un conflit.

Les administrateurs ne sont-ils donc pas les serviteurs de la loi, comme les magistrats? Qu'est-ce que l'administration ? la gestion des *choses* publiques. La protection des *personnes* est exclusivement sous la protection des tribunaux.

Dans ce procès il s'agissait de la sûreté des personnes, et non des choses; donc toutes les mesures de police prises ou négligées par le préfet tombaient sous l'appréciation des tribunaux; aucune espèce de fin de non recevoir ne pouvait leur être opposée.

Le Conseil de Votre Majesté sera le premier à reconnaître cet incontestable principe.

La Cour royale de Paris pouvait donc instruire sans obstacle, et admettre ou réserver le supplément d'instruction.

En déclarant *seulement* pour le présent qu'il n'y avait lieu à suivre sur les plaintes des parties civiles contre MM. Franchet et Delavau, et à ordonner une plus ample instruction, sans doute, elle n'a pas innocenté *définitivement* les faits criminels; s'il survenait des révélations, la poursuite pourrait être reprise.

Mais l'arrêt n'a pas seulement rejeté la demande, afin de supplément d'instruction, formée par notre requête du 25 mars, rejet qui entrait dans les limites de son pouvoir discrétionnaire; elle a rejeté la demande en sursis, par laquelle nous avions conclu, à l'égard de MM. Franchet et Delavau, et en cela la Cour royale nous paraît avoir expressément violé l'art. 75 de l'acte du 22 frimaire an VIII.

Supposons, en effet, que la Cour eût trouvé qu'il y avait charges suffisantes contre MM. Delavau et Franchet d'une participation criminelle aux faits des 19 et 20 novembre, et qu'elle l'eût déclaré par son arrêt, n'est-il pas évident qu'on aurait reproché à cet arrêt d'avoir méconnu la garantie due aux fonctionnaires, et d'avoir statué avant que le préalable exigé par la disposition toujours subsistante de la constitution abrogée de l'an VIII eût été rempli.

MM. Delavau et Franchet ne se seraient-ils pas écrié eux-mêmes : Vous nous accusez, et vous ne nous avez pas même interrogés comme prévenus; vous n'avez pas fait d'instruction à notre égard, et vous n'avez pu en faire, puisque le ministère public n'a jamais conclu à cet égard contre nous; puisqu'au contraire il a dès le principe, et avant votre supplément d'instruction, déclaré notre innocence.

Votre arrêt est donc vicieux, nous ne pouvons

être traduits en justice, sans que nos juges naturels, les administrateurs qui forment le conseil du Roi, aient prononcé sur notre mise en jugement, comme il le fit à une époque solennelle lors de la découverte de la conspiration Mallet.

Ce système de défense serait certainement accueilli.

Ne pouvons-nous pas, à notre tour, dire à la Cour royale : Vous n'avez fait aucune instruction contre MM. Franchet et Delavau ; vous n'avez pas même interrogé le premier ; vous n'avez appelé le second devant vous que comme témoin ; vous n'avez pas pu statuer sur cette partie de notre plainte. Notre demande en sursis était fondée sur ce que le préalable de l'autorisation du Conseil d'état n'était pas rempli ; vous avez visé dans votre arrêt nos requêtes au conseil et notre demande en sursis : vous les rejetez, et par le fait vous ne nous réservez que l'action civile.

Par ce prononcé, les parties civiles se trouvent devant le conseil dans une position embarrassante ; si elles persistent à demander qu'il soit statué sur les conclusions tendantes à ce que des poursuites criminelles soient autorisées, on opposera à la chose jugée, l'inutilité de prononcer le renvoi, puisque des charges nouvelles ne pourraient résulter que d'un supplément d'instruction auquel elle s'est refusée.

Si les parties civiles demandent qu'en conformité de l'arrêt du 3 avril, le conseil leur donne les moyens de poursuivre leur action civile devant les tribunaux contre MM. Franchet et Delavau, elles renoncent prématurément à une action qui n'a pas reçu le dégré d'instruction voulu par la loi; l'accusation restera purgée sans avoir été examinée.

Forcés d'adopter ce dernier parti, nous nous contenterons de demander au conseil de Votre Majesté qu'il lui plaise déclarer, comme l'a fait la Cour royale de Paris, qu'il n'y a lieu quant à présent, de statuer sur les conclusions tendantes à fins criminelles;

Et pour nous concentrer dans la question des réparations civiles qui nous sont dues à tant de titres, nous la diviserons en quatre parties :

1° Responsabilité de la gendarmerie comme corps, et de ses officiers d'Aux et Roësch.

2° Responsabilité des officiers d'état-major Bouvyer et Divonne; et de M. le colonel Fitz-James.

3° Responsabilité des commissaires de police Vaissade, Boniface, Lecrosnier et Galleton.

4° Responsabilité de MM. Franchet et Delavau, soit pour leurs faits personnels, soit pour les faits de leurs domestiques et employés, les agens des deux polices secrètes.

§ Ier. Responsabilité de la gendarmerie.

Il est constant par l'arrêt que la gendarmerie de Paris a, sans observation des lois et réglemens, blessé gravement et homicidé plusieurs citoyens, notamment dans la rue aux Ours.

Les chefs de corps n'ont pas fait connaître les coupables; relativement à la responsabilité civile, il en résulte deux conséquences; la première, que la réparation pécuniaire doit être prélevée sur les fonds du corps; la seconde, que les chefs sont responsables des faits des subordonnés, puisque ceux-ci sont des agens passifs qui ne peuvent rien faire que par leurs ordres.

Quant aux réparations dues par ce corps, comment refuserait-il de donner au malheureux Denis, dont la cuisse a été amputée, et qui se trouve frappé d'incapacité de travail, à la mère et à la sœur du malheureux Lasoussois, qu'ils ont tué, une modique pension viagère? Comment échapperait-il à la juste indemnité due à la femme Avizard, dont le doigt a été coupé, au jeune Cabanis, qui a presque perdu l'usage de la main droite, et aux autres victimes de leurs violences?

Opposera-t-il le défaut de fonds? Mais ce corps, de l'aveu de M. le colonel de Foucault, a reçu le 26 novembre, avant l'époque des gratifications semestrielles, une gratification extraordinaire de neuf mille francs. Loin de mériter cette gratification, le corps tout entier a encouru un juste blâme ; car, partout il s'est conduit avec violence et illégalité, et plusieurs de ceux qui ont fait un usage abusif de leurs armes, les Pape, les Moncheni, les Magnat, les Correy, ont reçu la récompense du sang versé.

L'arrêt constate cette différence entre les gratifications accordées par le préfet aux troupes de ligne et celles accordées à la gendarmerie, que les soldats qui ont été blessés ont seuls été compris sur les listes, tandis que tous les gendarmes (et le corps tout entier était de service ces deux jours-là) ont reçu de l'autorité, comme marque de sa haute approbation, et non, comme l'a prétendu leur colonel, pour indemnité d'aucune perte, une gratification extraordinaire de six à vingt francs.

Le capital de cette gratification suffisait à lui seul pour donner une pension aux parens auxquels le jeune Lasoussois devait des alimens, et au cordonnier Denis.

M. le colonel de Foucauld convient que les gratifications sont permanentes ; on peut donc, sur la prochaine distribution, faire une retenue au corps suffisante pour acquitter cette dette sacrée.

D'ailleurs (et une ordonnance royale du 5 août 1828, qui est de nous connue, quoique secrète), contient une allocation de cent vingt mille francs sur le fonds des jeux, pour gratification aux agens de la force publique et à la gendarmerie.

Si les fonds étaient insuffisans, un recours doit nous être accordé contre MM. Roësch, d'Aux et autres chefs, comme responsables des faits de leurs subordonnés.

Qu'un soldat, hors du service, commette un crime ou un délit, ses chefs n'en sont pas responsables, car ils ne peuvent l'empêcher.

Mais qu'un soldat sous les armes, en présence de ses officiers et de ses camarades, se livre à des actes de violence envers ses concitoyens, ce ne peut être que par l'ordre ou avec l'autorisation de son chef; car, d'après la discipline militaire, ce soldat ne peut faire aucun acte qui ne lui soit commandé; il n'a plus de volonté. Pourquoi la Cour de cassation a-t-elle adopté, en jurisprudence, que la résistance envers les agens de la force publique arrêtant ou maltraitant les citoyens sans un ordre légal, était une rébellion; c'est qu'il y a présomption qu'elle agit d'après l'ordre de ses chefs, et que ceux-ci sont toujours responsables.

Voici cependant un cas où cette théorie serait en défaut : dans l'espèce, des gendarmes ont maltraité les citoyens, ils les ont sabrés et frappés de coups de feu; ils les ont homicidés sans motif légitime, hors des cas prévus par les lois, l'arrêt le constate, et les chefs prétendent qu'ils ne sont pas responsables, parce qu'ils n'ont pas ordonné de violences criminelles.

Que les chefs ne soient pas responsables, de leur personnes, des meurtres et blessures dont il s'agit, en ce sens qu'ils doivent être traduits par la Cour d'assises; c'est ce qu'a jugé la Cour royale, parce qu'il n'y a pas de crime sans un fait personnel, commis avec intention criminelle; mais la Cour royale de Paris a réservé expressément l'action de la discipline militaire, pour les faits militaires, et l'action des tribunaux ordinaires pour les réparations civiles.

Les violences ont-elles été faites sous les yeux des chefs, comme cela est constaté à l'égard des coups de feu tirés dans la rue aux Ours, et aux fenêtres? Roësch et d'Aux sont évidemment responsables; eux seuls avaient les moyens de l'empêcher, de punir ces gendarmes s'ils avaient enfreint leurs ordres, et de faire la visite des cartouches; ils ne l'ont pas fait, ils ont manqué à leurs premiers devoirs.

Les violences ont-elles été commises par des gendarmes détachés? ils sont encore responsables; car nul soldat ne peut quitter son corps sans une permission du chef et sans être chargé de lui rendre compte de sa mission.

Si les chefs ont oublié de demander ce compte, ou plutôt s'ils le dissimulent, ils sont évidemment responsables par imprudence, négligence et inobservation des réglemens militaires. Si l'on méconnaissait ces principes, où en serions-nous ?

Des corps nombreux se porteraient dans les lieux de rassemblement, puis se détachant les uns après les autres de leurs détachemens, ils assassineraient leurs concitoyens, et le chef en serait quitte pour dire : Je ne l'ai pas vu, je ne l'ai pas commandé !

§ II. *Responsabilité des officiers d'état-major, M. le comte de Divonne et le capitaine Bouvyer, et du colonel Fitz-James.*

Dans les corps qu'ils commandaient, les soldats ne se sont pas débandés pour agir isolément.

Le comte de Divonne est responsable des violences exercées par les gendarmes, dont il a pris le commandement, ainsi que des autres troupes de ligne, dans la soirée du 19, à 10 heures; son devoir était de veiller à la marche de sa troupe et de préserver la population de tout excès.

Il est responsable des coups de feu meurtriers tirés dans la rue aux Ours et aux fenêtres, car il était là.

Il est responsable de la réédification des barricades, et de l'inaction commandée au capitaine Mouiller, après le renversement de la première barricade.

Il est responsable pour l'ordre qu'il a donné

au capitaine Bouvyer de faire feu, sans avoir fait de sommations.

A l'égard de la soirée du 20, il est responsable de tous les malheurs, pour être resté, ainsi que l'arrêt le constate, plus d'*une heure* à la Porte-Saint-Denis, après que la construction des barricades était connue de lui, ayant des forces plus que suffisantes pour l'empêcher.

Le capitaine Bouvyer est responsable pour n'avoir pas attendu ou requis le commissaire de police Lecrosnier de faire les sommations; pour avoir répondu à quelques pierres, qu'il pouvait éviter ou mépriser, par un feu de peloton qui a tué le sieur Henry, et blessé dangereusement le jeune Catillon à sa fenêtre, et le soldat Landrin, du 18e.

Le colonel Fitz-James est responsable, parce qu'il a violé les instructions du général Montgardé, son chef; qu'il a fait tirer sans son ordre.

Il est responsable envers les familles Masson, Duclos, Benoist, et les deux inconnus tués ou blessés à mort; alors que, d'après la déposition de Galleton, commissaire de police, et des sapeurs, il n'y avait aucune nécessité de le faire.

Il est responsable envers Parizot, Henot et Garnier, pour les décharges de mousqueterie, continuées sans sommation ni roulement de tambour, après la prise de la première barricade.

Il ne devait pas être nécessaire de solliciter une

autorisation du conseil, pour poursuivre devant les tribunaux, contre ces officiers, les réparations par eux dues; car la Cour de Paris s'était déclarée compétente à cet égard, vu qu'ils agissaient dans un service de police : mais dans le doute, et s'il est vrai qu'ils puissent être considérés comme *agens* du gouvernement, d'après l'extension abusive donnée à l'article 75 de la constitution de l'an VIII, nous demanderons à être autorisés à les poursuivre devant les tribunaux.

§ III. *Responsabilité des commissaires de police Vaissade, Lecrosnier, Boniface et Galleton.*

Si ces commissaires avaient rempli le mandat qui leur est imposé par la loi, ils auraient en premier lieu constaté et réprimé les premiers désordres, en arrêtant les individus surpris en flagrant délit, et en dressant les procès-verbaux nécessaires; en se faisant appuyer en cas de besoin par les divers postes de la force armée, surtout par les troupes nombreuses stationnées place du Châtelet.

Trois d'entre eux étaient au poste de la rue Mauconseil, au moment de l'incident relatif à Durupt; ils sont inexcusables de n'avoir pas dressé procès-verbal.

Ils ont vu par eux-mêmes et par leurs nombreux agens, se former les premiers symptômes de résistance, dépaver la voie publique, envahir les maisons en construction ; au lieu de l'empêcher ou de signaler les coupables, ils se sont retirés place du Châtelet.

Accompagnant les troupes, ils n'ont pas maintenu à leur égard, la supériorité que leur donne la législation des attroupemens, c'est-à-dire l'interposition entre la force armée et la population.

Lecrosnier a laissé exécuter par le capitaine Bouvyer un feu meurtrier.

Boniface a non-seulement omis de dresser des procès-verbaux sur les graves infractions à l'ordre public, dont il était témoin ; mais au lieu de requérir le capitaine Mouiller de venir avec lui s'opposer à la réédification des barricades, il l'a retenu dans un poste inutile.

Vaissade a imprudemment commandé le feu au 18e, quand son devoir était de l'empêcher ; il n'a pas saisi dans les barricades, ni dans les maisons en construction près de là, les agens de police et autres malfaiteurs qui ont donné le conseil de faire des barricades, ou qui ont concouru à leur édification.

Lecrosnier n'a point dressé procès-verbal des effets des feux de mousqueterie ordonnés par Bouvyer ; il n'a point fouillé la maison en construction en face le passage du Grand-Cerf, et n'a pas porté assistance au malheureux Henry, qui n'a été trouvé mort que le lendemain au matin.

Galleton a été spectateur des barricades sans les empêcher, dans la soirée du 20 ; il ne s'est pas opposé, comme c'était son devoir, à la fusillade ordonnée par le colonel Fitz-James ; il n'a point constaté les effets immédiats de cette mousqueterie, donné aucun secours aux blessés, arrêté aucun des perturbateurs.

§ IV et dernier. *Responsabilité des chefs de la police.*

En laissant de côté la plainte tendante à fins criminelles qui n'est pas instruite, nous avons droit d'invoquer dans toutes ses rigueurs les principes de responsabilité civile.

M. Franchet a, dès la soirée du 18, prescrit des mesures et donné des instructions au préfet de police ; dans les journées des 19 et 20 il a conféré avec lui, et correspondu par le commissaire *Genaudet*.

Dès lors, M. Franchet est responsable de l'insuffisance ou de l'absence des mesures propres à assurer la tranquillité publique.

L'arrêté de messidor an 8, commandait au magistrat de police, dès qu'il prévoyait des troubles et des désordres provenant de rassemblemens, de publier une ordonnance limitant le nombre de personnes qui pouvaient circuler dans les rues.

Si cette mesure avait été prise, la gendarmerie n'aurait pas eu de charges à faire, ni elle n'aurait pas donné de coups de sabre.

MM. Franchet et Delavau sont responsables pour ne pas s'être portés de leurs personnes sur les lieux ; c'est là un devoir étroit dans les troubles civils. Le magistrat civil doit être aussi courageux que les militaires, c'est à lui de leur commander. Au lieu d'agir à dix heures et demie, la force armée eût agi sur-le-champ, à moins que le parti ne fût pris de faire faire ou laisser faire les barricades.

Non-seulement les chefs de la police n'ont pas donné aux commissaires les instructions convenables, mais ils ont donné l'ordre illégal de ne pas constater les infractions à l'ordre public, ainsi qu'en ont déposé Boniface et beaucoup d'agens de police.

Ils ont omis de faire murer les maisons en construction.

Ils ont voulu décharger leur responsabilité sur l'autorité militaire dans la journée du 20 ; mais, par une contradiction choquante, ils se sont fondés sur une convention faite avec elle pour se plaindre de l'envoi de patrouilles avant onze heures du soir ; quand il est certain que cinquante hommes réunis dans la rue Saint-Denis eussent empêché les barricades.

Ils ont, surtout dans la soirée du 20, égaré par

un faux avis l'officier-général commandant les forces les plus imposantes ; ils ont rendu immobiles ses troupes stationnées place du Châtelet et à la porte Saint-Denis.

Ils ont, d'ailleurs, donné des instructions directes à cette gendarmerie qui s'est rendue coupables de tant de crimes.

Ils sont donc, au plus haut point, responsables envers les militaires.

Mais il est un chef de responsabilité qui mérite une attention particulière. Chacun d'eux avait, sur les lieux où se sont organisées les résistances, une brigade de police secrète, dont ils ont dissimulé l'existence à la justice.

Il est prouvé par les dépositions de ces agens qu'ils ont vu faire les barricades, et qu'ils en ont averti leurs chefs ; savoir, M. Delavau par le comte de Pins, son secrétaire particulier, et M. Franchet par le commissaire de police Genaudet. Les deux chefs de cette police sont connus ; ce sont les sieurs Fargue et Cossonnet. L'un de leurs agens a reçu des coups de sabre près de la barricade Saint-Leu, preuve que les gendarmes l'ont pris pour un des perturbateurs. Cet agent s'est reconnu tel, puisqu'il ne s'est pas plaint à la justice.

Que MM. Delavau et Franchet déclinent la responsabilité des faits des agens de la police centrale : cela se conçoit. Ces agens sont sous les ordres directs des officiers de paix et des commissaires de police qui répondent de leurs actions.

Mais les agens des brigades secrètes ne sont pas sous les ordres des commissaires, ils reçoivent leur mission *directement* du préfet ou du directeur de la police générale, ou indirectement du secrétaire particulier. Ces agens déclarent que leur mission ordinaire n'est pas la surveillance des rues, mais l'accomplissement des commissions particulières du préfet et du directeur-général. Ce sont des préposés intimes; ils ne reçoivent pas de traitement sur les fonds ordinaires, mais sur ceux particuliers et secrets des chefs de la police; des allocations immenses leur sont faites pour ce motif.

Les chefs de la police ont si bien senti que ces agens n'étaient pas du domaine public, mais de leur domesticité particulière, qu'interrogés par la justice, ils ont dissimulé leur existence.

Dès-lors n'est-ce pas le cas d'appliquer les articles 1383 et 1384 du Code civil sur les délits ou quasi délits?

« Chacun est responsable du dommage qu'il a
» causé, non-seulement par son fait, mais encore
» par sa négligence ou par son imprudence; on
» est responsable, non-seulement du dommage
» que l'on cause par son propre fait, mais encore
» de celui qui est causé par le fait des personnes
» dont on doit répondre....

» Les maîtres et les commettans sont respon-
» sables du dommage causé par leurs domestiques
» et préposés dans les fonctions auxquelles ils
» les ont employés. »

Assurément si j'avais la preuve que mon domestique a été corrompu par le préfet de police, qui reçoit ses rapports et les rétribue, j'aurais une action devant les tribunaux, pour atteinte portée à l'inviolabilité de mon domicile, et violation des secrets de l'intérieur des foyers domestiques.

Cette immoralité est née de nos jours. La mission légitime de la police est de surveiller la voie publique; tous les lieux où se font des rassemblemens d'hommes, les maisons de jeux, spectacles, etc. Le ministre Fouché a, par une circulaire de 1815, assigné les limites que ne doit jamais dépasser la police; il a distingué entre la police d'attaque et la police d'observation.

La police d'attaque est celle qui, au mépris des lois divines et humaines, s'introduit dans l'intérieur des familles, sous prétexte de s'enquérir s'il ne s'y forme par de secrets complots contre la sûreté de l'État; mais dans le vrai, pour connaître le secret des familles et pour les molester.

La police d'observation est l'auxiliaire de la justice; elle surveille partout, tient note de tout ce qui se passe de préjudiciable à l'ordre des sociétés dans les lieux publics, et elle fait intervenir le magistrat à temps pour saisir le délinquant, quand son délit est encore flagrant.

Cette police là sera toujours reconnue nécessaire et employée dans les grandes villes, surtout dans les capitales.

L'autre est une invention des absolutistes, des fauteurs les plus ardens d'un despotisme outrageux qui se sentent incapables de gouverner par les lois.

Ceux-là sèment les complots quand la cité est paisible; ils exploitent dans leur dessein tout ce qu'il y a d'immoralité cachée dans les sociétés avancées et nombreuses. Paris est inondé des intrigues détestables de cette vile engeance. Le magistrat qui l'emploie se corrompt avec elle; tant que cet état de choses subsistera, il sera presqu'impossible d'être préfet de police, et de rester honnête homme.

Des agens de cette police étaient dans les barricades, voilà un fait avéré; soit qu'ils eussent reçu d'avance un brevet d'impunité, soit que dans leur audace ils croient n'avoir rien à craindre de la vindicte des lois, puisque la police qui seule pouvait les dénoncer a intérêt à les protéger, ils ont été jusqu'à proposer dans la barricade Saint-Leu de sonner le tocsin.

Ils n'avaient peur, on le voit par la déposition du petit nombre de ceux qui ont été entendus, que d'être maltraités ou saisis par la force armée. Ils ne craignaient rien des commissaires de police; aussi quelques-uns ont-ils prétendu qu'ils n'avaient reconnu personne dans les barricades, parce que leur mission était d'*observer en général*, et non d'agir pour la protection de l'ordre public, ou d'avertir les dépositaires de l'autorité ou de la force publique.

L'histoire de la Fronde nous fait connaître que dans l'année 1649, le secrétaire d'état Letellier, délivra au nom du Roi, à des espions accrédités, une autorisation écrite pour se mêler aux rassemblemens, pour provoquer les troubles avec promesse d'impunité pour les délits dans lesquels ils seraient impliqués. (Histoire de la Fronde, par M. Saint-Aulaire, tome II, p. 78.)

L'opinion publique est frappée de l'idée qu'il en a été de même dans la circonstance; la preuve écrite n'existe pas, à cause de la suppression des rapports du commissaire Genaudet et de ceux de Fargues et de Cossonnet, et de la non-communication des papiers de la police, mais la preuve pourrait résulter de l'enquête à laquelle pourra se livrer la chambre des députés sur la proposition de M. Labbey de Pompières.

En attendant, les victimes des événemens des 19 et 20 novembre, ont droit de compter sur la justice du conseil. En 1812 ses diverses sections ont donné des preuves de leur sévérité, dans l'enquête relative à la conduite de M. Frochot, conseiller d'état, préfet du département de la Seine, lors de la conspiration Mallet; l'un de ces comités précéda par une déclaration de principes d'où il résulte que les fonctionnaires civils doivent, dans les troubles civils, agir avec la même énergie que les militaires sur le champ de bataille, qu'autrement ils sont coupables, et dans les cas où la peine criminelle ne saurait les atteindre quand leur intention était pure, ils doivent cesser leurs fonctions et demeurer responsables.

A ces causes, plaise à Votre Majesté, en son conseil, donner acte aux suppliants de leurs interventions et conclusions nouvelles; ce faisant, autoriser les poursuites *à fins civiles*, seulement contre MM. Roësch et d'Aux, de la gendarmerie de Paris, Divonne et Bouvyer, de l'état-major de Paris, Fitz-James, colonel du 18e, les commissaires de police Lecrosnier, Boniface, Vaissade et Galleton, et aussi contre MM. les conseillers d'état Franchet et Delavau.

Toutes réserves étant faites sur l'action criminelle, dans le cas où de nouvelles charges surgiraient de l'instruction faite par la chambre des députés ou autrement.

———

Malgré l'évidence des faits rapportés dans cette enquête, malgré la citation des textes de lois applicables aux cas qui sont l'objet de la plainte, le conseil-d'état a, par une ordonnance du 2 juillet, contresignée Portalis, statué que non-seulement il n'y avait pas lieu à autoriser des poursuites judiciaires contre MM. Franchet et Delavau, mais qu'il n'y avait pas même lieu à autoriser un recours devant les tribunaux civils. Cette décision est fondée sur ce que M. Franchet n'a signé depuis qu'au nom et avec l'autorisation du ministre de l'Intérieur (M. de Villèle) par intérim, et sur ce que M. Delavau n'est pas responsable des dispositions qui ont pu être prises dans les journées des 19 et 20 novembre, la force armée étant sous le commandement exclusif des autorités militaires.

Une pareille sentence n'a point été confirmée par le tribunal de l'opinion publique, et le temps en fera justice comme des deux hommes à qui elle a momentanément accordé un bill d'indignité.

POLICE DES SALONS

Et de la haute Société.

La direction générale de la police et la préfecture ne se bornaient pas à faire surveiller les négocians, les artisans, les manufacturiers, et jusqu'aux ouvriers, lorsqu'ils allaient dans les guinguettes oublier leur misère le verre à la main. Leurs agens secondaires, ce qu'on peut appeler le *commun des martyrs*, étaient chargés de cette grosse besogne; mais pour arriver dans les salons, pour pénétrer dans ces lieux, où ce qu'on appelle la bonne compagnie se réunit pour dire des fadaises, raconter l'anecdote scandaleuse du jour, ou pour nouer des intrigues de cour en traitant la politique, il y avait une autre classe d'agens mâles et femelles, titrés, décorés, et ayant un état et une consistance dans la société.

Aucuns de ceux qui entraient en plein jour rue de Jérusalem, et qui y étaient connus pour des habitués, n'auraient pu se présenter convenablement; à peine y en avait-il trois ou quatre en état de rédiger un rapport en *français*.

La police avait donc à sa solde de soi-disant

grands devenus très-petits, qui lui rapportaient tout ce qui se passait, moyennant 1,000, 2,000, 3,000 francs par mois; la classe inférieure était de 500 francs.

M. Mori...., qui était soldé à 500 francs par mois par la police, et qui mangeait encore à un autre ratelier, avait des rapports journaliers avec la préfecture de police et le ministère. Il faisait la part de chacun, et il avait en sous-ordre deux ou trois agens particuliers qui lui servaient à dégrossir les affaires.

Un homme à cheveux blancs et décoré, le sieur K...., venait chaque jour chez lui pour lui rendre compte de ses démarches; et cet individu pour reconnaître ce que M. Mori.... faisait pour lui, car il l'admettait souvent à sa table, s'empressait d'instruire l'inspecteur-général Foudras de tout ce qui se passait dans la maison de son amphytrion.

M. Mori.... s'était fait un grand nombre d'ennemis, parce qu'il était connu pour se mêler de police. Le comte de B..... était son antagoniste le plus acharné, et il était parfaitement secondé par M. le comte de Ve......, pair de France, qui a fait fermer toutes les portes à M. Mori....; et c'est en vain qu'il a voulu qu'on lui tînt compte des services qu'il avait rendus, on lui reprochait d'avoir encensé plus d'une idole, et il était permis de douter de sa franchise. Aussi les rapports qu'il faisait étaient soumis à une contre-épreuve.

Il avait encore eu pour un de ses collaborateurs un nommé Dy...., qui ne manquait pas d'adresse ni de finesse. Il pénétrait partout et n'était déplacé nulle part. Il rendait de très-grands services à M. Mori...., qui ne changeait rien à la rédaction de ses rapports. Il lui fournit même dans le temps des renseignemens très-précieux et très-curieux sur ce qui se passait au pavillon de Flore, au pavillon Marsan, chez le duc d'A..., le duc de M......, le duc d'E....., le comte de Bl...., et beaucoup d'autres. Il voyait également Bar..., Tal......, etc., etc....., et en tirait une grande partie de ces renseignemens.

M. le comte de Br..., les comtes J. et A. de P...., le recevaient également. On voit qu'il était assez répandu. Il avait des amis jusque chez le petit abbé de Fl...., et jouait si bien son rôle, qu'on ne s'est jamais douté de rien.

La police tout en surveillant son observateur Mori.... le ménageait, et des gratifications extraordinaires renforçaient les 500 francs de fixe. Mais tout cela a fini ; il n'est pas même réduit maintenant aux espérances.

La police avait encore à sa solde un sieur Mei......, qui était devenu royaliste pour échapper à un jugement qui l'eût frappé, pour avoir abusé de la confiance d'un régiment dans lequel il servait. Ses dilapidations l'enrichirent, et il parvint à obtenir un emploi à la cour.

Il était devenu en quelque sorte le *maître Jacques* du duc d'H..., et la préfecture payait largement les confidences qui lui échappaient. Il y a tout lieu de croire qu'il le faisait par esprit de pénitence, car il était très-religieux, au moins en paroles.

Le sieur Ch.... rendait compte de ce qui se passait à la Chambre des députés. Il y était employé, et devenait, pour plaire à la police, l'écho du salon des conférences et des différens bureaux, où il trouvait moyen de s'introduire, grâce à ses fonctions.

Un sieur Montb.... faisait aussi cette police des salons pour le compte de la préfecture, et une contre-police pour le ministre de la guerre, le duc de Feltre. Des employés de la police civile, et principalement un officier de paix venaient lui communiquer les notes dont ils étaient porteurs. De sorte qu'il vendait sa protection à qui de droit, et il se faisait un fort joli revenu. Une dame qui passait pour son épouse le secondait de son mieux.

L'officier de paix qui trahissait ses devoirs fut soupçonné, découvert ensuite, et renvoyé.

Il y avait même des membres du clergé qui se mêlaient de police; comme ils le faisaient *gratis* et consciencieusement, nous ne les nommerons pas. Par respect pour leur caractère, nous aurons de la charité. C'est un exemple que nous voulons donner. Avis aux amateurs!!!

A l'époque où M. Delavau était préfet de police, il allait de temps en temps faire un petit travail avec un éminentissime membre du clergé, et tout cela pieusement et charitablement; nous ne rapportons cette anecdote que pour mémoire.

La dame Valm...., qui logeait rue Marivaux, maison d'un restaurateur, où elle mangeait fréquemment, afin d'écouter ce qui s'y disait, car c'est ce qu'il y a de mieux pour bien entendre; la dame Valm.... était encore un agent très-actif de la préfecture de police. Elle ne manquait pas d'esprit, avait encore des agrémens, quoiqu'elle eût passé son sixième lustre.

Elle parlait avec facilité, avait une imagination vive et ardente; elle pouvait encore échauffer celle des hommes qui aiment les bonnes fortunes. Elle les admettait dans son intimité, et tirait parti de leurs confidences pour réclamer le prix de ses services et de son adresse.

Elle était admise dans un grand nombre de sociétés; elle cherchait à fixer l'intérêt des uns par ses malheurs vrais ou supposés. Nouvelle Circé, elle voulait séduire les autres. Nous avons eu entre les mains sa correspondance; elle annonçait qu'elle avait des passions vives, un cœur sensible; et tout ce charlatanisme amoureux avait pour but un bon ou un mandat sur la caisse de la préfecture de police.

Le secrétaire intime Duplessis lui plaisait assez quand il la faisait payer.

Que de rapports elle adressait chaque jour au préfet de police, au ministre, aux généraux en place ou en faveur; que de mensonges et de calomnies elle entassait les uns sur les autres, pour satisfaire la police et mériter le plus honteux salaire. On finit par s'en lasser, parce qu'elle était insatiable d'argent, et cette femme réclama comme un secours, ce qu'on lui refusait pour un travail qui n'offrait point les résultats dont la police aimait à se repaître.

Plusieurs de ces agens de haut parage ne se rendaient point à la préfecture, ils adressaient leurs rapports par la poste directement au préfet ou à l'inspecteur-général. Ils avaient des noms de convention, et si leurs lettres fussent tombées en des mains étrangères, on n'eût pu les reconnaître, ni se douter quels étaient ces agens de police, qui pour de l'argent s'avilissaient ainsi, en calomniant ceux qui les admettaient dans leur intérieur.

Il y avait quelques-uns de ces agens qui se rendaient à la nuit chez l'inspecteur Foudras. On les recevait avec beaucoup de précautions et encore plus de mystère. Il se trouvait toujours dans l'antichambre un nommé Bail... qui les recevait, et le nommé Duc..... les introduisait auprès de l'inspecteur Foudras, qui les faisait sortir par une autre porte, après les avoir entendus.

Les rapports de ces messieurs étaient toujours

un peu amphygouriques et à double sens, comme les oracles de Delphes ou de la sybille. Ils annonçaient des faits par *on dit, on pense, on croit, on a vu*, et comme ces individus étaient d'une classe qu'on regardait comme plus élevée, sans être moins méprisables que beaucoup d'autres qui servaient la police par besoin ou par misère, on se contentait de leurs *on dit*, que l'on payait fort cher.

Ensuite il était rédigé des notes d'après toutes ces balivernes, et elles étaient remises aux officiers de paix et aux agens qui devaient fournir des éclaircissemens et des faits qu'il fallait prouver jusqu'à l'évidence.

Que de conspirations, de projets contre le gouvernement qui n'ont jamais existé que dans l'imagination dépravée de ces vils agens. On en avait la preuve, mais on s'en servait, parce que c'était M. de......, et qu'une particule de plus ou de moins fait un homme d'esprit d'un sot. Ces métamorphoses s'opèrent aux yeux de certaines gens accoutumés à ramper.

On comptait parmi ces agens :

Le sieur Boug...., ex-militaire et joueur de profession;

Caz......, rue Sainte-Hyacinthe-Saint-Michel;

Darg......, rue de l'Université, n° 70;

Foss...., rue de Touraine;

Vign...., rue de Carême-Prenant;

La dame Fond...., rue Fontaine-au-Roi;

Darr..., rue de Bagneux, n° 10;

Rons...., rue Saint-Nicolas, n° 37, Chaussée-d'Antin;

Tab..., boulevart Saint-Martin;

Lat..., rue des Francs-Bourgeois-Saint-Michel, n° 9;

Albi....., place du Palais-Bourbon;

Pern..., rue de Vaugirard, derrière l'Odéon;

Rurt, rue de Bourbon-Villeneuve, n° 19;

Lart..., rue Bergère, n° 2;

Mar....., rue Saint-Paul;

Les dames Har....., rue de la Chaise;

Bord..., rue de Mondovi;

Clara S...., rue Rameau;

Jenny Fran...., passage Radziville;

Zélima West..., rue Poissonnière.

Toutes ces femmes avaient des amans, des adorateurs, des courtisans qui ne se doutaient pas que leurs conversations, leurs confidences étaient fidèlement rapportées à la police. L'une d'elles, qui portait le nom de Roseline Dert...., unissait à une rare beauté un esprit très-cultivé, et tout ce qui peut charmer et séduire. Elle était liée depuis long-temps avec un jeune homme qui, pour lui prouver son amour et satisfaire tous ses goûts, s'était abandonné aux plus folles dépenses; quoiqu'il eût une fortune considérable, il se trouva tellement endetté qu'il lui devint impossible de mener le même train.

L'amour s'enfuit avec l'argent; elle trouva un autre individu qui se mit sur les rangs pour se ruiner, mais il fallait éconduire le premier : comment faire pour lui donner son congé? La belle rêvait aux moyens à employer; une idée lumineuse vint la frapper : elle dénonça le jeune homme à la police comme un être aussi à craindre que dangereux, et l'infortuné devint la victime de la plus affreuse perfidie. Il fut obligé de quitter Paris.

Roseline versa des larmes, joua le désespoir, accusa le destin, et le jeune homme partit avec la persuasion qu'il était adoré. On croira difficilement que de jolis traits, de la beauté, des talens, puissent s'allier avec tant de noirceur, tant de scélératesse; mais en songeant que cette femme était attachée à la police, on ne doutera plus de rien, et on aura raison. Nous avons dit la vérité.

Parmi tous ces agens, il en était un qui méritait d'être distingué, c'était le G...... M......, bourreau d'argent, criblé de dettes; il s'occupait sans cesse des moyens d'en faire de nouvelles, n'importe à quel prix, pourvu qu'il pût satisfaire ses goûts et ses penchans : il achetait sans marchander, vendait à vil prix, ne payait jamais, ou c'était par hasard; enfin il crut avoir trouvé une excellente ressource en s'attachant à la police du ministère, et il la faisait à raison de 1000 francs par mois, et même plus, il eût épuisé la caisse si on l'eût laissé faire; aussi M. Rosan, chef de division au ministère de l'intérieur, disait-il à un autre, M. M...., qui s'en occupait aussi et qui demandait de l'argent, nous avons le G..... M....., qui ne nous laisse pas un moment de repos, on le voit à chaque instant un mandat à la main.

Ce personnage, qui avait figuré dans beaucoup d'affaires et d'intrigues dans la révolution, avait servi tous les partis lorsqu'il avait cru y trouver de l'argent à gagner; partout où il avait été employé, il avait trafiqué de son autorité et de ses fonctions, et en dernière analyse, il était devenu agent de police.

Très-répandu dans la société, il y était admis sans y jouir d'une grande considération.

Il voyait Barr...., Tall...., Bonn...., Car...., le D... Mo....; les ducs d'A.....; de M...., de F..., J..., d'E....; MM. de P...., le comte de La G....; le comte de Bl...., de la Bo...., le Ma.... S....; le général Boul...., le colonel B... St.-V.....; il était en correspondance avec D....; il voyait tout le monde, et c'était pour servir la police et se procurer de l'argent.

Ses rapports avaient toujours quelque chose de saillant; il écrivait assez bien, mais il eût chanté la palinodie cinquante fois par jour, et toujours pour de l'argent.

Il servit Fouché sous l'empire; il le servit sous la restauration, après le 20 mars, et il fut ensuite à la solde de M. Decazes.

Il se présentait au Palais-Royal pour faire la cour à S. A. R. le duc d'Orléans, et lorsque Lucien Bonaparte s'y fut installé, il y faisait antichambre pour présenter des projets contre le propriétaire.

Il avait protesté de son dévouement au pavillon de Flore, au pavillon Marsan; et dans les cent jours il demandait à Fouché de l'utiliser pour courir les départemens, et le ministre lui répondait : « A quoi bon prendre un emploi aujour- » d'hui, dans six semaines il faudrait changer de » couleurs, » mais le solliciteur avait besoin d'argent.

Cet agent criait tour-à-tour : vive le roi, vive la ligne. On ferait un volume de toutes ses oscillations politiques, dont le mobile unique était la soif de l'or, pour satisfaire ses goûts dispendieux et ceux d'une dame Del.., dite de G......, aimable et jolie, qui secondait son vieil ami, lequel servit aussi Wel....... pour avoir des guinées. Il en éprouva quelques désagrémens et fit une *maladie* qui le força à la retraite et même à payer quelques dettes ; mais la police, en bonne mère, n'abandonna pas son fidèle serviteur.

Il recouvra la santé, mais comme il eut le talent de mécontenter tout le monde, nous doutons qu'on ait eu depuis recours à ses observations; cependant il ne faut douter de rien.

En véritable agent de police, il chercha à livrer à Fouché des hommes qui l'avaient protégé, soutenu et placé; il ne put réussir dans ses projets : tout a été connu, ils ont dédaigné de s'en venger. Si par hasard celui dont nous parlons était tenté d'écrire ses mémoires sans altérer la vérité, que de choses on apprendrait; au reste, s'il usait de réticence, on pourrait lui suppléer en dévoilant ce qu'il tairait, sans doute par modestie.

Le G..... Pac...., était encore un des agens en chef de cette police occulte des salons, il recevait 30 à 40,000 francs par an, pour tenir table ouverte et donner le bulletin des conversations qui se tenaient à table et des indiscrétions causées par le Champagne ou le punch. Quelques accidens qui ont altéré sa santé et sa clairvoyance, l'ont forcé à renoncer aux fonctions d'agent de la police, et ce n'est pas le plus beau fleuron dont il a pu ceindre sa tête et ombrager son front.

M. Franchet, directeur-général de la police, s'occupait aussi des salons, beaucoup plus que M. Delavau qui, comme nous l'avons déjà dit, n'avait pas d'agens en état de s'y présenter d'une manière convenable; d'ailleurs ils étaient trop mal rétribués.

Que pouvait faire un agent à 1200 francs d'appointemens? il n'eût pu soigner sa mise, à peine avait-il de quoi faire la police des rues.

On eût cherché en vain parmi les officiers de

paix, un homme qui eût pu soutenir une conversation pendant dix minutes, ainsi on n'aurait pas osé les lancer dans les salons sans s'exposer à un échec.

La police que M. Franchet avait organisée pour cette partie, ne se montra qu'à l'époque du changement de ministère.

Il avait pris pour agent principal une dame Decamp....., qui avait accès dans diverses sociétés royalistes.

Elle adressait ses rapports avec beaucoup d'exactitude, et nous allons rendre compte d'une aventure qui lui arriva dans le temps; on pourra juger de quelle manière elle remplissait ses fonctions.

Cette dame Decamp..... fut invitée à une soirée chez madame de Châteaubriant; elle y trouva un jeune docteur en médecine, qui fut assez heureux pour fixer son attention. Sa physionomie n'était pas sans agrément, mais comme il parlait avec peu de ménagement de M. de Villèle et du ministre de la justice, parce que ce dernier avait suspendu de ses fonctions un de ses parens qui était avocat, madame Decamp..... crut devoir se permettre de l'engager à parler avec plus de circonspection des deux excellences. Lorsque la conversation sur cette matière eut été épuisée, elle lui demanda son adresse : le docteur s'empressa de la satisfaire, et la soirée étant terminée, on se sépara.

Deux jours après, notre Esculape reçut une invitation pour venir dîner et passer la soirée chez madame Decamp..... Il accepta avec plaisir ; il soigna sa toilette et prit même un cabriolet de remise pour faire concevoir de lui une plus haute opinion, car à Paris la considération s'acquiert en raison de l'importance qu'on se donne.

Le docteur arriva chez la dame, et il y trouva sept à huit personnes réunies, au nombre desquelles se trouvaient M. le baron de Boy..., madame de Bach...., le chef de bureau Uzey...., et deux autres individus qui lui étaient inconnus.

Le dîner se passa on ne peut mieux ; les convives firent preuve d'amabilité pour répondre à la dame du lieu, qui fit avec beaucoup de grâce les honneurs de la table. Les mets étaient délicats, et le vin délicieux.

Neuf heures sonnèrent ; un domestique parut, et remit une lettre à madame de Camp.....

C'était une invitation de M. le directeur-général pour passer la soirée, on peut même penser que c'était pour recevoir des ordres.

On se leva de table, et madame de Camp..... prenant le docteur en particulier, lui apprit, en témoignant un peu d'humeur, ce que nous venons d'annoncer, elle ajouta : « Je vais me
» débarrasser de mes convives qui sont des amis
» de la maison, et je compte sur vous pour m'ac-
» compagner à l'hôtel du ministère. Je vous pré-
» senterai comme mon cavalier, et vous pouvez

» être persuadé que vous serez parfaitement reçu. »

Le docteur refusa d'abord, mais ne pouvant résister aux pressantes sollicitations de madame de Camp....., il accepta, et un brillant équipage les conduisit rapidement chez le ministre.

Il y avait grand cercle, et le docteur fut accueilli avec bienveillance sous les auspices de la dame.

Quelque temps après on proposa une partie d'écarté, et le docteur prit place autour du tapis vert.

A onze heures on se leva, et M. Franchet ayant fait entrer le docteur dans son cabinet, parla d'abord de choses indifférentes, ensuite d'un changement de ministère.

Le docteur, sans se déconcerter, avoua franchement que c'était le vœu de Paris et de la France entière, que M. de Villèle était repoussé par tout le monde, et qu'à la Chambre, la droite était sur ce point du même avis que la gauche.

M. Franchet s'échauffait beaucoup pour défendre le ministre, puis se calmant aussitôt, il dit en souriant, autant que le pouvait un directeur-général de la police : « Mon cher docteur, » ne craignez rien, tout ce que vous pourrez me » dire sera enseveli dans le secret le plus pro- » fond, ainsi expliquez-vous. »

Le médecin, qui se douta qu'on voulait l'enrôler dans la police, crut plus prudent de se taire, et à minuit et demi il quitta la société, laissant à d'autres le soin de reconduire chez elle la dame de Camp.....

Le lendemain il lui écrivit ce qu'il pensait de ce qui lui était arrivé la veille, et il le fit en termes un peu piquans.

L'agent femelle montra sans doute l'épître à M. Franchet, car le lendemain M. Delevau reçut l'ordre de mettre le docteur en surveillance.

Il demeurait alors rue Saint-Benoît, et des agens de police furent mis sur ses traces.

Ils parvinrent à découvrir qu'il voyait fréquemment le sieur Seguin, propriétaire, qui sollicitait l'autorisation d'ouvrir un cercle littéraire rue de Grammont.

M. de Pins lui écrivit au nom du préfet, pour qu'il se rendît à son bureau; il s'y présenta, et on lui demanda quelles étaient ses liaisons avec M. le docteur D......, qui sans doute lui était connu comme un homme pensant mal, et un ennemi déclaré du gouvernement, il s'exposait donc beaucoup en le recevant chez lui.

M. Seguin répondit au comte de Pins qu'il connaissait le docteur D...... depuis deux ans, qu'il lui donnait des soins parce qu'il avait mal à la jambe, et que jamais il ne lui avait rien entendu dire qui eût trait à la politique, quoiqu'ils fussent très-liés et qu'ils déjeûnassent souvent ensemble.

Le comte de Pins reprit : « Vous sollicitez l'au-
» torisation pour ouvrir un cercle littéraire, tout
» cela dépend de M. le préfet, et si vous voulez
» qu'on fasse quelque chose pour vous, il faut
» de votre côté que vous rendiez quelques ser-
» vices à l'administration ; ainsi dites-nous fran-
» chement quel homme est le docteur D..... »

M. Seguin répondit : « Il est royaliste, mais il
» aurait une opinion contraire que vous ne trou-
» veriez point en moi un délateur. Vous avez
» assez de gens qui font la police, et qui sont à
» votre solde, sans me faire une pareille propo-
» sition, et à ce prix, je refuserais la permission
» que je sollicite. »

Il prit son chapeau et sortit après avoir salué
le comte de Pins.

M. Seguin se rendait souvent au café Valois,
il raconta son aventure; on rit un peu de la police, de ses chefs et de ses agens des deux sexes.

CABINET NOIR DE LA POSTE.

Violation du secret des Lettres.

La violation du secret des léttres est un de ces vices sociaux, un de ces abus de confiance que rien ne pourra jamais légitimer. On peut commettre ce délit à l'ombre de l'autorité et du pouvoir, mais ce n'en est pas moins un délit qui les dégrade et les avilit à leurs propres yeux, et bien plus encore à ceux des autres.

Eh quoi! les épanchemens de l'amitié, ces secrets de l'âme, ces confidences que l'on se fait, comme si on les versait dans le sein de Dieu, deviennent la proie de la froide et honteuse curiosité d'un chef d'administration, d'un obscur employé! Le premier en fait usage pour tromper le monarque, en l'effrayant toujours par des rapports mensongers, en faisant naître des craintes par la fausse interprétation qu'il donne à des phrases qui paraissent obscures à celui qui ne connaît pas les personnes dont il scrute les secrets et les pensées.

Tel est le malheur attaché à la condition des Rois! élevés dans une autre sphère, ils n'ont aucune connaissance de ces intimités si douces et si tendres qui existent dans les familles.

Leur amitié, leur tendresse, leur confiance, l'amour filial et fraternel sont soumis à l'étiquette, tel est dans les cours l'empire de l'usage, et c'est en abusant de tous ces moyens factices que des ministres, des directeurs-généraux et autres chefs d'administration ont pensé que tout leur était permis, et c'est ainsi qu'ils ont brisé ce lien qui unissait le peuple avec le monarque, le père avec les enfans! La défiance est née de la calomnie, distillée par la bouche de ces perfides conseillers, et ils ont cru nécessaire et même indispensable d'avoir recours à la violation du secret des lettres.

Le cardinal de Richelieu, sous Louis XIII, commença le premier à faire usage de ce moyen, ce qui n'était pas très-consciencieux pour un ministre des autels, mais tout peut s'arranger. Les lettres qu'il se procura par ces indignes moyens aidèrent plus à conduire Henri II, de Montmorency, à l'échafaud, que la révolte dont on l'accusait.

Richelieu ne pardonnait pas au guerrier le plus brave et le plus spirituel de cette époque d'avoir mérité un regard d'Anne d'Autriche, qui n'avait pas voulu entendre les soupirs de l'éminence. La correspondance de Montmorenci, qui lui fut livrée, ferma son cœur à tout sentiment d'humanité, il ne s'ouvrit qu'à la vengeance et à l'orgueil blessé des dédains et des refus auxquels il devait s'attendre.

Le favori Cinq-Mars ne fut condamné à mort que par l'infidélité de l'un de ses secrétaires qui confia sa correspondance au cardinal de Richelieu.

Il ne ménageait pas le ministre, il dut perdre la tête.

Sous Louis XIV, le ministre Louvois donna une plus grande extension à la violation du secret des lettres, il crut servir son maître, et il l'eût associé à son avillissement, si Louis XIV, plus occupé de la gloire et de ses amours, que de ces petites intrigues, eût été moins convaincu de sa puissance absolue. Ces moyens obscurs étaient dignes de celui qui fit incendier le palatinat. Mazarin, tout astucieux qu'il était, ne poussa pas la curiosité jusqu'à ce point.

Sous la régence où les scrupules de tous les genres s'évanouirent, où le cardinal Dubois tenait en quelque sorte les rênes du gouvernement, cette ressource inquisitoriale fut érigée en principe, comme si la sûreté du gouvernement y eût été attachée, mais au moins les plaisirs étaient de la partie. Une femme qui était à la tête de ce département de première classe, annonça une conspiration d'après quelques mots échappés dans un instant de débauche à l'un des conjurés. Pour acquérir des preuves plus certaines, on prit le parti d'arrêter des courriers, d'ouvrir des lettres, et grâce à ce moyen on déjoua tous les complots.

Dès-lors on ne se gêna plus, et cette mesure fut adoptée d'une manière indéfinie.

Le régent s'en amusait dans ses petits soupers du Palais-Royal, c'était la chronique scandaleuse du moment, et les intrigues les plus secrètes étaient mises au grand jour.

Louis XV, encore enfant, en était égayé, on voulait le corrompre, on y réussit; il conserva le goût de ce genre de curiosité qui lui avait été inculqué par ses gouverneurs; et lorsqu'il régna par lui-même, ce fut un besoin pour lui que de connaître les actes de dépravation et la conduite débauchée de ses sujets. Il s'étourdissait ainsi sur ce qu'il aurait pu de temps en temps se reprocher à lui-même.

Le directeur-général des postes venait à des jours fixés lui apporter le résultat de ses recherches et du *bris des cachets*.

Il s'en amusait avec ses familiers, avec ses intimes; mesdames de Pompadour, Dubarri étaient de la partie, le duc de Choiseuil faisait souvent part de quelques anecdotes qui transpiraient et amusaient tout Paris. Mais la police n'était pour rien dans ce travail, car M. d'Argenson, alors lieutenant-général, n'en avait connaissance que par la publicité qu'y donnait l'indiscrétion. Les murmures, les épigrammes pleuvaient de tous côtés. Lorsqu'on voyait passer le directeur-général des postes, et qu'il traversait l'œil de bœuf à Versailles, pour se rendre près du Roi, les brocards pleuvaient sur lui, mais il s'en moquait. La faveur le dédommageait de ces petits désagrémens qui ne sont rien pour des courtisans.

Le docteur Quersnai, connu par sa véracité, et qui avait son franc parler, disait en le voyant passer : « *J'aimerais mieux dîner avec le bourreau qu'avec le directeur-général des postes.* »

On riait de ces réflexions sévères et mordantes, mais les choses n'en allaient pas moins leur train.

Lorsque les parlemens furent exilés, la correspondance de ceux qui avaient été frappés de l'ostracisme passait sous les yeux du ministre, lorsqu'ils employaient la voie de la poste.

Le duc de Choiseuil n'en fut pas exempt, lorsqu'il fut mis en retraite à Chanteloup. Le cabinet secret de l'administration des postes reçut alors une organisation complète. Le directeur-général en devint le chef, et il obtint un supplément de traitement qui s'élevait à 60,000 fr. pour cette seule attribution, aussi immorale que criminelle. Le nombre des employés en sous-ordre n'était alors que de quatre. Le sieur Pli... le premier, avait 8,000 fr. d'appointement.

But...., le second, 6,000 fr.

Dar...., le troisième, 4,000 fr.

Ber...., le quatrième, 3,000 fr.

Ce dernier était seulement chargé d'aller prendre au bureau de l'arrivée, un énorme portefeuille que lui remettait le chef. Après l'avoir fermé avec beaucoup de soin, il en conservait la clé sur lui, et le directeur-général en avait une autre.

Ce chef avait un supplément de traitement de 4000 fr. pour ce travail, recommandé à sa discrétion, et le moindre mot échappé à ceux qui étaient dans la confidence, eût été puni par une lettre de cachet et une détention plus ou moins longue à la Bastille, ou dans une autre prison d'état.

Un malheureux employé de la poste, nommé Chris...., qui fut assez mal avisé pour parler de l'existence de ce cabinet, seulement parce qu'il avait entendu dire, fut arrêté et disparut; on n'en entendit plus parler, il paraît qu'il mourut dans les cachots.

Lorsque Lachalottais fut enfermé pour satisfaire la vengeance et la haine du duc d'Aiguillon, on arrêtait également les lettres qui lui étaient adressées, parce qu'il était lié avec le duc de Choiseuil.

Ce dernier, qui avait encore conservé quelques amis malgré sa disgrâce, en fut informé; alors il employa des agens particuliers pour instruire Lachalottais de ce qu'il avait à répondre dans les interrogatoires qu'on lui faisait subir.

Un sieur abbé de Forges, attaché à la maison de Choiseuil, fut envoyé à Rennes, et arrangea toute cette affaire. Il emmena avec lui une demoiselle Adam, qui fut d'un grand secours pour tromper la vigilance de tous les argus du pouvoir, et Lachalottais ne put être victime de la plus abominable intrigue.

L'abbaye de Valmont, près Laval, fut la récompense du service rendu par l'abbé de Forges.

Le cabinet noir de la poste aux lettres était donc un objet de la plus haute importance pour le directeur-général, et elle l'affermissait dans son emploi; car, par un reste de pudeur que l'on a entièrement perdu depuis, on ne le remplaçait que très-rarement, pour ne pas mettre trop de monde dans la confidence de cette machination.

Louis XVI en montant sur le trône avait trouvé les choses dans le même état. Le cabinet noir existait; il eût voulu le réformer. Il était instruit de l'odieux usage qu'on faisait des renseignemens qu'on se procurait par cette abominable ressource. Il ne voulait point qu'on lui en rendît compte; mais on lui fit sentir, par mille prétextes spécieux, que sa sûreté personnelle et celle du gouvernement y étaient intéressées. Il se soumit à l'impérieuse nécessité; mais avec peine, avec douleur.

Ce bon roi, qui ne voulait régner que par ses vertus, qui faisait consister toute sa grandeur à vivre dans son ménage comme un bon père de famille, et qui voulait servir de modèle aux Français, ne s'inquiétait pas de ce qui se passait dans leur intérieur; il ne voulait y pénétrer que lorsqu'ils le mettaient eux-mêmes dans la confidence, afin de venir à leur secours. Aussi, jamais Louis XVI ne travaillait-il avec le directeur-général des postes.

Alors la police fut admise dans ce monopole d'iniquité. Elle s'en forma une nouvelle attribution, et en reçut une grande importance. Elle désirait depuis long-temps d'être pour quelque chose dans ces confidences, et ses vœux furent satisfaits.

Lorsque les premiers symptômes de la révolution qui éclata en 1789 se firent sentir, la police, grâce à la violation du secret des lettres, en fut informée plusieurs années à l'avance. Elle donna l'alarme, mais avec une sorte de mystère, et elle témoigna des craintes et des frayeurs que l'on ne partagea pas entièrement.

Plusieurs lettres interceptées furent mises sous les yeux des ministres, on en rendit compte au roi, qui ne vit pas du même œil que son conseil, et peut-être fut-il alors trop confiant. La suite l'a prouvé.

Le cabinet noir de la poste reçut de l'accroissement, le nombre des employés fut porté à douze, et les appointemens à 20,000 francs pour le premier. Les autres obtinrent une augmentation proportionnée. Ils furent placés dans un local plus vaste, dont l'entrée était inconnue du public et de tous ceux qui n'en faisaient pas partie. Le directeur-général y pénétrait par une porte particulière qui donnait dans son cabinet, et aucun des autres bureaux de l'administration n'avait de vue sur cet antre mystérieux et inquisitorial.

Les procédés chimiques et la gravure devinrent les auxiliaires de la curiosité, et un graveur uniquement attaché à ce bureau, et qui y travaillait habituellement, prenait l'empreinte des cachets et en faisait un double. Afin d'éviter les erreurs et les quiproquo, le nom des individus était gravé sur le manche de chaque cachet. On voit que tout était prévu. Le graveur avait 10,000 francs d'appointemens. Mais on avait pris tous les moyens possibles pour s'assurer du secret. Il occupait un autre emploi au cabinet des médailles, qui servait de voile à ses fonctions principales.

Toutes ces précautions, tous ces moyens abusifs devinrent illusoires. La révolution eut lieu; et ceux qui la dirigeaient, qui la conduisaient et qui faisaient mouvoir le peuple à leur gré, sans supprimer entièrement le cabinet noir, n'y attachèrent plus une aussi grande importance. On ne détruisit rien; mais il ne fut rien innové.

Ils étaient trop forts pour rien craindre, et ils n'avaient pas besoin d'amollir les cachets pour faire exécuter leurs volontés, connaître et punir leurs ennemis.

Le pouvoir exécutif était entre les mains du peuple. Un regard, un mot des chefs suffisaient pour punir ou absoudre.

Lorsque la convention eut usurpé tous les pouvoirs, ses comités de salut public et de sûreté générale eurent la plus grande latitude; leur volonté et le mot de liberté légitima tout. Ils n'eurent recours qu'une seule fois à la violation du secret des lettres, et ils l'annoncèrent publiquement, hautement, officiellement : le salut de la patrie y était attaché, disaient-ils. On leur sut bon gré de leur franchise; personne ne murmura; et les rapprochemens qui furent faits de la conduite qu'ils tenaient avec celle des gouvernemens antérieurs, furent encore à leur avantage.

Lorsque le directoire eut succédé à la convention, le cabinet noir reprit une espèce de vigueur. Ces magistrats, jaloux les uns des autres, qui existaient au milieu des factions et des coteries qui les soutenaient ou les culbutaient suivant les circonstances; ces ambitieux violèrent encore sans scrupule le secret des lettres, et c'est par ce moyen qu'ils connurent beaucoup de projets. Les conspirations de Brottier, de Lavilleheurnois et autres, qui firent déporter à Cayenne et à Synnamarie leurs antagonistes et leurs rivaux.

Bonaparte, arrivé au consulat, ne négligea pas ce moyen; Fouché eut la direction en chef du cabinet noir. Cependant beaucoup de lettres lui étaient soustraites par ordre de Bonaparte, et lui étaient remises entre les mains par le directeur-général des postes; ce qui contrariait beaucoup Fouché, qui ne l'ignorait pas.

Ce furent encore des lettres interceptées et ouvertes qui donnèrent le premier éveil sur la conspiration de Georges et consors, et qui mirent sur la voie pour les arrêter ensuite.

Sous l'empire, le cabinet noir eut encore une organisation plus étendue, et la direction générale des postes ne fut accordée qu'à des hommes sûrs. M. Gaudin en avait été pourvu; ensuite M. Laforêt; mais comme on trouva qu'il était trop lié avec M. de Talleyrand, on crut qu'une place aussi essentielle ne devait être occupée que par une personne qui jouît de toute la confiance particulière de Napoléon.

M. Lavalette fut appelé à ces fonctions, alors de grande importance en elles-mêmes, et qui le devinrent ensuite encore plus. Le ministre de la police générale transmettait journellement à Napoléon un rapport sur ce qui s'était passé dans son département et qui avait pu attirer son attention. Le préfet de police en donnait un autre sur ce qui était arrivé à Paris.

L'un et l'autre de ces magistrats avaient l'habitude d'insérer dans leurs bulletins un long article sur l'esprit public, rédigé d'après les passions et l'intérêt du moment; Napoléon supprima cet usage, et leur ordonna de supprimer les faits isolés sans en tirer de conséquences.

Néanmoins, désirant en même temps connaître l'opinion publique sur les actes de son administration, il choisit douze observateurs, hommes distingués par leur savoir, d'entre les partis les plus opposés. Parmi eux, il y en avait quelques-uns qui avaient été du parti de la montagne, de la Gironde, des constitutionnels de 1791; d'autres qui avaient émigré ou vécu en Angleterre pendant quelque temps; d'autres qui avaient servi dans l'armée de Condé. Tels étaient Cha...., Barr..., Tall..., Saint-R......, B...-C..., Mol...., Pyr....., le comte de S...., le baron F....., N...-N..., Du..., Tay......

Ces douze individus recevaient par l'intermédiaire de Lavalette un salaire de 1,000 fr. par mois, et lui transmettaient au moins tous les quinze jours, et plus souvent si les circonstances l'exigeaient, un rapport sur tout ce qu'ils jugeaient de plus important relatif à l'administration et à l'esprit public; enfin, sur tout ce qui était arrivé dans le mois.

Afin que ces observateurs pussent s'exprimer avec liberté et franchise, ils rédigeaient leurs lettres comme si elles eussent été adressées à

Lavalette, qui les plaçait ensuite dans le portefeuille de Napoléon avec ce qui concernait le cabinet noir.

Il ouvrait tous ces papiers lui-même, les parcourait et les détruisait après en avoir tiré un extrait de sa propre main, s'il le jugeait à propos. Ses secrétaires les plus intimes n'en avaient aucune connaissance.

Le travail de ces observateurs se rattachait à celui du cabinet noir, et fournissait des documens qui aidaient à découvrir le sens de certaines lettres qui présentaient quelque chose d'énigmatique et d'ambigu.

La police chercha plusieurs fois à pénétrer les mystères du cabinet noir. Fouché voulut y introduire quelques-uns de ses agens, et tenta de corrompre des employés de la poste; mais Lavalette, qui était très-aimé de tous ses subordonnés, en fut instruit. Il déjoua les ruses du ministre, qui reçut l'ordre le plus impératif de se tenir tranquille, sous peine d'encourir l'indignation du maître.

La chûte de Bonaparte ne changea rien au cabinet noir, les employés survécurent à cette catastrophe, et, pendant son séjour à l'île d'Elbe, il fut dans une extrême activité. On n'y mettait même pas un très-grand mystère, et nous allons en fournir plusieurs preuves.

Un général qui, à l'époque de la première restauration, avait obtenu le commandement d'une des places fortes du département du Nord, s'était rendu à son poste; mais comme il avait quelques affaires à terminer à Paris, il y avait laissé un officier chargé de les suivre. Ils avaient ensemble une correspondance assez suivie tout-à-fait étrangère aux affaires publiques.

Il paraît qu'il avait été donné un ordre d'arrêter et d'ouvrir toutes les lettres qui venaient des frontières de la France, car celles que recevait l'officier avaient été soumises à cette inspection. On ne se donnait pas même la peine de les *recacheter*, et l'opération se faisait avec beaucoup d'adresse, car le papier n'était pas même déchiré. Il en reçut donc *deux* sans rien dire, mais à la troisième, il se rendit à l'administration des postes. Il se présenta devant le chef de bureau de l'arrivée, et, lui montrant les lettres, il lui observa qu'il ne trouvait pas mauvais qu'on les lût, si cela était jugé nécessaire; mais il priait ces messieurs de les fermer, pour que le portier de sa maison n'en prît pas connaissance.

Le chef du bureau balbutia quelques mots insignifians, ne chercha point à nier le fait, ni à l'excuser; il se contenta de dire que cela n'arriverait plus; effectivement on les *recachetait*.

Lorsque le général anglais sir Robert Wilson fut arrêté en France pour avoir favorisé l'évasion de Lavalette, on imprima dans les journaux une lettre confidentielle que Wilson écrivait à un de ses amis à Londres. Cette publication ne pouvait avoir eu lieu qu'après la violation du secret des postes, et les feuilles anglaises se prononcèrent avec indignation contre cette infraction honteuse du droit des gens; mais la police se rit de ces plaintes, ainsi que les directeurs et les chefs du cabinet noir.

Sous la direction de la police de MM. Franchet et Delavau, le cabinet noir fut dans une très-grande activité. Il y avait des employés dont les appointemens étaient portés jusqu'à 40,000 fr.; mais aussi que de services il rendaient. Il en est aussi résulté les plus graves inconvéniens. Tout le monde savait que ce cabinet existait, que les lettres passaient dans beaucoup de mains. Alors quelques employés avides du bien d'autrui, et assez peu délicats pour oublier qu'on doit avoir de l'honneur et de la probité, crurent qu'ils pourraient soustraire des lettres qui renfermeraient des valeurs, et que si ce vol était découvert, on accuserait nécessairement le *Cabinet noir*. Ils avaient rencontré juste. Les premières plaintes se portèrent sur les indiscrets ouvriers de ce cabinet, qu'on ne put justifier que *du vol*.

Enfin, le vrai coupable fut atteint et condamné; quelques autres avaient été punis. Il y en avait un à Bicêtre, qui, détenu pour le même larcin, avait trouvé moyen d'intéresser à son sort;

on le choyait; il avait un emploi de contre-maître d'un atelier, et comme il singeait la dévotion, il était encore sacristain de la chapelle. Nous apprendrons peut-être que celui qui naguère a été frappé par la loi deviendra son successeur pour la juste expiation de ses fautes.

Quoi qu'on puisse dire ou faire, il sera toujours impossible de justifier l'existence et la nécessité du cabinet noir. C'est offenser la société en général et le gouvernement lui-même en ayant recours à de semblables moyens. C'est avilir l'autorité et la dégrader, nous ne craignons pas de l'avouer.

On a annoncé que ce cabinet noir n'existait plus; nous le croyons. Sa suppression est un nouveau bienfait du gouvernement, et elle honore celui auquel l'exécution de cet ordre a été confié.

LE LIEUTENANT-COLONEL CARON.

Il exista au moment de la restauration, et même long-temps après, un système déplorable qui tendait à montrer tous les militaires comme les ennemis du gouvernement.

Le roi ne pouvait croire que ceux qu'il regardait comme ses enfans et qu'il portait dans son cœur ne répondaient à sa tendresse que par la haine; il se refusait avec raison à penser que ceux qui avaient donné tant de preuves de courage et de loyauté, qui avaient constamment suivi la bannière de la gloire et de l'honneur, devinssent tout à coup des traîtres et des perfides.

Mais ceux qui avaient intention de le tromper, et principalement la police, résolurent d'employer tous les moyens que peuvent suggérer l'esprit de parti et la calomnie, afin d'arriver à leurs fins.

Ce fut alors que le génie du mal enfanta les provocations, ressource affreuse des bourreaux qui cherchaient des victimes pour s'abreuver de leur sang.

Ils obtinrent les plus horribles succès. Paris, Lyon, Bordeaux, Lille, et beaucoup d'autres villes virent trancher les jours d'une foule de malheureux égarés par les suggétions d'agens provocateurs, qui s'étaient compromis, il est vrai, de manière à ce que la loi pût les frapper ; mais comme ils étaient moins coupables que ceux qui leur tendaient des piéges, l'indulgence eût pu avoir son tour.

Ajoutons que les émissaires du parti sanguinaire que nous signalons trouvaient moyen de se soustraire à la vindicte publique. Les auteurs des massacres de Lyon, de Nîmes, d'Avignon, de Grenoble, ont joui de l'impunité, grâce à leurs patrons.

Des voix éloquentes se sont fait entendre dans les comités de la chambre des députés ; elles y ont énuméré tous ces crimes ; mais ces accens de l'indignation se sont perdus, se sont évanouis dans les airs et n'ont produit qu'un vain bruit.

Les coupables ont continué à se montrer partout avec audace au milieu des populations, auxquelles leurs fureurs ont imposé un triste et malheureux silence, commandé par la crainte de voir les poignards s'aiguiser de nouveau.

N'en avons-nous pas un exemple tout récent sous les yeux. Les massacres de la rue St-Denis, de cette nouvelle Saint-Barthélemy, de ces nouvelles Vêpres Siciliennes, ont rencontré des apologistes, des appuis, des soutiens, puisque les victimes n'ont point trouvé de vengeurs, et que la vérité n'a pu se faire entendre. Et cependant ceux qui, dans toutes les parties de la France, se sont baignés dans le sang de leurs frères, de leurs concitoyens, ces cannibales sont connus. Dernièrement, les journaux signalaient un des chefs de ces massacres, et il est mort en paix, quoiqu'il eût organisé et soldé l'assassinat de ceux qui, dans d'autres circonstances, lui avaient sauvé la vie. De quelle reconnaissance il paya ce bienfait! Et cependant il dut donner aux autres l'exemple des vertus, pour leur apprendre à marcher dans le sentier de l'honneur!

Nous pourrions nommer tous ces hommes qui ont déshonoré l'humanité, mais nous nous tairons pour ne plus troubler la cendre des morts, ni la sécurité apparente de vivans que nous abandonnons à leurs remords.

La police ne voyait donc que des conspirateurs dans tous les militaires qui avaient appartenu à l'ancienne armée, généraux, officiers et soldats, tous étaient coupables à ses yeux, et n'aspiraient qu'à renverser un gouvernement qui venait réparer tous les maux et cicatriser toutes les plaies.

Hélas! ces braves, couverts de blessures honorables que couvraient à peine les lambeaux de la misère, ne désiraient que du repos ou de reprendre les armes si Louis eût jugé à propos de leur ouvrir de nouveau la carrière de la gloire.

Un militaire ne pouvait se rendre à Paris, sans

être sur-le-champ entouré, circonvenu par des agens de police qui consultaient le portier de la maison où il logeait, et le suivaient à la piste dans toutes les rues de la capitale.

C'est ainsi que le colonel Pailhès, qui était logé rue de Provence, fut long-temps l'objet de la surveillance de la police.

L'agent Cliche se présentait chaque jour chez lui sous différens prétextes. Il buvait avec le concierge de la maison, et lui annonçait confidentiellement que le colonel lui devait de l'argent, et qu'il désirait connaître ses ressources. L'autre répondait comme il pouvait, et l'agent bâtissait un rapport, qu'il brodait d'après son génie et ses talens observateurs.

Il eût bien voulu connaître le colonel. Il cherchait à le voir passer lorsqu'il sortait. Enfin, il osa se présenter, et ne trouva que son épouse, qui lui annonça que le colonel Pailhès était sorti. Il paraît que l'on se doutait que la police faisait prendre des informations, car le colonel se trouvait chez lui et ne voulut pas paraître.

Comme les rapports de Cliche ne présentaient aucun résultat, on employa un autre moyen, et un agent nommé Delicé, qui avait été militaire, finit par avoir accès auprès du colonel, et lui dit qu'il avait été chargé, par un général qu'il nomma, de savoir s'il était à Paris, parce qu'il desirait le voir à son retour de la campagne.

Le colonel, qui connaissait le général, annonça qu'il en serait très-flatté; il témoigna une sorte de bienveillance au prétendu envoyé du général, mais il ne dit rien qui pût servir de pature à la police, quoique l'agent eût mis les affaires publiques sur le tapis. Le colonel Pailhès eut le bon esprit de se tenir sur la réserve, il avait éprouvé quelques désagrémens qui lui avaient appris à se défier de tout le monde.

L'agent se retira, il rendit compte de son entretien, donna des renseignemens sur la distribution du logement du colonel, sur son ameublement; il ajouta même qu'il l'avait trouvé à son secrétaire, qu'il écrivait, qu'il y avait beaucoup de papiers sur les rayons, mais il n'en put indiquer le contenu; ce fut très-fâcheux pour la police. On ne se présenta plus chez le colonel Pailhès, mais il fut long-temps surveillé et suivi dans Paris.

La police fut plus heureuse avec le lieutenant-colonel Caron.

Cet officier s'était distingué dans diverses occasions par des actions d'éclat, il avait peut-être imprudemment montré de la reconnaissance et de l'attachement pour ceux auxquels il croyait en devoir; de glorieux et d'anciens souvenirs faisaient encore palpiter son cœur. Il en avait parlé avec une espèce d'attendrissement, ce fut un crime aux yeux de certaines gens qui ne connaissaient pas ces jouissances si pures de l'âme des braves; on en avertit la police, qui mit le lieutenant-colonel Caron à l'index.

Ses obscurs agens furent chargés de le surveiller, et ils le firent sans succès jusqu'en 1820, où des provocations faites par la police, et des projets ourdis par elle et ses sicaires firent naître une conspiration dans laquelle le lieutenant-colonel Caron fut impliqué, sans autres preuves que celles que l'on se plut à inventer.

Cette conspiration fut jugée en 1821 par la chambre des pairs, le lieutenant-colonel Caron comparut avec ses autres co-accusés; on le présentait comme coupable de proposition de complot non agréé.

Il prouva jusqu'à l'évidence que les faits qu'on lui imputait étaient l'œuvre de la calomnie et de la plus odieuse machination; l'éloquence de son défenseur fit le reste, et il fut acquitté.

Il se retira à Colmar, espérant y vivre tranquille, à l'abri de toutes vexations, auprès de son épouse et de son fils, à l'éducation duquel il se proposait de veiller.

Mais la police en avait ordonné autrement; elle l'avait suivi, elle ne le perdait point de vue, et attachée à sa proie, elle voulait s'en emparer et la voir tomber sous ses coups, en la compromettant de manière à ce que les apparences de culpabilité pussent justifier les actes de rigueur et de sévérité qu'on devait employer contre le malheureux Caron.

Cet officier avait l'âme ulcérée d'avoir été traduit en jugement pour un délit imaginaire, et il s'était exprimé plusieurs fois avec une grande énergie contre ceux qui avaient cherché à le perdre et à le blesser dans son honneur, lorsqu'on l'avait présenté comme un conspirateur et un homme capable de chercher à troubler l'ordre social.

Cette susceptibilité, qui fait partie intégrante du caractère des militaires, était poussée jusqu'à l'excès par le lieutenant-colonel Caron.

Il voyait avec peine que quelques militaires fussent détenus à Colmar comme coupables du même délit qui l'avait fait traduire devant la chambre des pairs.

Il jugeait des maux qu'ils éprouvaient par ceux dont il avait été frappé lui-même, et il savait y compatir. Il eût voulu pouvoir les rendre à la liberté; il ne rêvait plus que cela; il en parla à quelques militaires qu'il fréquentait à Colmar. L'humanité seule le guidait, il voulait enlever des victimes à l'esprit de parti, à cette haine des factions qui ne calcule que le désir de se satisfaire, et qui se croit juste parce qu'elle se venge.

Ceux auxquels il fit ses confidences en parlèrent à d'autres. Caron était surveillé, la police avait écrit, on suivait ses inspirations; on voulut la servir, et il fut facile de trouver des hommes qui, séduits par l'appât du gain, des récompenses, et par des promesses d'avancement, oublièrent l'honneur et la délicatesse pour devenir des agens provocateurs, à l'instar de ceux dont les crédules habitans de Paris ont reconnu à leurs dépens l'horrible et funeste existence.

Ceux auxquels le lieutenant-colonel Caron avait parlé se rapprochèrent de lui, le virent *par ordre*, et il s'établit ensuite une liaison entre eux.

On remit sans affectation l'affaire des prisonniers de Colmar sur le tapis, et ce qui n'était d'abord qu'une faction repréhensible, puisqu'il s'agissait d'un projet d'évasion de détenus, quoiqu'on fût guidé par des sentimens d'humanité, devint un complot, une conspiration criminelle, grâce aux instructions données par les meneurs, et aux inspirations de la police.

Alors les rôles furent distribués, et chacun s'apprêta à jouer le sien. Le lieutenant-colonel Caron, qui s'aveuglait lui-même sur les suites de ses projets, et qui se croyait avec des amis, ne craignit plus de se réunir à eux. Ils se donnèrent rendez-vous pour se concerter ensemble ; Caron se rendit à Rouffak, et ses deux prétendus amis, qui n'agissaient que pour le perdre et pour le livrer ensuite à ceux qui leur avaient donné des instructions, partirent l'un de Colmar et l'autre de Brissac. On dut y mettre du mystère, et un troisième agent provocateur porta l'habit d'uniforme de Caron pour qu'il pût s'en revêtir, lorsque les circonstances l'exigeraient, afin de se montrer devant ceux qui devaient le seconder, et auxquels il parlerait dans des termes convenus, à l'effet de les séduire et de se compromettre comme on le désirait, et de prouver sa culpabilité par ses discours.

Caron, sans défiance, se livra lui-même, il donna, tête baissée, dans tous les piéges qu'on lui tendit; il se revêtit de son uniforme. Ses habits bourgeois furent remis par son ami, son prétendu complice, à l'autorité, et lorsqu'il fut au milieu de ceux qu'il regardait comme ses amis, ils l'arrêtèrent, le garottèrent, et il fut conduit dans les prisons de Colmar avec un nommé Royer, son écuyer; on peut donc ajouter que toutes ces provocations finirent en quelque sorte par un guet-à-pens. Que penser, en effet, d'une trame ourdie, conduite par des officiers, des sous-officiers déguisés qui furent dans la même affaire, agens provocateurs et témoins à charge? Ces individus obtinrent des grades par suite de la conduite qu'ils avaient tenue, et ils ne purent s'empêcher de convenir, à l'époque des débats, que d'après les ordres qu'ils avaient reçus et des instructions qu'ils avaient transmises à leurs soldats pour jeter des cris séditieux, ils avaient fait des promesses séduisantes au lieutenant-colonel

Caron; il n'avait donc point cherché à les corrompre, à les embaucher. Les provocateurs étaient donc les vrais coupables et ceux qui les avaient dirigés, conduits, inspirés, bien plus criminels encore.

Mais il fallait une victime, et Caron était depuis long-temps désigné; il comparut devant un conseil de guerre, et fut condamné à mort. Les juges prononcèrent d'après la déposition des témoins, il régnait entre eux un accord parfait. Le lieutenant-colonel Caron ne pouvait fournir d'autres moyens de défense que de les accuser d'imposture et de provocation; mais comment le prouver? il était seul contre tous, et il avait fait une démarche qui était devenue une arme terrible contre lui. Le conseil de guerre avait donc bien jugé; mais les accusateurs, les dénonciateurs du lieutenant-colonel Caron auront toujours à se reprocher d'avoir vendu le sang innocent, devenu coupable par eux, et d'en avoir reçu le prix.

Le lieutenant-colonel Caron, une fois condamné, avait reconquis tous ses droits à l'humanité, à la commisération, à la pitié. Tous les cœurs se fermèrent pour lui; on lui refusa la consolation de voir son défenseur, qui voulait l'entretenir au nom de sa femme et de son fils; il ne put, l'infortuné, déposer dans son sein les dernières expressions de l'amour conjugal et paternel, et ce supplice fut sans doute plus terrible pour lui que la mort.

Son épouse écrivit pour demander la grâce de venir recevoir les adieux de son mari, les derniers embrassemens, et les ordres toujours sacrés pour elle de celui qui avait fait son bonheur pendant tant d'années, et qui servit sa patrie avec tant d'honneur et de courage; elle consentait à y être conduite à ses frais, par quatre gendarmes, *les fers aux pieds, aux mains, au cou;* elle eût tout supporté avec plaisir, pour voir encore et presser dans ses bras la malheureuse victime de la perfidie la plus atroce. On le lui refusa; *la police* avait parlé, il était défendu d'avoir des entrailles, bon gré malgré, il fallait être son complice ou sa victime.

Le lieutenant-colonel Caron se résigna à son sort. Celui qui avait affronté le trépas tant de fois aux champs de la gloire, pouvait bien regarder de sang-froid la mort pendant cinq minutes.

Peu d'instans avant que son jugement fût mis à exécution, il écrivit à son épouse et à son défenseur. Nous croyons devoir transcrire ici ces deux pièces; l'une est l'expression vraie et touchante de l'amour conjugal, et l'autre de l'amitié et de la reconnaissance.

A madame Caron.

« C'est aujourd'hui, ma bien-aimée, que ton
» ami te quitte pour ne plus te revoir que dans
» l'éternité. O ma bien-aimée! que cette sépara-
» tion est cruelle pour mon cœur! Aie bien soin
» de mon pauvre Alfred; ménage-toi pour lui;
» ne t'abandonne pas au désespoir; il a encore be-
» soin de tes tendres soins. Pour moi, ce soir, je
» ne pourrai plus lui être d'aucune utilité. J'em-
» porte avec moi au tombeau tes deux derniers
» billets; ils seront sur mon cœur. Adieu, ma
» chère amie, je t'embrasse de toute mon âme,
» ainsi que mon trop malheureux Alfred.

» Caron. »

A M⁰ Liechtenberger, avocat.

« Mon cher défenseur et dernier ami, j'ai reçu
» vos adieux; recevez ici les miens et mes derniers
» remercîmens. Consolez-vous; je sais mourir. Si
» jamais vous voyez ma malheureuse femme, dites-
» lui bien que son souvenir et celui d'Alfred ne
» m'ont pas quitté un instant. Je vous prie de reti-
» rer mes effets et de les faire parvenir à ma femme.
» Tâchez aussi que l'on me paie mon trimestre;
» il servira à amortir quelques dettes que j'ai. On

» vous défend de me voir encore ; mais on ne me
» défend pas de vous aimer. Je vous embrasse
» une dernière fois.

» Caron. »

Quelques heures s'écoulèrent encore, et Caron cessa de vivre.

On ne peut se rendre compte de l'empressement que l'on mit à faire exécuter son jugement.

On présentait encore son pourvoi en cassation devant la Cour suprême que déjà il était dans la tombe, tant ses ennemis avaient soif de son sang.

Ses défenseurs avaient beau se hâter, importuner sans cesse les ministres, fatiguer la poste, le télégraphe déjouait toutes leurs combinaisons, tuait leur zèle. On voulait ravir au malheureux Caron toute espèce de recours, jusqu'à celui que lui offrait l'inépuisable clémence du roi, parce qu'on savait que c'était un besoin pour lui de pardonner. Cette vertu est innée chez les Bourbons, et l'on savait que si sa requête fût parvenue au pied du trône, Caron eût été rendu à la vie, à sa famille, au bonheur, et les agens provocateurs eussent été démasqués. Voilà ce que craignait la police ; et, grâce au télégraphe, elle s'assura de l'impunité pour elle et ses familiers.

Que de Français sont morts parce qu'on ne leur a pas permis d'implorer la clémence royale, ou qu'on a effrayé le monarque en lui persuadant qu'il s'exposait en pardonnant. Il est si doux de régner sur des cœurs reconnaissans.

C'est ainsi qu'on hâta, qu'on changea le lieu du supplice de l'un de nos plus grands guerriers. Il était coupable, sans doute, mais le roi eût daigné l'absoudre, pour lui faire sentir plus vivement sa faute; mais des gens étrangers à la gloire, à l'honneur, aux sentimens généreux, dont plus d'une action les expose à rougir à jamais, qui se sont gorgés de rapines, qui se sont exposés à de honteuses restitutions, eh bien! ces êtres dégradés aimaient à voir couler le sang; ils faisaient aussi la police! Ce mot était devenu pour eux synonyme de crime. Il s'épure maintenant; cette administration a passé dans d'autres mains.

IMPRIMERIE ET LIBRAIRIE.

Constant-Chantpie.

L'imprimerie et la librairie furent constamment un objet d'épouvante pour la police, elle y voyait un fanal toujours prêt à éclairer sa conduite et à pénétrer dans le dédale tortueux de ses investigations arbitraires et inquisitoriales : les voleurs ne redoutent pas plus les reverbères, et pour donner un but d'utilité à ses recherches, et donner plus d'importance à ses rapports, elle les rattachait toujours au gouvernement et montrait les imprimeurs et les libraires comme les ennemis les plus redoutables du roi.

Sans eux, disait-elle, aucun écrivain n'oserait émettre des opinions aussi hasardées, aussi répréhensibles, et elle les rendait responsables de tout ce que les hommes de lettres publiaient par la voie de l'impression. On est revenu plus tard sur cet excès de rigueur, et les tribunaux ont reconnu qu'ils étaient trop souvent les vengeurs d'une police qu'ils méprisaient eux-mêmes, en frappant de diverses condamnations les imprimeurs, qui ne pouvaient être considérés que comme des instrumens passifs, absolument étrangers aux écarts de l'imagination, dont les auteurs se sont parfois rendus coupables.

Pour réussir dans ses projets et en assurer le succès, la police était parvenue à enrôler sous ses drapeaux, bon nombre d'imprimeurs et de libraires, qui pour mériter sa protection et ses faveurs, et même pour s'assurer à l'occasion un peu d'impunité, lui dénonçaient leurs confrères, et l'instruisaient de ce qui se faisait dans les diverses imprimeries. Ce fut ainsi que le libraire Laurent Beaupré fut ruiné, qu'il se vit saisir à diverses reprises ; il dut tout cela à un collègue, à un voisin qui affichait un royalisme outré, comme si l'on pouvait être un sujet loyal, fidèle, en trahissant ses semblables ; non, le roi de France, nous en sommes certains, ne veut point qu'on lui prouve ainsi son respect et son amour.

Mongie l'aîné fut saisi pour avoir imprimé et publié le récit de la bataille de Waterloo, grâce à un confrère qui le dénonça à la police.

Domere le libraire, qui avait fait réimprimer le *Système de la Nature*, et qui fut condamné à six mois de prison, fut arrêté au moment où il montait en voiture, d'après la dénonciation d'un *soit-disant ami* auquel il avait accordé sa confiance.

Le chef de bureau de la librairie, Tezenas, avait *à lui*, plusieurs libraires qui l'instruisaient de tout ce qui s'imprimait et se vendait dans Paris et même dans les départemens; jamais ils n'ont été saisis, jamais on n'a fait aucune visite chez eux.

La police avait su gagner des protes, des ouvriers et des commis, et le libraire Mansut, qui avait renvoyé le sien parce qu'il n'en était pas content, a pu savoir à ses dépens qu'il était entré dans la police et qu'il avait divulgué tout ce qu'il savait sur le compte de son ancien patron et même sur beaucoup d'autres libraires.

Que de gens de cette espèce nous pourrions citer et que de victimes ils ont fait; ils ont réduit plusieurs familles à la misère et au désespoir, et la police les a récompensés!

Les inspecteurs de la librairie avaient aussi leurs affidés, et tel libraire-éditeur dont le nom a joui d'une grande célébrité, avait un soin extrême de meubler la bibliothèque de M. l'inspecteur; on faisait bien quelques petites visites chez lui, mais c'était avec tant de négligence, on y mettait un certain air de prévenance et d'égards, qui sentait tellement la complicité, que l'œil le moins exercé s'en fût douté; mais il fallait jouer ainsi son rôle.

La surveillance, les recherches et les persécutions de la police reçurent un grand degré d'accroissement et de tenacité, lorsque MM. Franchet et Delavau furent élevés au rang suprême de cette administration, et l'imprimeur Constant-Chantpie fut spécialement recommandé à tous les agens en chef et subalternes chargés de cette partie.

Il fut en butte à tous les piéges, à toutes les embûches; on ne voulait pas qu'il pût y échapper, et c'était une victime que chaque agent devait offrir en holocauste à la police, s'il voulait mériter ses grâces, ses faveurs et ses gratifications; aussi ces bons et loyaux serviteurs redoublèrent-ils de zèle, prirent-ils tous les costumes, adoptèrent-ils toutes les opinions pour séduire et enlacer le malheureux Constant-Chantpie.

C'est un père de famille, se disaient-ils, il veut faire honneur à ses affaires pour élever ses enfans et leur donner du pain, l'amour paternel l'aveuglera, nous en aurons bon marché et il tombera dans nos filets.

L'un venait, au nom du royalisme, lui offrir un ouvrage, tant soit peu virulent il est vrai, mais il ferait sa fortune en servant le parti qui seul pouvait sauver la France et l'arracher aux révolutionnaires, qui voulaient la plonger de nouveau dans cet abîme dont elle avait eu tant de peine à sortir.

Un autre, sorti du même antre, arrivait tout rayonnant, avec cet air franc et joyeux qui pouvait caractériser un libéral, honnête homme, ami de son pays et de la vertu; il proposait un manuscrit qui devait faire ouvrir les yeux sur tous les abus, les montrer au grand jour, les faire toucher du bout du doigt, en un mot c'était le palladium de la France!

Comment résister à tant de séductions, surtout lorsque les meilleures garanties, le plus grand secret, et surtout la probité et l'honneur de ceux qui faisaient les propositions étaient mis en avant.

Et voilà précisément ce qui prémunissait l'imprimeur contre ces loyaux personnages, le bout de l'oreille passait, on y reconnaissait la doctrine et les discours des sycophantes de la rue de Jérusalem, et l'appât du gain ne le tourmentait pas au point de céder aux perfides suggestions des agens de la police; il eût résisté même aux propositions de toutes autres personnes; il ne voulait pas se compromettre; car il eût été bientôt découvert, dénoncé, telles précautions qu'il eût prises.

Il avait continuellement dans son imprimerie des ouvriers vendus à la police.

Quel était donc le crime du sieur Constant-Chantpie? quels griefs la police avait-elle donc à lui reprocher? les voici : il avait imprimé *la Renommée*, rédigée par M. Benjamin Constant et autres; il imprimait *le Courrier français*, *le Pilote*, *le Miroir*, dont le reflet montrait les gens un peu trop ressemblans, en leur donnant une petite teinte de ridicule.

On ne lui pardonnait pas cela! quelle sottise, quelle puérilité, pour ne pas dire quelque chose de plus; c'est ainsi que nos proconsuls révolutionnaires démolissaient des maisons, détruisaient des monumens élevés il y a 200 ans, pour punir des habitans qu'ils regardaient en 1793 comme des ennemis de la république et de la liberté.

Pauvre police, comment te qualifier! quelle épithète devrions-nous ajouter à ton nom? Les faits que nous venons de rapporter n'étaient pas ce que Constant-Chantpie avait commis de plus répréhensible. Peccadilles que tout cela! mais le péché mortel! la cause de la réprobation était d'avoir imprimé une lettre de M. Cauchois-Lemaire adressée à M. Delavau lui-même, et comme il n'y était pas ménagé, il se vengeait sur l'imprimeur de ce qu'il ne pouvait faire à l'auteur; il eût été facile de dire à ce magistrat qui avait et qui a encore de la religion et des mœurs : Eh, cher préfet de mon cœur, si Constant-Chantpie ne l'eût pas imprimée cette lettre, un autre s'en fût chargé; c'est comme si on voulait punir un expéditionnaire qui a copié un mandat d'arrêt, ou de perquisition que vous avez signé. Répondez si vous pouvez à cet argument sans réplique; mais la police agissait, punissait, se vengeait, et ne répondait pas.

Constant-Chantpie était l'imprimeur de l'administration des prisons. M. Delavau qui la dirigeait, qui l'avait sous sa férule, lui enleva cette ressource; ne pouvant le claquemurer, il lui *coupait les vivres*. Quel excès de charité!

Enfin il voulut savoir pour quel motif on l'avait changé; il avait conservé plusieurs planches dans son imprimerie, qui l'empêchaient de se servir de ses caractères; il prit le parti d'écrire à M. le préfet de police, et lui demanda une audience; elle lui fut accordée. Ils se trouvèrent en présence, et voici à peu près textuellement le dialogue qui eut lieu entre le magistrat et l'imprimeur.

CONSTANT-CHANTPIE, après avoir salué.

« M. le préfet, je desirerais savoir pour quelle
» raison vous me faites retirer les impressions des
» prisons? »

M. LE PRÉFET.

« Monsieur, en voici le motif, et tous ceux qui
» agiront comme vous, éprouveront le même
» sort. » (En même temps M. Delavau montrait à son interlocuteur un petit écrit ayant pour titre *Avis aux Electeurs,* dans lequel M. le préfet de la Seine n'était pas ménagé relativement à la rue du Tourniquet-Saint-Jean, qui était sorti de ses presses; ensuite il ajouta, en lui présentant également la lettre de Cauchois-Lemaire):

« Je pourrais bien encore vous parler de ceci;

» mais comme cette affaire m'est personnelle, je
» n'en dis rien. »

Constant-Chantpie.

« M. le Préfet, je ne refuserai jamais d'impri-
» mer tout ce qui pourra éclairer le public et le
» gouvernement sur leurs intérêts respectifs, et
» j'y mettrai mon nom. »

L'audience se termina ainsi. On voit que M. le préfet de police Delavau se contenta d'être le champion de son collègue de la Seine, et de rompre une lance en son honneur et gloire.

Quant à lui il prouva *que le fiel n'entrait point dans l'âme des dévots.*

Ce n'en fut pas moins l'origine et la cause de toutes les persécutions et les tracasseries qu'il éprouva par la suite.

Les journaux annoncèrent dans le temps qu'on lui avait retiré les impressions des maisons d'arrêt et de détention; l'un d'eux fit là-dessus un assez mauvais jeu de mots en disant que *l'imprimeur de la liberté ne pouvait être celui des prisons*, et cette espèce de calembourg porta encore ombrage à la police.

Les rédacteurs des Petites-Affiches craignirent de se brouiller avec elle, quoiqu'on ne pût *incriminer* leurs articles, ils lui retirèrent l'impression de leur feuille. Il voyait chaque jour diminuer ses travaux en perdant ses moyens d'existence, et M. Ballard eut cette portion de son héritage.

La direction générale de la librairie partageait la haine que lui portait la police, et elle usait contre lui d'une rigueur extrême pour les formalités les plus simples à remplir.

On ne pouvait lui pardonner d'imprimer *le Miroir*.

Plusieurs fois M. Tezenas, chef du bureau de la librairie à la direction générale, le manda près de lui, pour l'engager à renoncer à l'impression de ce journal. La police eût voulu le voir s'éteindre de lui-même, pour ne pas être obligée de le supprimer ; aucun imprimeur n'eût voulu s'en charger.

La dernière entrevue qu'il eut avec M. Tezenas fut même assez vive, et pour ne plus être importuné de nouveau, Constant-Chantpie dit à ce chef, qu'il aimerait mieux tout perdre et retourner travailler chez les autres, plutôt que de céder aux insinuations de la direction de la librairie.

On redoubla de sévérité contre lui. La police, toute puissante alors, abusa de son influence, et ses agens portèrent les choses au point de qualifier son imprimerie de *sentine* des libéraux. On poussa l'inimitié et la calomnie jusqu'à répandre dans le public que son imprimerie ne lui appartenait pas, et qu'il n'était que le prête-nom de

MM. Benjamin Constant, Kératry et autres, et qu'en le punissant on frappait, on atteignait les chefs de l'opposition.

Ses ennemis, et ceux qui voulaient le perdre, ajoutaient encore à tant de calomnies, qu'il imprimait les brochures de Paul Courrier, qui toutes avaient encouru la censure.

M. Tezenas lui-même put se convaincre du contraire lorsqu'il fut question de l'impression des *Mémoires d'une jeune Grecque*, espèce de roman qui parut sous le nom d'une dame Panam, et dont le sieur Chasles, secrétaire de M. de Jouy, fut le teinturier-rédacteur. Cette dame Panam, non contente de ne pas payer le sieur Constant-Chantpie, le dénonça comme ayant imprimé une seconde édition de son ouvrage sans son aveu. M. Capelle fut envoyé pour vérifier le fait, et il reconnut la fausseté des assertions de la dame Panam.

Cette affaire tomba d'elle-même; mais l'impression du *Miroir* l'exposa à de nouveaux désagrémens, et on finit par le supprimer par suite d'une condamnation judiciaire.

Les rédacteurs firent paraître un nouveau journal sous le titre du *Sphinx*; on le saisit comme étant la suite du *Miroir*, et M. Chardon, commissaire de police de la Chaussée-d'Antin, fut chargé de cette mission; Constant-Chantpie vit son imprimerie frappée d'interdiction, comme ayant fait une fausse déclaration pour le nombre d'exemplaires tirés.

Il n'y avait qu'une simple erreur qui fut rectifiée en déposant le premier numéro; mais comme on ne cherchait qu'à le trouver coupable, on profita de cette circonstance pour le traduire en jugement. Il fut acquitté en première instance; mais cité de nouveau en Cour royale, il y fut condamné, et une ordonnance de S. Exc. Mgr. de Corbière, alors ministre de l'intérieur, lui enleva, en 1823, son état, son imprimerie, son avoir et ses moyens d'existence. M. le commissaire de police, Chevereau, du quartier du Palais-Royal, accompagné de ses agens, vint mettre à exécution l'ordonnance de sa ruine. Mais, comme la présence des ouvriers qui ne cachaient pas leur mécontentement, en imposait à tous ces messieurs, et qu'ils en craignaient les suites, on parlementa, et durant ce temps on déménagea beaucoup d'objets, principalement le matériel d'un journal, qui parut le lendemain chez M. Carpentier-Méricourt.

Le commissaire de police tenait tellement à mettre dans l'oubli et le néant le malheureux Chantpie et son imprimerie, qu'il fit enlever sur-le-champ le tableau qui l'annonçait.

Mais le mot *Imprimerie*, tracé sur le fronton de la porte cochère, avait échappé à l'œil clairvoyant des agens. L'un d'eux, qui rôdait le soir dans le quartier, s'en aperçut; il se hâta de courir chez le commissaire pour lui dénoncer cette inscription devenue séditieuse. Un voisin qui avait reconnu l'observateur, la barbouilla de noir tandis qu'il allait chercher le magistrat, et lorsqu'ils revinrent ils ne trouvèrent plus rien. L'agent fut reprimandé par le commissaire pour l'avoir dérangé inutilement, et un peu plus tard il reçut une correction qui lui fut administrée par le mari d'une marchande d'oranges, dont il voulut faire disparaître l'étalage. Il dut cette gratification à un des ouvriers de l'imprimerie qui le fit connaître pour ce qu'il était.

Le brevet du sieur Chantpie était alors à la disposition du ministre, qui pouvait en gratifier un de ses protégés. Un grand nombre de concurrens et de solliciteurs se mirent sur les rangs. Quelques-uns vinrent trouver l'imprimeur supprimé pour l'engager à les aider dans leurs démarches; des pairs de France se mirent aussi de la partie; mais ils échouèrent tous.

Le ministre et le directeur-général ne se tinrent pas pour battus; ils avaient un protégé, qu'ils voulaient munir et gratifier d'un brevet d'imprimeur, et ce favori de la police était un sieur Thomas, qui passait dans le public pour agent secret de cette administration, compositeur d'imprimerie, et qui avait été prote chez M. Gœtschy.

Un libraire qui faisait travailler dans cette imprimerie, dit qu'on lui avait rendu un manuscrit annoté par ce Thomas, et qui avait passé par la filière de la police. On ne voulut pas se charger de cette impression, mais on n'osa pas renvoyer le sieur Thomas, on le craignait en raison de ses titre et qualité ; enfin on s'en débarrassa.

Ce même Thomas s'était présenté plusieurs fois chez l'imprimeur Chantpie, pour lui proposer de l'associer avec M. David. Comme il connaissait le caractère du négociateur, il eut l'air d'entrer dans ses vues, afin de connaître ses intentions, et Chantpie fut trouver M. David : il lui dit franchement qu'il ne pouvait se lier avec lui, parce qu'il était déjà intéressé dans deux imprimeries ; il le pria en outre de lui garder le secret sur cette confidence, mais la direction en fut instruite. Sans accuser M. David d'avoir manqué à sa promesse, il n'en fut pas moins forcé de renoncer à cette association, sans cela le ministre eût fait ressentir les effets de sa haine à ceux qui avaient des liaisons avec Chantpie. Quel acharnement ! comment reconnaître dans une telle conduite les protecteurs de l'industrie et les soutiens du commerce ?

Thomas, qui ne se fatiguait pas et qui avait toujours son plan dressé, se présenta de nouveau chez l'imprimeur Chantpie, pour lui acheter son imprimerie, en lui annonçant sa suppression, et qu'il ne se rendrait pas moins adjudicataire, et même sans garantie, de la transmission du brevet; mais il en offrit un prix si médiocre qu'il n'essuya qu'un refus.

Enfin l'autorité crut devoir ne plus garder aucune mesure, et Thomas se trouva pourvu du brevet de Chantpie.

Dès que le corps des imprimeurs fut informé de la nomination du sieur Thomas, il s'éleva des murmures, et l'immoralité du nouveau titulaire fut mise au grand jour. On ne se récriait pas sur son incapacité reconnue; mais on annonçait que Thomas avait été condamné aux galères par contumace, et que ses deux frères, moins heureux que lui, avaient passé plusieurs années au bagne; que l'un y était mort, et que l'autre venait d'en sortir après l'expiration de sa peine; et c'était à Thomas, galérien, et frère de deux *forçats*, que le ministre Corbière accordait des grâces et des faveurs, en dépouillant un malheureux père de famille.

Le sieur Robert, fils de l'avocat de ce nom, qui avait aussi des prétentions sur le brevet de Chantpie, informé de la préférence que l'on accordait à son concurrent Thomas, fit faire plusieurs copies du jugement qui le condamnait aux galères, et en adressa des exemplaires à MM. de Corbière, Franchet, Thézenas, Capelle, et à M.......

député, demeurant alors rue du Cimetière-Saint-André-des-Arts. Ce député devait, selon Thomas, lui avancer des fonds pour acheter et monter son imprimerie.

Lorsque tout cela fut mis au grand jour, les protecteurs de Thomas eurent encore assez de pudeur pour ne pas confirmer sa nomination.

Le brevet de Chantpie resta donc dans les cartons du ministère, et devait y être enseveli pour jamais; mais, pendant l'intérim de M. de Villèle, qui fut chargé du portefeuille de l'intérieur, le brevet convoité par tant de gens de toutes les couleurs et de tous les rangs, fut accordé à M. de Genoude. Cet événement a fait assez de bruit, chacun en a parlé diversement, et nous nous tairons sur cette affaire.

Thomas qui, grâce à *ses hauts-faits*, avait échoué dans ses espérances, ne fut point abandonné par ses protecteurs, ils le placèrent en qualité de commis de l'octroi aux pesées, à l'une des barrières du nord, où il exerce son emploi, et il est sans doute aussi honorable que flatteur pour les membres de cette administration d'avoir un semblable collègue.

Quant à l'imprimeur Constant-Chantpie, on a bien voulu lui accorder un brevet pour Saint-Denis.

C'est là qu'il met en œuvre son industrie et ses connaissances typographiques. Il a eu beaucoup de peine à échapper au naufrage à travers les écueils dont on a semé sa carrière. Il cherche à se soutenir pour élever sa nombreuse famille; puisse-t-il être à l'abri de nouvelles tempêtes. Le système de douceur et de modération adopté par l'autorité et l'administration actuelle lui permet d'espérer et de croire qu'il est enfin entré dans le port.

LIBRAIRES ET COLPORTEURS.

Les libraires et les colporteurs donnaient beaucoup d'inquiétude à la police. Elle employait à cette surveillance un assez grand nombre d'agens; mais il y en avait à peine un ou deux assez instruits pour découvrir tout ce qu'elle voulait savoir.

Les inspecteurs de la librairie échouaient presque toujours dans leurs recherches, quoiqu'ils fussent liés avec quelques libraires.

C'est ainsi que le sieur Sardaillon, l'un d'eux, qui voyait fréquemment un de ceux qui, à une certaine époque, était le plus renommé pour les pamphlets, était presque toujours dupe des fausses confidences qu'il lui faisait.

Plusieurs officiers de paix furent successivement chargés de cette partie. Mais soit qu'ils fussent mal secondés ou trop connus, la police ne parvint jamais que par hasard à connaître où s'imprimaient les pamphlets politiques lorsqu'ils n'étaient pas déclarés à la direction générale de la librairie.

Il y avait bien quelques faux frères, quelques indiscrets qui trahissaient leurs collègues, soit par jalousie ou par un sentiment plus vil et plus bas, pour servir la police. Nous nous réservons de les faire connaître nominativement dans un nouvel ouvrage spécial que nous pourrons publier, qui sera consacré à dévoiler au grand jour tous les genres de trahisons; mais nous l'ajournons encore pour quelque temps. Ce sera la clé de beaucoup d'événemens sur lesquels on forme beaucoup de conjectures, sans pouvoir asseoir une opinion certaine; mais nous en fournirons la base.

Afin d'obtenir quelques documens plus certains, la police parvint à enrôler sous ses drapeaux quelques libraires qui avaient été obligés de renoncer à leur état : tel était le nommé Tavernier. Il avait ses protégés, lorsqu'on savait bien s'y prendre, et il communiquait même à *ses amis* les rapports ou les notes dont ils étaient l'objet.

Un autre agent, nommé Crosne, était chargé d'aller à la direction prendre le relevé des déclarations, et la police jugeait d'après le titre si l'ouvrage méritait d'être mis à l'index, au moment de sa publication et de sa mise en vente.

Les agens Roux, Ganat, Mazières, Charles, étaient encore chargés d'explorer la librairie.

Le dernier surtout rêvait quelquefois des titres séditieux, et il les annonçait dans des rapports qu'il élaborait lorsque son imagination était un peu échauffée; mais ces ouvrages devaient être imprimés clandestinement.

Alors la préfecture et la police centrale mettaient en mouvement tous leurs limiers, pour rechercher l'ouvrage annoncé par le très-clair-voyant Charles. On ne découvrait rien, et c'était la montagne en mal d'enfant. On voit que cette bonne préfecture de police était aussi mystifiée par ses propres enfans.

Ce qu'il y avait de pis encore, c'est que cette partie était soumise au plus affreux arbitraire, et que tel ouvrage qui s'était vendu pendant vingt ans sans aucun obstacle, devenait tout à coup séditieux, immoral, parce que tel employé ou copiste de la direction ou de la préfecture y avait trouvé une expression qui blessait leur conscience par trop pudibonde.

Lorsque certains casuistes devinrent à la mode et eurent la vogue, on fit des visites dans certaines maisons de librairie, et on enleva tout ce qui parut suspect ou qui pouvait faire venir de mauvaises pensées; c'est ce qui arriva à l'imprimeur-libraire Tiger, la providence des colporteurs et de certains écrivassiers manchots qui font des livres avec des ciseaux.

Son magasin passa donc à l'épuration, et il ne devait plus rien s'y trouver qui fût sujet à la censure, ni susceptible d'être envoyé au pilon.

Le sieur Tiger vint à mourir, et madame veuve Demoraine et le sieur Bouquin se rendirent acquéreurs de son fonds de magasin. Ils croyaient bien avec juste raison n'avoir rien à redouter de la direction ni de la préfecture de police, puisque toutes les lumières littéraires de ces deux administrations avaient jeté un coup d'œil sur tout ce qui était sorti des presses du sieur Tiger.

Mais voici bien une autre fête. Un employé, plus clairvoyant ou plus timoré que les autres, trouva que la *Vie de Roquelaure,* que l'on vendait de temps immémorial, et qu'il avait lue à son bureau au lieu de copier un arrêté ou une circulaire, contenaient des expressions licencieuses qui blessaient la pudeur et la chasteté de ses oreilles. Il montra ces divers passages à son chef de bureau, celui-ci au chef de division, et ce dernier aux grandes puissances. L'ouvrage fut déclaré obscène, dénoncé à qui de droit, ensuite incriminé, et le libraire fut condamné à une amende et à la saisie dudit ouvrage.

Ce qui paraîtra plus surprenant, c'est que d'autres libraires ou colporteurs vendaient la *Vie de Roquelaure* et qu'ils ne furent point inquiétés ; peut-être avaient-ils été plus heureux et qu'ils n'avaient pas déplu à l'employé dominateur.

Et voilà comme les grands faisaient parfois justice, car, qui disait *grand* à cette époque, disait agent de police.

On ferait un volume de cette justice de faveur ou de circonstance, dont la police de cette époque a donné bon nombre d'exemples, mais nous voulons bien épargner les hommes séduits ou égarés. Il y a eu cependant quelques individus coupables de délits de la presse que la police a traités avec une extrême sévérité, disons mieux, avec une rigueur plus extraordinaire, parce qu'ils avaient osé parler de sa manière d'administrer, et qu'ils avaient divulgué des secrets qui la touchaient, ou quelques-uns des membres de cette occulte et tyrannique corporation.

Comme les coupables tombaient sous sa férule après leur condamnation, alors on les abreuvait de dégoûts et d'humiliations lorsqu'ils étaient dans les prisons.

On les tenait au secret; ils ne pouvaient communiquer avec personne. Il fallait être de leurs parens, afin d'obtenir une permission pour les voir, et les secours, les consolations de l'amitié leur étaient refusés.

On les traitait donc beaucoup plus sévèrement que les assassins et les voleurs, et les subordonnés de la police se prêtaient à être les exécuteurs de ces tortures morales.

Il est tel infortuné qui a été trois ou quatre mois *au secret*, parce qu'il avait déplu à la police; et comment aurait-il pu faire entendre ses justes plaintes, les lettres étaient lues et interceptées. Encore *un cabinet noir!*

On était donc, pour ainsi dire, *in pace*, ainsi que cela se passait jadis dans les cloîtres.

Les agens de la police qui surveillaient les prisons, recommandaient encore aux autres détenus de maltraiter ceux que l'administration voyait d'un mauvais œil. On leur tendait des piéges infâmes et dégoûtans, pour les compromettre et avoir la *douce* satisfaction de sévir contre eux. Telle était l'humanité de la police! Il fallait donc souffrir et se taire.

Il a existé un coupable d'un délit de la presse, qui fut transféré à Bicêtre d'après le bon plaisir d'un chef de bureau ou d'un employé de la police; et ce ne fut pas toujours un malheur, au moins on savait avec qui l'on se trouvait; les voleurs et les forçats n'étaient pas des tartufes, ils se montraient à découvert.

Les Français étaient soumis à cet arbitraire effroyable, et la vérité, les cris du malheur, les plaintes de l'infortune ne pouvaient franchir l'enceinte obscure et ténébreuse des prisons.

N'était-ce donc pas une mort lente et anticipée! Lorsque l'heure de la liberté avait enfin sonné pour vous, la police vous poursuivait encore de sa surveillance, et vous ne pouviez faire un pas sans que ses familiers fussent sur vos traces; ils se rendaient dans votre quartier, pénétraient dans votre domicile, et leurs investigations, leurs questions insidieuses jetaient encore de la défiance sur vous; vous passiez pour un homme dangereux, un mauvais sujet, lorsque vous n'étiez qu'une victime; mais la police se vengeait.

Lorsqu'on vous arrêtait, ses sbires avaient soin de s'entourer de tout l'appareil de la force armée, pour vous faire remarquer et vous humilier; ils s'en glorifiaient devant leurs chefs, qui les louangeaient et s'écriaient *bravo* en s'épanouissant de joie : ce fait est historique et nous pourrions en garantir l'authenticité; mais en revanche on avait des égards pour des voleurs; ils étaient bien moins coupables.

Et en effet quel crime pouvait égaler celui d'avoir osé publier, annoncer, et faire imprimer que la police vexait, tourmentait, torturait toutes les classes de la société, et qui plus est de l'avoir prouvé ?

Le moment viendra, et il n'est peut-être pas très-éloigné, où l'on portera le grand jour dans ce dédale affreux, où l'on dévoilera d'une manière plus claire encore la conduite et les actes de bon nombre d'agens de l'ancienne police, qui ont trouvé le moyen de survivre à leurs patrons; on frémira de tout ce qui s'est passé, et c'est en vain que l'on voudrait en douter. La vérité, cette vierge sainte et sacrée, se montrera à tous les regards dans l'état de sa pureté; les masques tomberont entièrement ainsi que les réputations usurpées.

On y reconnaîtra les agens provocateurs de toutes les classes, qui auraient voulu couvrir la France d'instrumens de supplices, et encombrer les prisons de son immense population, pour jouir de l'infâme plaisir, si doux pour cette police, d'en faire élever de nouvelles, et se délecter en entendant l'harmonie que produit le bruit des chaînes et des verroux.

Les agens provocateurs cherchèrent ainsi des victimes parmi les libraires; ils leur tendirent des embûches en se masquant de la bonne foi, et en prenant le titre de négocians ou de commis-voyageurs.

Citons-en un exemple sur mille :

Le libraire Terry, établi au Palais-Royal, se livrait tranquillement à son commerce, il n'avait dans son magasin ni dans son domicile particulier aucuns des ouvrages qui auraient pu le compromettre.

L'agent de police Dubois voulut mériter les louanges et les éloges de la police, aux dépens de ce libraire, dût-il même lui faire perdre la liberté, son état et sa fortune; et tout en se complaisant dans cet odieux projet, il se présenta chez le libraire Terry comme un négociant chargé de faire diverses pacotilles qu'il devait envoyer au Hâvre, à la destination des Colonies; il lui demanda des exemplaires des chansons de Béranger, principalement celles dont la publication avait été défendue, parce qu'elles piqueraient plus vivement la curiosité, et que la vente en serait plus avantageuse.

Le libraire Terry, qui n'avait pas ces chansons, qui, en outre, ne connaissait pas le prétendu négociant, et qui pouvait penser que c'était un loup revêtu de la peau d'un agneau, répondit qu'il ne pouvait se charger de cette fourniture; l'agent insista en protestant de sa probité et de son honneur, mais le libraire persista dans sa résolution.

Le tentateur sortit, mais le lendemain il revint à la charge, et Terry, vaincu par ses instances, ses sollicitations, et par l'espoir du gain, promit de fournir 50 exemplaires des Chansons de Béranger, qu'il espérait trouver chez quelqu'autre libraire moins craintif que lui.

Dès-lors sa boutique fut surveillée par quatre agens de police, collègues de Dubois, qui se retira enivré de la plus douce espérance, il allait enfin remplir les intentions *bénévoles* de ses chefs. Un libraire allait tomber dans les filets de la police.

Le libraire Terry se mit en quête, et après avoir fait des démarches pendant plusieurs jours, il trouva les exemplaires demandés, et il promit à l'agent Dubois, qui lui rendait de fréquentes visites et qui s'impatientait du retard, de lui livrer les Chansons de Béranger au lieu qu'il lui indiquerait; le libraire ne voulait pas qu'ils sortissent de son magasin.

Dubois donna son adresse rue d'Aval, près la

rue Saint-Antoine, et Terry, sans défiance, s'étant muni du précieux paquet, s'achemina à sa perte, suivi par quatre agens de police qu'il ne connaissait pas et qui étaient sur ses traces; ils jouissaient à leur manière, en voyant le crédule Terry chargé de leur proie, et qui allait lui-même au-devant du coup qui devait le frapper. Arrivé à sa destination, et près de la porte du domicile indiqué par Dubois, le libraire Terry trouva d'autres agens qui dirent à l'un d'eux : « Tiens, » voilà ton linge qu'on t'apporte. »

Terry, sans défiance comme sans malice, quoiqu'il fût Normand, répondit : « Ce n'est pas du » linge, mais du papier. »

Alors les agens se firent connaître, et voulurent s'emparer de son paquet; il opposa de la résistance, et voyant qu'elle était inutile en raison du grand nombre des assaillans, il lança les cinquante exemplaires des *Chansons de Béranger* à la tête d'un des agens de la police, qui ne put parer le coup et tomba à la renverse.

Terry prit alors la fuite; il était sur le point d'échapper à la troupe des agens qui le poursuivaient, lorsqu'il fit un faux pas et tomba. Les agens le rejoignirent, et comme il se relevait, l'un d'eux lui asséna un coup de bâton sur le derrière de la tête qui lui fit éprouver une douleur très-violente, et il s'en est ressenti assez long-temps.

Nous ne discuterons point ici le droit qu'avaient les agens de police de frapper celui qui cherchait à se soustraire à leurs violences, nous pensons seulement que c'était un excès auquel ils auraient pu ne pas se porter.

Le libraire Terry fut conduit au poste de la rue Saint-Antoine, et de là chez le commissaire de police, escorté par des militaires que les agens avaient cru devoir s'adjoindre pour s'assurer du coupable, dont le plus grand crime était d'avoir cédé aux propositions d'*un agent provocateur*.

Il comparut devant le commissaire de police, qui, ne pouvant juger l'affaire que d'après les dépositions des agens et les livres saisis, renvoya le délinquant à la préfecture de police.

Il y fut transféré sous bonne escorte, et placé à la salle Saint-Martin, où il resta huit jours au secret, payant fort cher tout ce qu'on lui fournissait.

Enfin, il fut interrogé, et, par suite, conduit à son domicile par des agens de police et des gendarmes, qui lui mirent les *poussettes*, à la recommandation des agens qui annoncèrent que Terry était dangereux et qu'il fallait prendre de grandes précautions, car il pourrait chercher à s'évader.

On fit une perquisition aussi exacte que minutieuse dans son magasin et dans sa chambre, mais on ne trouva rien de répréhensible.

Réintégré à la salle Saint-Martin, il comparut devant le juge d'instruction, et fut transféré à Sainte-Pélagie comme prévenu d'un délit prévu par les lois.

Il y resta deux mois et demi ; sévérité aussi extraordinaire qu'inusitée, car les délits de la presse de la nature de ceux de Terry, n'emportaient pas la peine avant le prononcé du jugement ; mais la préfecture avait pensé que ce qui *abonde ne vicie pas*.

Enfin, le jour du jugement arriva ; Terry comparut en police correctionnelle, et malgré tout le talent et la chaleureuse indignation de son avocat, M⁰ Chaix-Destanges, qui tonna contre les agens provocateurs, comme il y avait preuve du délit par la saisie des cinquante exemplaires, Terry fut condamné à six mois de prison et à 1,200 francs d'amende.

On demanda la comparution de l'agent provocateur Dubois, mais on ne put le trouver, il avait changé de logement ; il devait compter sur l'impunité assurée par ses chefs.

M⁰ Chaix-Destanges insistait toujours pour qu'on fît venir Dubois ; mais il avait un *Sosie*, autre agent qui portait le même nom. Il demanda qu'on les fît comparaître tous les deux ; mais on passa à l'ordre du jour.

Terry subit sa peine et paya son amende. Il avait parfois, ainsi que ses compagnons d'infortune, le plaisir de voir M. Bonneau, inspecteur-général des prisons, qui leur rendait visite et qui leur observait, pour les consoler de leur captivité, qu'ils devaient se regarder comme trop heureux d'être détenus dans des prisons aussi agréables et aussi bien tenues et administrées que celles de Paris. C'était un bien brave homme que ce M. Bonneau! Que de doux souvenirs a laissé son passage dans la police.

Terry, en sortant de sa *délicieuse* prison, de ce petit *Eden* à la Bonneau, voulut reprendre sa profession de libraire; mais, en vertu d'une ordonnance signée du ministre de l'intérieur, S. Exc. M. le comte de Corbière, son brevet lui fut retiré.

Les démarches et sollicitations qu'il fit et adressa dans le temps furent toutes infructueuses, et il se livra à un autre genre d'industrie, il vendit des estampes; et voilà où le conduisirent les agens provocateurs; il perdit sa liberté et son état.

Les malheureux colporteurs qui circulaient dans Paris n'étaient pas plus heureux; s'ils ne vendaient pas d'ouvrages prohibés, ils n'en étaient pas moins saisis comme faisant un commerce défendu. La police était une arme à deux tranchans qui vous frappait tort ou raison.

Pour fournir une nouvelle preuve du mode aussi blâmable qu'arbitraire que la police employait pour accorder des brevets de libraires ou des permissions d'ouvrir des cabinets littéraires, nous allons citer un fait qui donnera la mesure des moyens de séduction employés d'une part, et de l'ingratitude de l'autre.

L'officier de paix Dugué avait trouvé moyen de corrompre un des domestiques de S. A. R. Monseigneur le duc d'Orléans, qui lui rendait compte de tout ce qui se passait dans le palais, et entrait même dans les plus petits détails. L'épouse de ce *traître* eut envie de tenir un cabinet littéraire, et en fit la demande au préfet. L'officier de paix Antoine, qui était chargé de la librairie, dut faire une enquête sur la pétitionnaire ; Dugué en fut instruit et vint trouver son collègue, en lui recommandant d'être favorable à la postulante en raison des services que lui rendait son mari, et elle obtint ce qu'elle désirait.

Nous nous faisons un devoir de publier cette anecdote, pour l'instruction de tous, et démasquer les corrupteurs et les ingrats.

Nous n'avons pu nous procurer le nom du coupable domestique, sans cela nous l'eussions signalé sans pitié. Ce que nous annonçons, suffira peut-être pour qu'il reçoive le prix de sa déloyauté.

FIN.

ERRATA.

Tome Ier. Page 231.

Article *Loge maçonnique du rit Misraïm*. Bédaride frères.

C'est à tort qu'on a associé ces Messieurs avec Bernard-Lafosse; il n'a jamais existé de société entre eux.

C'est aussi à tort qu'on a annoncé que le rit de Misraïm avait été supprimé, il existe toujours en France.

Tome II. Page 265.

Article *Libraires, marchands d'estampes.*

Les faits relatés dans cet article sont arrivés à Messieurs Prud'homme frères, et non à Messieurs Delaroque frères, libraires, boulevart Poissonnière.

TABLE

DU TOME TROISIÈME.

	Pages.
La Bourse.	1
Conspiration des patriotes de 1816. Plaignier, Tolleron, Carbonneau et autres.	6
M. le prince de Talleyrand. M. Bastard d'Estang.	22
Le colonel Saussay. — Le bazar.	26
Genestey, agent de police.	30
Millard.	35
Conspiration de La Rochelle.	40
Funérailles. Tombeaux de Ney et Labédoyère.	44
Le jeune Lallemand.	46
Le général Foy.	51
M. Manuel.	55
M. de Girardin.	63
Le duc de La Rochefoucault-Liancourt.	67
Lamothe, se disant comte, condamné aux galères pour vol de diamans.	75
Bordes, baron de Satgé.	79
Prostitution. — Maisons de débauche. — Filles publiques, femmes galantes et à parties. — Bureau dit de l'attribution des mœurs.	83
Décoration de l'ordre de St-Ferdinand d'Espagne.	110
M. Delavau, préfet de police. — La police militaire. Leblanc agent secret.	113
Le colonel Delaunay et les osages.	116

	Pages.
M. Bonneau, inspecteur-général des prisons. — M. Poinsignon, marchand de meubles et tapissier.	118
M. Combe, banquier à Cette.	122
M. le Prince de Castel-Cicala.—Vol d'une malle.	126
M. De Corcelles fils. — Dépôt de poudre.	128
M. Berthier de Sauvigny, colonel du 3ᵉ régiment de la Garde.	131
Mathéo, caissier du Trésor royal. — Mademoiselle Bégrand, artiste du théâtre de la Porte-Saint-Martin	134
Caisse des jeux, rue Grange-Batelière, n. 6.	137
Passeport à l'étranger.—Betemps, patissier; Léblanc, courrier; Lancelevée, marchand; Delrue-Daubergicourt, commis-voyageur; Lefebvre, cuisinier; Boiston, née Feneulle, rentière.	141
Maisons de jeu.	145
M. Maziau, ex-chef d'escadron de l'ex-garde.	153
Winter, agent anglais.	157
La dame Imbert d'Amiens. Tabac de contrebande. M. Bonneau. — Les agens Félix et Marc.	160
M. le maréchal Oudinot, duc de Reggio.—M. Franchet.	164
Mesdemoiselles Clairville et Joséphine. M. de Pins.	167
M. Mercier, sergent de la Garde nationale.	173
Le général Friant. — Corruption d'un domestique. Soustraction de lettres. Mystification de la police et de ses agens.	176
M. De Boissy-d'Anglas. L'agent Lucas et M. de Pins.	179
Le Prince Eugène et M. Lemaire, dentiste.	181
M. Piet, membre de la chambre des députés.	184
Le Constitutionnel et autres journaux.	190
Barricades de la rue Saint-Denis. Des troubles de Nîmes, d'Avignon, de Lyon, de Grenoble, de	

	Pages.
Brest, de Paris en 1823. Massacres de la rue Saint-Denis en 1827, et de l'influence de la police sur ces événemens.	194
Police des salons et de la haute société.	311
Cabinet noir de la Poste. — Violation du secret des lettres	328
Le lieutenant-colonel Caron.	344
Imprimerie et librairie. Constant-Chantpie.	358
Libraires et colporteurs.	374
Errata.	387

FIN DE LA TABLE DU TOME TROISIÈME ET DERNIER.

www.ingramcontent.com/pod-product-compliance
Lightning Source LLC
Chambersburg PA
CBHW071908230426
43671CB00010B/1520